教绿色语文，享诗意人生。

——赵谦翔

· 教育家成长丛书 ·

赵谦翔
与绿色语文

ZHAOQIANXIANG YU LÜSE YUWEN

中国教育报刊社 · 人民教育家研究院 组编

赵谦翔 著

北京师范大学出版集团
BEIJING NORMAL UNIVERSITY PUBLISHING GROUP
北京师范大学出版社

图书在版编目（CIP）数据

赵谦翔与绿色语文/赵谦翔著；中国教育报刊社人民教育家研究院组编．—北京： 北京师范大学出版社， 2015.10（2024.8 重印）

（教育家成长丛书）

ISBN 978－7－303－19130－7

Ⅰ.①赵…　Ⅱ.①赵…②中…　Ⅲ.①中学语文课－教学研究－初中　Ⅳ.①G633.302

中国版本图书馆 CIP 数据核字（2015）第 134545 号

图 书 意 见 反 馈　　gaozhifk@bnupg.com　010-58805079
营 销 中 心 电 话　　010-58802135　010-58802786
北师大出版社教师教育分社微信公众号　　京师教师教育

出版发行：北京师范大学出版社　www.bnupg.com
　　　　　北京市西城区新街口外大街 12-3 号
　　　　　邮政编码：100875
印　　刷：北京虎彩文化传播有限公司
经　　销：全国新华书店
开　　本：787 mm ×1092 mm　1/16
印　　张：17.5
字　　数：300 千字
版　　次：2015 年 10 月第 1 版
印　　次：2024 年 8 月第 2 次印刷
定　　价：60.00 元

策划编辑：伊师孟　　　　责任编辑：鲍红玉
美术编辑：焦　丽　　　　装帧设计：焦　丽
责任校对：陈　民　　　　责任印制：马　洁

教育家成长丛书

编委会名单

总 序

　　教育是国家发展的基石，教师是基石的奠基者。古人云："国将兴，必贵师而重傅。"兴国必先强教，强教必先重师。党中央、国务院高度重视教师队伍建设。2013 年教师节，习近平总书记在给全国广大教师的慰问信中指出："百年大计，教育为本。教师是立教之本、兴教之源，承担着让每个孩子健康成长、办好人民满意教育的重任。"2014 年，在第 30 个教师节前夕，习总书记到北京师范大学视察并发表重要讲话，指出："一个人遇到好老师是人生的幸运，一个学校拥有好老师是学校的光荣，一个民族源源不断涌现出一批又一批好老师则是民族的希望。"《国家中长期教育改革和发展规划纲要（2010—2020 年)》也明确提出，"有好的教师，才有好的教育"，要"努力造就一支师德高尚、业务精湛、结构合理、充满活力的高素质专业化教师队伍"。"倡导教育家办学"，要创造有利条件，鼓励教师和校长在实践中大胆探索，创新教育思想、教育模式和教育方法，形成教学特色和办学风格，造就一批教育家。"两个一百年"奋斗目标的实现、中华民族伟大复兴中国梦的实现，归根结底要靠人才、靠教育，而支撑起教育光荣梦想的，是千百万的教师。

　　时代呼唤好老师。有一流的教师，才有一流的教育；有一流的教育，才有一流的国家。出名师、育英才、成伟业，是时代赋予我们教育战线的神圣使命。"所谓大学者，非谓有大楼之谓也，有大师之谓也。"好学校、好教育的最重要标准，就是要有好老师。一所学校、一个地区，乃至一个国家，如果教师有理想、有爱心、有学识、有高超的教育艺术，那么即使硬件设施有些简陋，家长、学生也会心向往之。教师是中国梦的奠基者。教师的重要使命，就是为每个孩子播种梦想、点燃梦想，并帮助他们实现梦想。每一间平凡的教室，每一节朴实的课，都不仅是知识的传递，而且是人类文明精神的接续、人生梦想的起航。正是有亿万个孩子梦想的放飞、绽放，中国梦才更加光彩夺目。如果说中国梦最坚实的土壤是学校，那么教师就是最伟大的"筑梦师"，他们用默默无闻、孜孜不倦的智慧劳动，让每一颗年轻的心灵都与中国梦激情相拥。

倡导教育家办学，造就一批好老师，首先要尊重、珍惜我们的本土智慧、本土创造。教育家不是凭空产生的，而是扎根于自己的民族文化土壤，同时吸收人类文明成果，从而创造出独特而生动的教育实践、教育智慧和教育文明。五千年源远流长的中华文明，不但形成了有我们民族特色的教育理论体系，而且涌现出了千千万万优秀的教育家，有被推崇为"大成至圣先师""万世师表"的孔子，有"匹夫而为百世师，一言而为天下法"的韩愈，有"捧着一颗心来，不带半根草去"的人民教育家陶行知，等等。改革开放40年来，随着教育改革的不断深入，教育战线涌现出了一大批杰出教师。他们痴情于教育事业，坚守理想信念和教育良知，在三尺讲台上默默耕耘、刻苦钻研，同时以敢为天下先的精神大胆创新，不断进取、不断超越，形成了各具特色的教育思想和教学风格。正是他们的成功探索和实践，创造了具有中国风格的教育经验，丰富了具有中国特色的教育理论宝库。原由教育部师范教育司组织编写，现由中国教育报刊社人民教育家研究院组织编写的"教育家成长丛书"，就是要向这些宝贵的本土创造性的教育经验致敬。

当前，教育领域综合改革正在深入推进，考试招生制度改革的大幕已经拉开，立德树人、培育和践行社会主义核心价值观成为大中小学教育的头等任务。可以预见，中国教育将发生深刻的变革，将从"中国制造"向"中国创造"转变。"没有革命的理论，就没有革命的运动。"没有适合中国土壤、具有中国智慧的教育理论，就不可能为未来的中国教育改革提供有效的指导。我们的教育要向"中国创造"飞跃，必然要首先创造属于我们自己的教育理论，而不是"言必称希腊"或者老是贩卖欧美的教育理论。170 多年前，美国思想家、诗人爱默生发表了著名演说《美国学者》，号召美国知识界："我们依赖旁人的日子，我们师从他国的长期学徒期时代即将结束。在我们周围，有成百上千万的青年正在走向生活，他们不能老是依赖外国学识的残余来获得营养。"由此，美国迈入精神立国阶段。

如今，我们也面临与爱默生同样的情形。随着我国 GDP 已从世界第二向第一迈进，我们要自觉养成强烈的"中国意识"，独立的中国文化品格，并由此去环视世界，去改造本土实践，去创造属于我们自己的精神养料——这在教育界显得尤为紧迫。"教育家成长丛书"，旨在把我们本土教育实践中蕴含的中国智慧提炼出来，从而形成具有时代意义的中国特色的教育话语体系，再以此去观照、引领、改造中国的教育实践，为伟大的教育改革提供经验、理论支持，也为未来的教育家提供丰富、可资借鉴的精神养料。

让我们为中国教育的伟大未来一起努力吧！

2018 年 3 月 9 日

前　言

　　见证着中国基础教育半个世纪的春华秋实，代表着中国基础教育教学成果的最高成就——"首届基础教育国家级教学成果奖"，闪耀着李吉林、窦桂梅、吴正宪、张思明、洪宗礼、唐江澎、邱学华、于永正、孙双金、薄俊生、龚春燕等一大批优秀教师的名字。而上述这些教师杰出代表恰恰都是《人民教育》"名师人生"栏目中最受读者喜爱的名师，都是"教育家成长丛书"的作者。

　　"教育家成长丛书"（以下简称"丛书"），是在第20个教师节前夕，为了研究、总结、宣传和推广我国众多优秀中小学教师的先进教育思想和鲜活宝贵的教育教学经验，培养造就一大批德才兼备的优秀教师和杰出的教育家，促进教师队伍整体素质的提高，根据教育部党组安排，由师范教育司组织编写的一套凝聚着一大批教育家成长智慧的大型教育丛书。

　　"丛书"自2006年问世以来，不但得到国务院和教育部领导同志的高度重视，而且先后印刷多次尚不能满足广大读者的需求。这其中的奥秘何在？

　　当你翻开"丛书"，每一部著作都讲述着一位教育家成长的故事。这些著作主要从"成长历程""思想概述""课堂实录"和"社会反响"等方面全景式反映其教育思想、教育智慧、专业精神和专业人格的形成过程与教学实践过程。这是教育家成长的基本素质所在。

　　当你沿着教育家成长的足迹走近他们的时候，你会融入这些带有"草根色彩"、扎根中华教育实践大地、充满田野芳香的真实感人的教育故事中。

当你从"丛书"中，从这些当年和自己一样的普通教师，成长为今天受人尊敬的教育家的成长过程中受到启迪，当你触摸着自己的心，把学生的成长和祖国的未来紧紧连在一起的时候，你会真切地感受到教育家离我们并不遥远。

当你用整个身心蘸着自己的生活积累去品味"丛书"中的每一部著作的"成长历程"时，在一位位名师不断学习、不断超越自我、不断超越学科教学的求索足迹中，你会读懂"教育是事业，其意义在于奉献"的丰富内涵。

当你研读"丛书"中的每一部著作的"思想概述"，和每一位名师展开心灵对话的时候，都会深深地感受到，一名教师对教育独立的理解与执着的追求有多么重要。从一名普通的教师成长为受人尊敬的教育家的过程中，你会读懂"教育是科学，其价值在于求真"的深刻含义。透过"丛书"，你会看到一代代教师用爱与智慧塑造民族未来的教育理想。

随着我们从"知识核心时代"走向"核心素养时代"，教师教育教学活动的视野已拓展到人的生存与发展的方方面面。教师要结合自己的教学实践去感悟"教育理念是指导教育行为的思想观念和精神追求"，应该把爱化为自己的教育行为，让爱充盈课堂，触摸到一个个灵动的生命，让爱产生智慧，让爱与智慧在学生心中留下岁月抹不去的美好回忆，让教育者和受教育者都感受到教育的幸福。这是"丛书"给我们的启示，也是每位教师应有的胸怀和视野。

时代呼唤教育家。为了进一步把我们本土教育实践中蕴含的中国智慧提炼出来，从而形成具有时代意义的中国特色的教育话语体系，以此去观照、引领、创新中国的教育实践并在更大范围加以推广，"丛书"将由中国教育报刊社人民教育家研究院继续组织编写，希望能够在更广大教师的心田中播种教育家成长的智慧，从而出更多的名师，育更多的英才，成就中华民族复兴的伟业。这是时代赋予广大教育工作者的神圣使命。如果广大教师能在每位教育家成长、探索教育智慧的过程中受到启迪，形成自己的教育智慧，则实现了我们编辑这套"丛书"的初衷。

"教育家成长丛书"
编委会
2018 年 3 月

目 录
CONTENTS
赵谦翔与绿色语文

我的成长之路

我的教育观

走进课堂

社会反响

附　录

我的成长之路

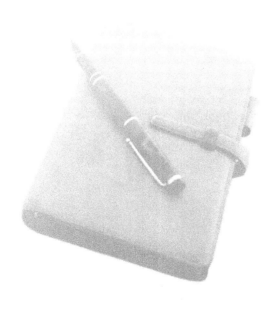

我属于"生在旧社会，长在红旗下"的一代，从小就有一颗向阳爱党的红心。在党的培养下，我加入共青团，当过"三好学生""学习雷锋积极分子"，立志像苏联革命英雄奥斯特洛夫斯基那样：把自己的全部力量和整个生命都献给最壮丽的为人类解放而斗争的事业。正当我在吉林铁路中学读高中二年级的时候，一场突如其来的"文化大革命"改变了我的命运。父亲在我所在的学校任语文教师，出身地主又是业务尖子，自然就被打成"黑帮"，而我也自然成为"批斗对象"。然而，党的教育已经深入骨髓，即使身陷逆境，我依然红心常葆。

——红心常葆，绿色永求

一、偷学俄语，幸运从教

1968 年，我插队到吉林省永吉县土城子公社五家子二队，"接受贫下中农再教育"。尽管我属于"黑五类狗崽子"，从未当过"红卫兵"，但别人说我是"不革命"的，我始终心里不服气，但在那个"黑云压城城欲摧"的年代，我能对谁诉说？又有谁会听我诉说？那时，唯一能够抚慰我心灵的只有学习：除学习《毛泽东选集》和马恩列斯著作外，我还有一个朝夕相处的文学伴侣——《红楼梦》（这是当时唯一没遭批判的古典文学名著）和一个实在舍不得放弃的珍宝——学习了整整五年的俄语。在当时那种学习无用、知识反动、"大革文化命"的"极左"氛围中，我一个"黑五类"竟敢学习俄语，是随时可能遭诬陷受批判的。但马克思的一段教导为我壮了胆："不学无术，在任何时候，对任何人，都是没有益处的。"尽管如此，我还是不敢明目张胆地学习俄文教科书，于是就想出一个自我保护的障眼法：把俄文版的《毛主席语录》当作教材。早起晚睡抽时间，田间地头挤时间，得空就拿出来诵读，有时还给贫下中农翻译两段听听。于是，十里八村很快就传开了："二队集体户有个知识青年，俄语说得呱呱的！"

1970 年春，随着"复课闹革命"的深入，公社中学也要开设俄语课，急需师资。别的"知青"都在时刻准备返城，谁也不屑于在农村当民办教师，而我当时已经与一个唯一敢爱我的"知青"结了婚。这样，我便凭借擅长俄语敲开了机遇的大门，幸运地走上了教书育人的岗位。

"教育贫下中农子女的大权"竟然交给了我！这对我是多么大的重用啊！仿佛压抑已久的岩浆终于突破了火山口，我的"革命激情"终于有了爆发的机会：每天早晨上班，踽踽独行在五里多远的乡间土路上，我抓紧诵读朝族文字，学唱朝族歌曲，以便更好地与班内那三分之一朝鲜族弟子沟通语言，联络感情；每天中午，趁其他老师在食堂吃饭，我就把自己关在教员室内用疯狂朗读俄语来麻醉辘辘饥肠，因为我不得不把有限的口粮省下来，留给正带吃奶孩子的妻子；课余时间，我就对班内学生挨家挨户做家访，徒步往返十几里，常常披星戴月而归……没有人要求我这样拼命，只因为我心里总有一个声音在告诫自己："一定要把 12 年来党教给我的知识，全部奉献给贫下中农子女"——这是当初填写民办教师录用表时，为了表达自己的忠心，我在栏目外附加的一句誓言。

短短一学期，我便赢得了学生们的真诚爱戴。极佳的口碑又带给我一个新的机遇：我和妻子一起被推荐到县里的"五七师范"进修。我们夫妻双双，带着不满 1 岁的女儿，在松花江边的乌拉古城培训了 8 个月，便从民办教师转为公办教师。但从此也就不再享受"知青"的待遇，在农村一干就是 20 年。

1978 年，"阶级斗争"寿终正寝，"改革开放"春满神州。已届"而立"之年却一无所立的我，百感交集地写下一首《自勉》诗：

> 华发已生少年头，所幸而立得自由。
> 晴空高远凭举翼，沧海辽阔任争流。
> 昔日无地逞力气，今朝有地复何求？
> 此生尚余三十载，不教寸阴付东流！

从此，我的人生便开启了"激情燃烧的岁月"。

二、安贫乐道，夺回青春

1980 年金秋时节，我被选调到永吉县第五中学教语文。让一个仅仅读过两年高中的"早产"毕业生到一所省级重点中学教高中，这对我来说，无疑又是一个莫大的荣幸。我除了好好工作，再无任何奢求。记得学校分给我的一间半住房，与"马舍"为邻，是一间地地道道的陋室。且不说刺鼻的马粪马尿味儿整天整夜地熏人，也不说屋顶纸棚里的耗子一到夜里就稀里呼隆没完没了地开"运动会"，更不必说一做饭就满屋子黑烟呛得人咳嗽流泪，单说那窄窄的火炕就刚好能紧绷绷地挤下 4 口人，一个人起夜，全家都被搅醒；室内阴暗，白天也得开着电灯；屋地狭小，一张书桌也容不下……记得有一年，远在上海、南昌、太原等大城市生活的姐姐兄弟们结伴来县城看望我。一个小孩儿为他们指路："你们就跟着前面的那匹马走吧!"一句话说得他们流下泪来。可那时的我并没有为自己的清贫流过泪,相反,我却常常为在读书中邂逅知音而快慰。孔子曰:"贤哉回也!一箪食,一瓢饮,在陋巷,人不堪其忧,回也不改其乐。贤哉回也!"宋濂曰:"以中有足乐者,不知口体之奉不若人也。"物质生活的清贫并没有让我郁郁寡欢,恰恰是知识的贫乏让我耿耿于怀。要教给学生"一碗水",教师就得有"一桶水"。可是我的手里,顶多只比学生多了"一碗水"。

马舍为邻,安贫乐道

时不我待,只争朝夕!我开始贪婪地"恶补"知识,1983年读大专函授,1985年又读本科。我不只要拿到文凭,更要提高水平!但是待在"地仅容膝,在昼犹昏"的陋室中无法学习,我便把家门前"两山夹水,沿水有路,景色绝佳"的去处当作我的天然书房,春、夏、秋三季的清晨与薄暮,"举手为案,漫步当椅",忘情地享受着"俄语温故知新,《离骚》背诵如流"的自学之乐。至于节假日,除去为学生补课就是自学函授教材,分分秒秒不忍虚掷。此有1984年2月4日所作《春节乐》一诗为证:

　　妻子回家过节,丈夫孑立茕茕。既无电视可赏,也无广播可听。
　　饮食唯求果腹,一饭一菜满行。莫谓清冷寂寞,岂无热闹欢腾?
　　案头炕上书满,读读写写不停。古今中外读罢,除夕夜已三更。
　　爆竹声声惊起,习作一篇又成。滴水文集数册,练笔十万有零。
　　胸中蓄水万斛,会当高屋建瓴。

1988年,我终于从东北师范大学毕业,并获得文学学士学位。用整整20年"夺回了被'四人帮'耽误的青春"。

三、挡住诱惑，咬定青山

　　1981 年，春暖花开时节，永吉县吉剧团传来一个消息：让我去剧团任编剧。这本是我积久的夙愿。早在下乡之初的"毛泽东思想宣传队"中，我既当演员又参与编剧，曾经在全县汇演中崭露头角。后来，县文化局从优秀编演人员中挑选专业编剧，我只因"出身不好"被刷了下来。如今，峰回路转，机遇重来，我的心里着实有些痒痒的……当我"弃教从文"的想法刚一流露，就有一位学生来到我家，真诚地挽留我说："老师，您还年轻，有的是机会。可我们这一生遇到您这么好的老师，却只有一次……"只这一句烫心热肺的话，便打消了我改行的念头。

　　1985 年 5 月，我终于实现了中学时代的政治理想，成了一名光荣的共产党员。很快，我被提升为教导处副主任；不久，又有确切消息说我业已通过县教育局局长"第三梯队"的政审。一天，在晚饭桌上，正在读高中的女儿突然恳求我："爸，你语文教得那么好，为什么不教我呀？"我真的没想到，原来连我的女儿也这么喜欢我教语文！那天夜里，我再三权衡了从教与从政的利弊：走仕途，我至多只能当一个不疼不痒的庸官；教语文，我完全可能成为一名深受爱戴的教师！第二天我便找到校长，毅然辞去教导处副主任职务，重新回到讲台，继续教我的语文，当我的班主任。我平白无故地放弃了令人垂涎的"肥缺"，许多人都难以理解。出于对我"政治生命"的关心，学校党支部在全校教职工大会上公布：免去赵谦翔副主任一职完全出于个人自愿。又特别形成书面材料存档，以防将来万一有人对我从主任职务上莫名其妙"下岗"提出异议，误以为我犯了严重错误。事后，常有人问我："大小是个头儿，强似蹲岗楼。你怎么就不爱当官呢？"我告诉他们："只因为我喜欢教语文。"然而，他们还是百思不得其解。

　　当然，我也曾为轻闲的生活动过心。记得刚刚调回家乡吉林市时，每逢看到松花江畔，杨柳树下，红男绿女，沐朝晖，伴音乐，打太极拳，跳交谊舞……也曾艳羡地想"这才是人过的日子！"可是当我真的投身这"潇洒"行列时，却又禁不住一次次扪心自问："你刚刚 40 岁就开始保命了？"没过几天，我便悄悄地从"潇洒"中撤出来，继续坚守我那默默无闻却津津有味的心灵耕耘。

不过，那时我家的物质生活也实在太惨了。都 80 年代末了，却连一台黑白电视都没有。这时有人来请我为校外高考补习班讲课，虽说 1 节课不过 10 块钱，但对我来说也是很可观的补助。我一下子就兼任了 3 个班的课，一年下来便赚到 2000 多元，买了一台名牌彩色电视机。但学生一上高三，我就自动洗手不干了——我必须专心致志地陪伴弟子们去迎接"挤桥大战"的考验。

这时，又一个改行机遇从天而降。在某大公司当总经理的哥哥，目睹我两袖清风、家徒四壁，为我着急："你当教师'有瘾'，这我知道。可 20 来年，这'瘾'也过得差不多了。如今你要房没房，要钱没钱，也该自己解放自己了吧？"他建议我到俄罗斯给劳务出口的民工当翻译，说一年就可成"万元户"，两年就可以达"小康"。这一次我可是真动了心。高考后放暑假，我便把刚刚冷落不久的俄语又捡了起来，开始争分夺秒突击口语，时刻准备出国当翻译挣大钱。然而，我的心里并不宁静。我常常一边读着俄语，一边扪心自问："有了钱，固然可以吃香的、喝辣的、穿好的，可一旦离开课堂，离开学生，我的精神空虚该怎么办呢？"

一边是默默从教固守清贫，一边是改做翻译名利双收。孰优孰劣？何去何从？常常想得我心烦意乱，直冒虚汗。毕竟我在教育这块沃土上耕耘快满 20 年了……我不禁想起自己给学生讲过的一道高考作文题《挖井》：漫画中的人，这里挖一口井没出水，那里挖一口也没出水，累得筋疲力尽，却一口井也没挖成。我如果中途改行，与那个半途而废的挖井人有何不同？不久，哥哥来电话催我，说要办理出国手续了，我终于对着话筒做出了最后的抉择：我还是当我的语文老师吧！

出名的诱惑挡住了，当官的诱惑挡住了，发财的诱惑也挡住了。至此，我对教书育人便铁了心：

> 咬定青山不放松，立根原在破岩中。
> 千磨万击还坚劲，任尔东西南北风。

1990 年，就在我拒绝出国后没几天，我在吉林毓文中学所带的第一届毕业班高考"战果辉煌"，继而班主任工作经验《倾注深沉的爱，感化学生的心》又在全市中小学德育工作会议上"一炮打响"。于是顶顶桂冠接踵而来：吉林市优秀教师、优秀班主任标兵、特等劳动模范、吉林省拔尖人才、吉林省劳动模范、全国优秀教师、香港柏宁顿教育基金会孺子牛金球奖……我变成了"荣誉暴发户"。

1991年，建党70周年大庆，我作为吉林省优秀共产党员、吉林市优秀共产党员标兵，参加了优秀党员模范事迹巡回报告团。"名盛实难符，居高身自危"，我在报告中赋诗抒怀：

> 既然高山把小草举上蓝天，小草又何必自卑？
> 既然大潮把小船推向海洋，小船又何必后退？
> 且把教书的呐喊当作欢歌，把育人的耕耘当作舞会，
> 把科研的探索当作旅游，把奋斗的甘苦当作咖啡……
> 当车头就应当多拉快跑，做师表就应当出类拔萃。
> 倾满腔热血，把黑板变成沃土；献毕生忠诚，让粉笔化作芳菲。
> 流水匆匆，一去不回；步履频频，疾走紧追。
> 求真务实，让荣誉根扎大地；领异标新，让事业枝繁叶翠。
> 任英年的韶华在苦斗中升华，让晚年的自我在回味中陶醉！

——这意外光临的荣誉仿佛火上浇油，使我教书育人的激情越燃越旺。

四、反省灰色，憧憬绿色

90年代初，素质教育，大旗高张。教育改革的声浪敦促我学习新理论，更新旧观念。我从刊物上读到著名语文教育家刘国正先生讲的一则笑话：

> 有医者，自称其善外科。一裨将阵回，中流矢，深入膜内，延使治。乃持并州剪剪去矢管，跪而请谢。裨将曰："镞在膜内者，须亟治。"医曰："此内科事，不意并责我。"

一笑点醒梦中人：当一个语文教师只管教给学生字词句章语修逻文却不关注他们的精神素养时，他与那个治标不治本的外科庸医又有何区别？

反思自己十多年的语文教学历程，原来大多是在灰色泥淖中蹒跚。"教死书"，只教语文之"毛"，不教语文之"皮"；"死教书"，"满堂灌"，"题海战术"；"教书死"，自己变成"教书匠"，学生变成"解题机"。死死板板，死气沉沉，毫无灵气，了无生机。本以为起早贪黑地陪读，口若悬河地灌输，牺牲节假日的奉献，就是"忠诚党的教育事业"，如今看来竟然是：舍本逐末！缘木求鱼！南辕北辙！

还有一件小事给了我很大刺激。教师节之际，有位弟子送我一本余秋雨的《文化苦旅》。扉页上的赠言"献给也如

兰花香浓，金球奖重

我一样爱书的先生"令我羞愧难当，无地自容，因为当时的我只闻秋雨其名，未读秋雨之文；只知教科书是语文，不知道课外也有语文。时光荏苒，我已从青年步入中年，将至老年，可我教的学生们却永远处于"花季""雨季""诗季"；如此孤陋寡闻，如何化解师生的"代沟"，如何引领学子的进步？1993年，我被破格评为特级教师。在我看来，"特级"就应该有"特色"。于是，我便暗暗发誓：再也不能那样活！

1993年至1996年，我自发地尝试"扩展式语文教学"改革。所谓"扩展式"，就是把全国语文统编教材中那些包含"极左"思潮的文章删掉，补充进具有时代气息的新鲜时文。当时大多数语文教师还在将全国统编教材奉为金科玉律，视为"佛爷眼珠——动不得"，而我这一"扩展"不啻"胆大妄为"的越轨之举。更加胆大妄为的是：我把《唐诗鉴赏辞典》和《宋词鉴赏辞典》作为语文补充教

材，不但让学生们研读专家的鉴赏美文，走进诗歌境界，而且让他们尝试创作旧体诗——而当时全国高考试卷中还没有增加古典诗歌鉴赏试题，这自然招来种种指责："不务正业"，"标新立异"，"追名逐利"……

然而，天道酬勤，课题验收大获成功。有两个精彩亮点令人振奋：在模拟高考的测试中，有29人（占全班人数的38.5%）以《窗中画》为题在考场上写旧体诗，平均成绩85分。一首脍炙人口的五绝立即在验收会上传为佳话：

推轩清风至，檐下燕子鸣。
探身欲抚画，我已入画魂。

在与学生面对面答辩时，专家又当场出题：以《言志》为题在10分钟之内即席赋诗，有2人写出就算及格。话音一落，大黑板前就挤满了赋诗的学子，紧接着小黑板也写满了。10分钟过后，便有16人完成诗作，并当场畅谈创作心得，博得与会专家和教师的一阵阵热烈掌声。

尽管这次教改实验只是小小的改良，但对我的教育生涯却有着"拨乱反正"的重大意义。它为我爱党、敬业、苦干的红心又增加了"创新"的内涵：扫荡灰色污染，开创绿色语文。"绿色"本是个环保概念，其要点有二：一是纯天然的，二是可持续发展的。作为语文的"纯天然性"，就是"工具性"与"人文性"的统一；其"可持续发展性"，就是不仅"为高考"教语文，更要"为人生"教语文。

从此，我从"应试教育的急先锋"，变成了"语文教改的过河卒"。

五、革故鼎新，芳草萋萋

1996年至1999年，我一人兼任两个文科实验班的语文课和班主任，又开始了"语文教育与人的发展"的实验。这一课题被列为全国哲学和社会科学"九五"规划国家重点课题"面向21世纪基础教育课程教材改革研究"的子课题。

我大刀阔斧地开创了三种新课型：

一是创造性阅读课。把余秋雨、余光中、周国平、王小波引入课堂，让学生"把自己的生活当作正文，把书籍当作注解；以一颗活跃的灵魂，为获得灵感而读书"（爱默生）。

二是主题班会感悟课。通过一次次主题班会，激励弟子们把"心动""笔动""行动"统一起来，把"学做人"与"学作文"统一起来。

三是《东方时空》感悟课。每周二到周五的早晨7点至8点，我的两个实验班就在教室里收看中央电视台的《早间新闻》《东方之子》《百姓故事》《时空报道》。敬一丹、水均益、白岩松、方宏进就是实验班的导师，而我则作为导师的助教，每周批改学生的《东方时空》观后感。从此，弟子们再也不必面对老师凭空给出的一个话题，咬着笔头苦苦地"憋"文章。在收视《东方时空》的过程中，学生可以任选自己动心的节目畅所欲言，体裁不限，写法不限。再也听不见"没啥可写的"抱怨了，再也看不见"千人一面""无病呻吟"的灰色作文了。无须读文，只要看一眼学生作文的标题就足以令人耳目一新：

《人格价更高——由孙天帅不下跪想到的》

《东方之子，我离你还有多远》

《"白条子"谋杀农业大国》

《京剧改革之我见》

《解剖李登辉》

《日本妄图改宪意欲何为》

《巴以冲突之我见》

《由引渡本·拉登想到的》……

在许多人看来，上高中就是为了考大学，就是要"两耳不闻窗外事，一心只读应试书"，就是要抓紧一切时间"爬考山，煮题海"，及至上了高三连文体活动都"灭火"了，哪里还能容许你"领着学生看电视玩儿"？其实，《东方时空》课是在流言蜚语中，顶风破浪而行……

一天天，一周周，一月月，从弟子们凝重的眉宇和厚实的文字中，我真切地发现着他们喜人的进步。为了更好地总结成长的心路历程，我便让他们把作文汇编成集，装帧成册，彩画封面，自己命名，自己作序。然后，我设计了1节公开课——《东方时空》感悟文集《自序》讲评。那一回，前来听课的领导、专家和教师把阶梯教室挤了个水泄不通，远在长春的东北师大附中和吉林省实验中学的语文老师也集体包车前来参与研讨。课上，13名同学的精彩序言和众多学生的生动点评，让听课者大开眼界。毓文中学的陈校长一边听课，一边在纸上算一笔账：每周4小时，每月16小时，1学期、1学年、3年……下课铃声一响，她便走上讲台，一番慷慨激昂的演讲后，宣布了她的结论：《东方时空》课花费的时间再多也是有限的，而它的效益却是无限的，学生不仅提高了作文水平，而且完善了做人境界！

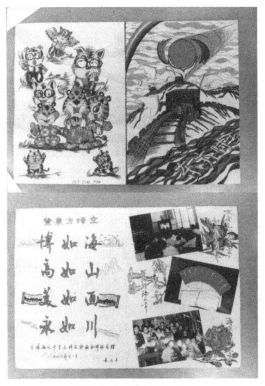

东方时空，春风化雨

不久，中央电视台《东方时空》栏目报道了我们实验班的消息。

继而，《人民教育》发表了我的文章《东方夜放花千树》。

从此，《东方时空》课云帆高挂，乘风破浪。

毕业前，为了表达对"精神导师"的感激，我们赠给《东方时空》节目组一面大红锦旗，旗上题词：博如海（知识渊博），高如山（境界崇高），美如画（艺术性强），永如川（影响久远）。

3年来，弟子们从封闭的教学机制中解脱出来，眼观四海云水，耳听五洲风雷，把"有字书"与"无字书"融会贯通，使教作文与教做人水乳交融。"东方之子，从前我羡慕你，如今我学习你，将来我成为你。"业已成为实验班的精神主旋律。我庆幸，我欣慰，我为祖国培养了一批"东方之子"的追星族！

多年来，在"唯升学马首是瞻"的教育理念误导下，作文教学中灰色污染日甚一日。有人向学生传授考场作文"真经"："开头至关重要，结尾马虎不得，中间无所谓"；有人向学生兜售独家秘诀："文章格式总分总，学习雷锋不能少，要是考我议论文，就把决心誓言表"；还有人千方百计为学生押考题，作范文……却很少有人把提升学生的内在修养视为作文教学的分内之事。于是，学生作文中充斥着"假话、大话、空话、套话"，成为"谋取狭隘功利的敲门砖"。而我通过教改实验把弟子们从"灰色污染"的桎梏中解脱出来，放飞到现实生活中历练悟性，开发灵性，使作文成为他们"完善人生的健身器"。从此，"绿色作文"诞生了；不久，《都市中的芳草》出版了。

1998年11月末，来自全国中学语文教学研究会和中央教育科学研究所的专家，给予这轮实验以充分肯定和高度评价。全国语文核心期刊《中学语文教学》连续两期以超大篇幅隆重推出课题实验成果报告、汇报课实录及座谈会纪要。

最令墨守成规者服气的，则是实验班的高考成绩。早在课题验收前的1998年7月，在没有任何模拟高考训练的情况下，实验班学生提前一年参加全国高考语文测试，平均成绩107.7分，比本校应届毕业的文科重点班高出0.7分。待到1999年正式参加高考，实验班语文平均成绩提高到112分，升学率高达99%，进京率达26%，其中2人考入北京大学。吉林省文科英语高考状元的桂冠被实验班陈超同学摘得，在荣获吉林市市长奖励基金的10名学生中，实验班就占了7名！

实验班以令人信服的事实证明：素质教育改革完全能够获得"素质"与"升学"的双赢！

六、为伊憔悴，无怨无悔

1998年，我被评为第三届"全国十杰中小学中青年教师"，但很少有人知道我的妻子在我光环背后做出的巨大牺牲。为了告慰贤妻的亡灵，1999年教师节前夕，我在《中国教育报》发表了《红烛不熄——悼念亡妻》：

世茔啊，我的亡妻！你去世整整一年了。我只能用这支拙笔写下我含泪的思念，祭奠你在天的亡灵。

去年教师节，我被评为"全国十杰中小学教师"去北京领奖。不少从《新闻联播》中看到我的朋友，都说我表情严肃，面无笑容。他们哪里知道：当我伴着欢快的乐曲走上领奖台时，当我手捧金杯和鲜花拍照时，当我在人民大会堂接受中央领导接见时，我心头层现迭出的都是你的影子啊，我的亡妻！

18度寒来暑往花开花落，咱俩一直并肩耕耘在杏坛上：你教初中物理，我教高中语文；你包揽了里里外外的家务，我承包了子女从小到大的教育。无论是风雨凄迷，还是风和日丽，咱俩始终相爱相助，同舟共济。我们共创的第一个成果是教育子女：你做他们的初中班主任，我当他们的高中班主任，使他俩先后考上了理想的大学，赢得了百分之百的家庭升学率！可惜呀，当我们共创的教书育人事业赢得辉煌之时，你却独自一人走进了永恒的沉寂；这让我怎能笑得出来？我荣获的"军功章"，真真是有你的"一大半"啊，我的亡妻！

我怎能忘记，在那场风雨如磐的浩劫中，你不顾世人的冷眼，不顾家人的阻挠，毅然决然地嫁给了我这个"黑五类"子弟。两床新洗的旧被褥，从集体户搬到同一铺土炕上，就组成了那个温暖而又凄凉的家。

桃李芬芳，园丁开怀

我怎能忘记，在那低矮的茅檐下，亲戚不来，朋友远离，冬天少柴，春天缺米……可咱俩动不动就合唱一曲《天仙配》："寒窑虽破能避风雨，夫妻恩爱苦也甜……"

我怎能忘记，那一年，咱们的一双儿女同时得了黄疸性肝炎，你只让我借了一辆车把你们母子三人送到医院，然后就催促我踏上家访的路。

我怎能忘记，有一次，我班的一位住宿生患了中毒性痢疾，因为县医院没有床位，你就不顾全家被传染的危险，把他接到家中像对待自己教的学生，不，像对待自己亲生儿子一样，悉心护理。

有人曾当面笑你傻，可你理直气壮地回答："我丈夫一不抽烟，二不酗酒，三不赌钱，一心干事业。伺候这样的男人，我乐意！"我知道你爱我已爱得心痴神迷。有人笑我头发少，你却夸我聪明"绝顶"；有人笑我人太瘦，你却夸我身材苗条。有一回别人夸我"站如松，走如风，从后面看简直是个小伙儿"。可你还嫌夸得不够，私下里对我说："从前面看，你也是个小伙儿！"在你的心目中，我是永远年轻，永远英俊，永远潇洒的呀！

然而，让我最难抹去的，还是发生在去年那"黑色七月里"的记忆。医生诊断，一年前你动过手术的乳腺癌，已经转移到了肺里。你和我心照不宣：死神已来敲门了。老姐姐从上海打来电话，让我再次陪你去那里治疗，可你哭着拒绝了。你要和我寸步不离地厮守在一起，走完生命的最后里程。

这时，省里发来通知：7月28日，全省中小学素质教育现场会将在我校召开，会议的重头戏必须由我来担起。于是，你突然改变了主意，坚决要求去上海。临别的前一天，咱俩抱头痛哭了一场之后，你冷静地对我说："谦翔，我只对你哭这一次了。你教给学生的补充教材——周国平的《思考死：有意义的徒劳》我也读过了。死，我不害怕，我只是担心你……"说到这里，咱俩又哭在了一起。

然而，我万万没有想到，你这一走，竟是咱俩的生离死别！25日凌晨，你已经只能喘息，不能言语，医院发出了病危通知书。守护着你的儿子强忍住泪水在你耳旁说："妈，我爸和我们都爱你！"你艰难地点了点头。心急如焚的老姐姐再一次问你"要不要谦翔来？"你沉重地摇了摇头。可老姐姐实在不忍心，就不顾你的反对，偷偷给我打了电话。可是，当我搭上飞机，风驰电掣地于傍晚赶到上海时，你已于上午11点30分停止了呼吸。

世芙，你知道吗？咱们的儿子，一夜之间长成了大人。正是他，刚强地对我说："爸爸，我妈是为了你的事业死在上海的。明天我们就赶紧火化，后天你就飞回吉林，这样才不至于违背她的心愿。"

你知道吗，世芙？27日下午，吉林市教委和毓文中学的主要领导20余人，亲自赶到长春机场迎接你的骨灰；吉林省教委和省教育学院的领导在西关宾馆一直等候到深夜；凡是闻讯知情的老师们没有一个不为你伤心落泪；一直被你视同手足的鹏伟——我们课题实验的主持人，双手捧着你的骨灰盒，一直把你送回咱们的家里。这个性刚气直的山东汉，向你深深行了三鞠躬，才含着眼泪离去。

你知道吗，世芙？28日上午8点30分，我准时走上了汇报课的讲台。课前，一向被你引为骄傲的实验班90名弟子，自发地为你——他们可敬的师娘，沉痛默哀了一分钟。而我，是臂缠黑纱，强忍悲痛上完两节课，做完两个小时报告的！

正是你，把爱事业和爱丈夫融为一体，正是你，用最清醒的理智战胜了最狂热的激情，以自己壮烈的牺牲做人梯，把我举上了事业的巅峰。真正值得歌颂的，不是我，而是你呀，我的亡妻！……

那次现场会，我讲的是《一只特立独行的猪》。这原本是由弟子们推荐的王小波的文章，不料却天缘巧合地成了只有我一个人心里知道的对亡妻的纪念——她和我一样，属猪，也是一只"特立独行的猪"。

"衣带渐宽终不悔，为伊消得人憔悴。"——妻子为我，牺牲一切，心甘情愿；我为事业，衣带渐宽，无怨无悔。

1998年11月末，课题验收之际，丧妻之痛加剧了我的糖尿病。课堂上，我已不能站着讲课，即使坐着讲也是没讲几句便虚汗淋漓。好在我的头脑在教改实验的历练下变得越发清明。我撑着病体，自选教材，设计了"苏东坡诗文研究"单元。学生自学两周后，我通过讲评他们的作文《感悟苏东坡》，向验收专家们汇报。

汇报课进行那天，大礼堂挤满了上千名听众。我站在讲台上，俨然一个交响乐团的指挥，90名弟子则个个是德艺双馨的乐手，我们用默契的心灵共同奏鸣着文学与人生的交响曲。弟子们的斐然文采、深刻见解和精彩点评，震撼了所有听课者。有的专家惊叹道："这样的文章，足以抵得上大学二三年级的学生！"有的老师则坦言："给我一个月的时间，我也写不出这么精彩的文章！"不过也有个别老师在课下质疑探秘："这节课，赵老师领你们演习多少遍了？"一名学生回答："演习3年了！"另一名回道："问渠哪得清如许，为有源头活水来。"

当天夜里，我又失眠了。失眠的代价是步苏东坡《江城子》韵填词一首：

老夫偏发少年狂，携纸笔，弃药囊，革履西装，抖擞上课堂。率我九十过河卒，斗应试，逞豪强。千目炯炯尽开张，睹风采，聆华章，万紫千红，溢彩更流光。喜待无字书海阔，涛头立，愧周郎。

第二天，我在课堂上朗诵了这首词，激得弟子们诗兴大发，有32人即席和词，其一曰：

成竹在胸气自狂，才饱腹，智满囊，白雪阳春，熠熠耀华堂。看我九十过河卒，报师恩，显高强。琼苞玉蕊始开张，无字书，待新章。咫尺明朝，桃李惊四方。不负艰塞八百里，创伟业，看孙郎！

这轮教改实验，把我推向事业的高峰，同时也抛入人生的低谷。教改的大成伴着家庭的重创，永难忘怀的辉煌映着永难治愈的创伤。我曾不止一次地想过：人生如此，于愿已足。纵然死去，亦复何憾！

七、感悟清华，提升境界

2000年8月13日，52岁的我荣幸地应清华大学聘任，来到清华大学附中任教。户口的"转正"，工资的提高，住房的优待……令我的事业和人生又奇迹般地柳暗花明。病牛喜遇春光好，不用扬鞭自奋蹄。我谢绝了学校领导为我"减轻负担"的关照，毅然挑起两个班的语文课兼重点班班主任的担子。

教在清华园，住在清华园，朝朝暮暮享受着清华的人文滋养。中西合璧的二校门、古色古香的工字厅、"行胜于言"的日晷碑、映荷临水的"自清亭"、发人深省

验收作课，溢彩流光

的"闻亭"古钟……何不把这些宝贵的人文资源作为鲜活的教材，来滋养我的弟子？

中秋月圆之夜，我与弟子们一起来到月下荷塘，回味《荷塘月色》；清华校庆之时，我引导弟子们参观校史，感悟"自强不息，厚德载物"的校训；清华学堂前新塑了一座以"悟"为名的雕塑，我便组织弟子们写作《感悟青铜书雕》；为了把王国维的"三个境界"镌刻在心灵深处，我把弟子们领到他的纪念碑前，睹物思人，慎终追远。

进入高三白热化的"独木桥大战"时，我又在鉴赏《寻隐者不遇》的教学中，提出了"清华境界说"：

"清华大学"，说到底，是一种境界，一种以"自强不息，厚德载物"的精神为代表的人生境界。如果你仅仅是喜欢、羡慕、向往，那你便像那个"寻隐者不遇"的诗人一样，即使走进了清华大学的校门，也不过是来到了"松下"；即使走遍了清华园，也不过是涉足于"此山中"，而作为人生境界的那个"清华大学"，依然隐藏在"云深不知处"的茫茫杳杳之中——只因为你内心深处的真正追求，还是要当"追星族"，还是要"跟着感觉""潇洒走一回"，还是要"平平淡淡才是真"……总之，你还是摆脱不了人生的种种浅薄的诱惑。这，就是作为清华大学附中的莘莘学子，天天有幸在清华园里来来往往，却只能有少数人考上清华大学的原因；这，也就是已经考取了清华大学的学生，每年却总有一些人拿不到毕业文凭的原因。

那位"寻隐者"的诗人，如果真的想找到隐者，其实也很好办：彻底摆脱尘世的羁绊，也做个真隐者不就可以了吗？同理可证：如果有人真的想成为"清华人"，那就必须用"清华精神"把自己头脑里那些杂七杂八的东西置换出去；否则，你无论怎么向往，最终也只能是仰望清华之高墙，却不得其门而入。

我把"文学的诗"转化成"生活的诗"，给诗歌鉴赏教学染上了一片新绿。

从此以后，我的弟子们便沉醉于"清华情结"中。即使在"婉约派"一面倒的原创诗歌朗诵会上，我班也以一首"豪放派"的《进军清华》独领风骚！更令人欣慰的是高考之后，那些没有考入清华的弟子仍未丧失"精气神儿"。有的弟子从哈尔滨工业大学发来短信："老师，请您放心，我已把'清华精神'带到了这里。"有的弟子从武汉大学发来邮件："虽然本科没有考进清华，但将来考研究生时，我一定要走进清华。"而那些考入清华的弟子们更是高扬"清华精神"的大旗。大二暑假期间，清华学生到四川考察，当地重点中学岂肯放过这个劝学良机？就把这些"高考明星"请到学校做报告。事后，我的弟子骄傲地向我汇报说："老师，我给他们讲的就是'走进清华境界'！"

在我 55 岁生日那天，弟子们"突然袭击"的礼物把我感动得热泪盈眶。在送给我的纪念册上，写满了"高 006 班全体儿女"发自肺腑的祝福。一位弟子这样写道：

赵老师：此刻我面对这本牛皮本，手中的笔显得格外的重。我不知究竟给您写些什么——不是没什么可写，而是要写的太多，要感激您的太多。我再一次翻阅了我出版的第一本专著《人之悟》，重新回味了这高中三年，我深深地感到能遇上您这样一位老师是我一生的荣幸。您是一个幽默、有个性、有爱心（科学合理、发自内心的爱）、敢于并善于改革的特级教师。我时常能感到您的话"于我心有戚戚焉"。您教给了我如何做人，您开阔了我的眼界，您引导我提高自身的语文素质……对您这样一位恩师、慈父，我现在实在没有什么合适的礼物送给您。我再三考虑，决定对您许下这样一个诺言：我要将我未来 30 年的计划告诉您，并以完成这个计划作为送给您的一份厚礼。

第一个"十年计划"：今年您55岁，到您65岁大寿时，我要以优异的成绩完成我所有的学业，取得最高的学历。届时，我将拿学历证书作为送给您的礼物。

第二个"十年计划"：我要创业。我要履行我的誓言——献身于科学事业，并以事业上的成功作为您75岁的寿礼。

第三个"十年计划"：我要将我的科研成果转化为生产力并让您成为第一个受益者——但愿我能研制出长生不老药，使秦始皇未能实现的梦想在您身上实现。

我非常清楚我写了以上这些意味着什么——我大概永远也不能像某些人那样轻轻松松地过上一辈子了。我会一直奋斗下去，因为我不甘平庸。我要做到：既高瞻远瞩，又脚踏实地。

我的这些计划，除了父母外您是唯一知道它们的人。今天我非常明确地写了出来，就是要告诉您：我将拼尽全部精力去实现它们。30年后，您85岁，我也年近五旬，再见面不知又会是一番什么滋味！到那时，我会与您再定新约，一直延续下去。这样，我们每个十年都有收获，每个十年都有欢喜，这实为人生一大乐事！

老师，我要做一个有良心的人，我要实现我的诺言。师生情深，勿失信约。

　　　　　　　　　　　　　　　　　　　　　　汪远昊　2003年4月16日晚

读罢，我立即郑重地回复：

远昊：

收到你这份最珍贵的礼物，激动、欣慰、自豪之情难以言表。这份礼物，体现了你献身科学事业的宏伟理想，也展示了你追求道德完善的人文素质。它让我回想起你从"花季"走向"雨季"进入"诗季"的坚实脚步，也让我预见了你布满荆棘而又开遍鲜花的辉煌前程。你虽然已经获得了保送清华大学化学系的资格，但你仍然与那些参加"挤桥大战"的同窗们一道夜以继日埋头苦读，这就证明了你的目标不在眼下，而在远方。你切切实实地履行了"自强不息，厚德载物"的清华校训，认认真真地落实了"行胜于言"的清华学风，稳稳当当地踏上了"独上高楼，望尽天涯路"的第一台阶，并在"衣带渐宽终不悔，为伊消得人憔悴"的第二台阶上策马疾驰，因而可以说，你是我们这个重点班中以行动证实自己真正走进"清华境界"

的第一人！你在信中说"我深深地感到能遇上您这样一位老师是我一生的荣幸"；而我又何尝不深深地感喟：遇到你这样的英才是我一生的自豪呢?!

这份礼物，也饱含了你的拳拳反哺之情——"但愿我能研制出长生不老药，使秦始皇未能实现的梦想在您身上实现。"这话怎能不让我怦然心动、热泪盈眶？说实话，经历过"浩劫"磨难、生离死别而今小有成就的我，本已乐天知命，别无奢求；但如今在你宏伟计划的激励下，我又重新燃起强烈的长寿欲望——我多么渴望亲眼见到你的三个"十年计划"逐一实现啊！但我又想，只要你的科研成果可以造福人类，即使我个人最终享受不到，那又有什么可遗憾的呢？学生事业的成功，就是老师价值的体现；而我的"精神生命"，必将在得意门生的身上得到永生！

但我不能消极等待成功的到来，我必须在你实现计划的进程中，继续尽职尽责。我对你的郑重承诺是：在你为理想奋斗的每一年里，我愿为你精批细改两次感悟创业与人生的"绿色作文"。我相信，这每一次批改都将是一次思想的交流与互补、文字的锤炼与升华，它必将成为你、我不断进取的加油站。

今早接到你的这份礼物后，我便一直被激情燃烧着，以至连天天必需的午睡也作废了。安身在床，而心潮难平。礼尚往来，何不赠诗一首，以壮行色？

　　　　汪洋科海广无边，远志卓才作快船。
　　　　白驹过隙不我待，天公无私岂垂怜！
　　　　一言既出，驷马难追。师生共勉，但求无悔！

清华精神，升华了我的语文教学，也升华了弟子的年轻生命。

一天，我来到小区楼下的"万圣书苑"，一套北京大学出版社新出版的人文系列丛书吸引了我。我毫不犹豫地买回家，如饥似渴地读起来。我惊喜地发现，这里充满了我闻所未闻的新知识、新理念。读到《文学是什么》时，一段哲言照亮了我的心灵：

在海德格尔那里，文学的诗不再是一种技巧，而是一种人生，是一种存在方式。诗不仅是诗人的而且是人类的。你可以不是一个诗人，但你却不能不是一个诗意的存在者，因为人类本真的存在方式就是："诗意地栖居在大地上。"

　　"听君一席话，胜读十年书！"从此，"教绿色语文，享诗意人生"便成了我语文教育的核心追求。

　　2003年6月3日，高考前最后一节语文课。按照惯例，理应给学生进行考前指导，但我破例上了一节"师生同释'诗意人生'"的课。首先，我朗读了我在《人民教育》上发表的《诗意地生活在教书育人中》，然后让弟子们写出他们对诗意人生的理解。

　　有人写道：

　　自从我听您讲解了何为诗意的生存，我对我的人生便有了更清晰的定位。清华是一种境界，绝不仅仅是一张入场券；人生绝不能满足于结果，而要在奋斗中寻求诗意。我衷心地感谢您，不仅是因为您让我体会到了学习语文的重要性，更重要的是您让我领略到了一种全新的人生。

　　我始终不曾怀疑过：您其实比我年轻。所以我想，岁月其实也许并不那么可怕，人总是要渐渐老去，这些远没有我想的那么难以接受。可怕的只是我生命的每一分、

走进清华，任重道远

每一秒没有活出意义，我的人生被无聊所荒废！如今我想通了，不必瞻前顾后，只要认认真真地走好每一步就可以了。谢谢您！

我不想现在用我笨拙的笔去玷污"诗意人生"的概念，如果我能步赵老师的足迹去奋斗，也许到我"知天命"的年龄，我会带着自己的人生体验，与矍铄的恩师一起探讨海德格尔"诗意栖居"的真谛。

三年来，最活跃的是语文课，最丰富的是语文课，最难忘的也是语文课。为什么呢？因为我也跟着老师诗意地生活了三年。希望有朝一日，中国教育的"森林覆盖率"达到百分之百！

……

这节课，为我 2000 届的绿色语文教学，画上了完美的句号。在其后的高考决战中，我班语文成绩名列前茅，五科总成绩远远超出重点大学录取线；10 人考进清华、1 人考进北大，超额完成预定指标，再次获得素质与升学的"双赢"！

八、拓展绿色，超越自我

进京 5 年来，"绿色"理念全方位、全过程地浸透了我的语文教学。

在海淀区语文教研室组织的新教材实验的挑战中，我开发了绿色文言教学。汲取朱熹"熟读""精思"的教学精髓，把文言文教学从以往的"文白对译""满堂灌"转变为如今的"强化语感""堂堂诵"。从前，偏重对译和语法；如今，则兼悟传统文化。集中学习文言一年之后，就有不少人写出精彩的文言习作，请听金橙橙同学在《文言之悟》中的学习心得：

夫古文者，铺采摛文，字字珠玑，斯诚中华古文化之精华，百代千秋之资也。《文心雕龙》曰："才高者菀其鸿裁，中巧者猎其艳词，吟讽者衔其山川，童蒙者拾其香草"，诚如是也。读之吟之，思之志之，既品文辞章法之精妙，亦览仁人志士之明达。久之，所得颇丰……师诸子以知进德修业之道，从忠良而明治国安邦之策。

喜子安之所喜，悲右军之所悲，感介甫之所感，叹昌黎之所叹，展义骋情，酣畅淋漓。同史迁稽兴衰成败，纵观古今；共苏子迓清风明月，笑对人生，赞曰："乐哉！快哉！"

　　显然，弟子们对文言的学习既未囿于应试，亦未止于皮毛，而是从语言精华到思想精髓全面吸收。一位考入上海交通大学攻读经济学的弟子告诉我，他课余时间自学《古文观止》，遭到了讥笑。我为他自觉深造文言而欣慰，就鼓励他说：燕雀安知鸿鹄之志哉！
　　在 2003 届新生中，我又开创了"绿色阅读"——"青春读书课"。
　　身处教学第一线，我深切地感到，如今的青少年学生中有三种病颇为流行：贫血（只知索取爱，不知奉献爱）、缺钙（心理脆弱，缺乏顽强意志）、脑膜炎（跟着感觉走，缺乏理性思考）。历史课上，讲到日本侵略者南京大屠杀时，竟然有人伏案酣睡，有人谈笑风生；语文课上，讲到谭嗣同为变法而甘愿流血牺牲，竟然有人嘲笑他"愚昧无知"；讲到林觉民舍"小爱"图"大爱"，竟然有人批评他"不懂爱情，与革命私奔"；写话题作文"创业的思考"，竟然有人嘲笑那些志士仁人"大而空，全无用，为国立功劳，自己脑袋掉。"……
　　都说当教师是个"良心活儿"，而这颗良心，说到底，是代表人类文明与进步的"社会的良心"。因此，"绿化"学生的精神世界，理所当然地应该成为：语文教学的永恒主题，语文教师的神圣义务！我在"青春读书课"中常常凭借一个小小的发明——"三精"牌"一言心得"，把师生间的"口耳授受"变成"心心交流"。这种"一言心得"一要"精诚"，说发自内心的话；二要"精练"，说言简意赅的话；三要"精彩"，说富有文采的话。师生在讲评中对话，在对话中交流。于是，远非青春的我，依然能够走进青年的心，在文字的切磋中，进行精神的碰撞……
　　2004 年秋季，刚刚卸下班主任的担子，我又承担了 3 个班的语文课：除文科重点班、理科重点班外，又增加一个理科普通班。由于有针对性地开展"青春读书课"，仅仅半学期，弟子们便欣然进入"绿色语文"境界。请看他们的"一言心得"。

　　※语文，枯燥乏味的代名词，那是因为几乎所有的语文老师都把它当作一门应考的科目。直到现在我才知道，原来语文课也可以上得很有意思。语文并不仅仅是

民族语言，还蕴含了做人处事的人生哲理，是门终身受益的课程。难道还有什么理由不好好学习语文吗？

※说真的，一开始听您的课心中有些没底，您的确不同于我碰到过的其他语文老师：您从不单纯地讲课本知识，而是旁征博引，扩展学生的视野。也许是多年被这死板的高考束缚得已只会考试了，故心中总有个问号：这能应付高考吗?! 但半学期下来，学习成果告诉我：您的"以育人为宗旨"的语文教学是精彩的！因为我正是从这段时间开始有一种"想写点东西"的冲动，我想这才是语文学习最重要的作用——它不仅让我们了解了一些文学知识，更让我们"内心的冰壳"渐渐融化，一个内心毫无感受的人是不会想写文章的！当然，应试的现状仍"牢不可破"，但我感到在您这种真实的文学滋养下，同样能在分数上大有收获……还望多与您沟通！

※"语文是无穷无尽的宇宙，让人捉摸不透。"——这是我小学时对"语文"的看法。"语文真有用！""为什么？""因为中考它占 120 分！"——这是我初中时对"语文"的认识。"中国人就应该学好语文，语文是中华文明的真谛所在，只有学好了语文，你才能挺直腰板喊一声：'我是中国人！'"——这是我现在对"语文"的理解。

※在学习语文中发现生活的美，在学习语文中找到沟通心灵的桥梁。自从遇到您之后，我才明白，语文并不是只教你读几篇文章，识几个字，您告诉了我生活的态度和人生的意义，学语文就是学做人—— 一个能顶天立地的人。

※不知不觉已上了半学期的课了。现在的语文课不再是以前的满堂灌了，而更多的是师生的交流；深入地鉴赏，让我们真正地同作者对话；生动活泼而深蕴哲理的青春读书课，让我们更深刻地反思自我。这才是真正意义上的"绿色语文"吧？

我深知，由于先天不足与后天不厚，今生永远也不可能做弟子的"精神领袖"了，但我完全有可能成为他们的"精神导师"——引导，开导，疏导，诱导，与他们一起，走近大师，感悟巨人，涵养精神，学会做人。学生是青春做伴好读书；我则是金秋做伴读书好。2005 年，我被评为《中国教育报》"十大读书人物"。

12 年的语文教学改革实践与思考使我的教学理念越来越明晰：

"绿色语文"就是培养"亲情"的语文。这"亲情"就是对中华民族的母语一往情深、地久天长的钟情。

"绿色语文"就是培养"爱心"的语文。这"爱心"就是爱自己、爱他人、爱祖国、爱人类、爱自然的博爱之心。

"绿色语文"就是培养"习惯"的语文。这"习惯"就是"含英咀华"地读，"咬文嚼字"地写，"语不惊人死不休"。

开悟心窍凭一笑，润泽芳草逾十春。多年来，我一直以刘国正先生的"门外弟子"自相期许。当我把自己的绿色语文专著奉送先生雅正时，竟然喜得墨宝：

遍染人间绿色情，沐风栉雨好园丁。
爱君心似山泉水，不翳纤尘见底清。

谦翔君倡导绿色语文教育，卓然有成，为教坛瞩目。近以所著二书示余，以实例说话，非作无根之谈也。开卷读其自省，以肺肝相示，真情感人，良师故应如此也。君当盛年，谨书小诗，祝君百尺竿头更进一步，以跻峰巅。

先生的赞许和期待时刻激励着我，纵然不能"身跻峰巅"，也一定会永远坚守：
不断地超越自我，追求成熟；
不断地提升自我，继续成长。

点化恩重，受益终生

九、陶醉绿色，诗意生存

"灰色语文"固然摧残着学生，但又何尝不在摧残着教师自己？日复一日，年复一年地从事着"买椟还珠"式的语文教学，把鲜活滋润的人文营养压榨殆尽，只留下机械枯燥的技术训练；在超负荷的重压下，学生丧失了天性，教师丧失了悟性，教学丧失了灵性。我常想，如果教师自己都蜕变成了泥塑木雕，还能指望学生生龙活虎吗？如果教师自己都丧失了起码的教育理想，还能指望学生在母语的熏陶下成为创新的人才吗？

"绿色语文"的本质就是充满诗意的语文。正是语文教学改革使我的人生弥漫在诗意之中。我从小就喜爱诗歌，童年时代就是从奶奶整天哼唱的"春眠不觉晓，处处闻啼鸟"中熏得了唐诗韵味儿。在那不开花的"花季"，又有集诗词歌赋之大成的《红楼梦》成为我"精神进补"的美餐。孤独寂寞中，余香满口的诗句，驱散了心头多少阴云！凄风苦雨里，悠然心会的意境，融化了心田多少冰霜！正是与《红楼梦》的耳鬓厮磨、灵犀相通，陶冶了我对古典诗歌的一往情深。尽管至今也没有成为文学意义上的诗人，但我这一生从未离开过"诗对我的呵护"和"我对诗的追求"！诵诗，品诗，写诗，教诗；从"诗内诗"到"诗外诗"——朝吟暮赏，口诵心惟，日熏月陶，怡然自得。

日常生活里，每逢遇到一节开心的语文课，一次动心的班会，一篇赏心的美文，一封喜心的家书……或深夜伏案，或凌晨倚枕，我把灵感的电光石火捕捉在笔下，推敲成一首首小诗。外出讲学时，北国的长白林海，海南的碧水白沙，嵩山的少林古寺，井冈的万顷竹海，深圳的小平塑像，西安的兵马俑，伊犁的天然湖……被我随时随地放在心灵的砧板上锤打，让优美的母语滋润自己的精神。用"真情实感"激发学生的诗情画意，用"现身说法"辅助弟子赏文解诗：如切如磋，如琢如磨……正是有了这种"诗"意垫底，才使我的语文教学"人"气十足。

2003年5月23日，"非典"复课第一天，一通疯狂而快乐的忙碌。在骑车回家的路上，灵感突发，诗兴喷涌，不料自行车失控冲入地下车库，左手擦伤，鲜血立见。进得家门，不顾伤痛，先把佳句记下，直推敲到夜半方休：

　　"非典"肆虐，停课回家；四周煎熬，呼爹喊妈。收短信：急急切切，嘀嘀嗒嗒；打电话：叮叮嘱嘱，婆婆妈妈。一朝复课，怒放心花，归心似箭，齐齐刷刷。一大早到学校，封门设卡，一个班分两半，收收发发。口罩云，白白花花；体温潮，测测查查；洗手勤，冲冲刷刷；吃饭新，领领发发；胸卡多，密密麻麻；座位少，稀稀拉拉。抢时间答卷，沙沙哗哗；戴口罩讲题，呜呜啊啊。风风火火冲冲杀杀，怎一个忙字了得？打打印印，数数发发，凭一个乐字当家！"指"点江山，咿咿呀呀，"机"扬文字，笑笑哈哈。白衣抗"非典"，轰轰烈烈；红烛育英才，潇潇洒洒。怨只怨，没长三头六臂；恨只恨，没生铁齿铜牙；为只为，弟子健健康康；求只求，高考挥挥洒洒；谢只谢，"非典"历练身心；乐只乐，清华盛开奇葩！

"非典"偷闲，逍遥游园

第二天在"感悟'非典'"的作文课上,这首打油诗,就成了"抛砖引玉"的教材。

※　　※

回顾35年的教坛耕耘,我不禁感慨万千:从插队务农到返乡回城用了整整20年,从"文革"辍学到大学毕业用了整整20年,从初上教坛到首获桂冠用了整整20年,从申请入党到光荣入党用了整整20年,从进县城任教重点中学到入京城任教清华附中用了整整20年!

这5个20年告诉我:教师不能只练"读功""讲功",还要练"笔功"。只有经常动笔,与汉字朝亲暮近,耳鬓厮磨,"零距离接触",才能使自己对母语永葆敏感的嗅觉、鲜活的触觉,在教学中得心应手,游刃有余。35年来,我一直坚持五种笔耕:写教学后记,以积累经验;写教研论文,以升华经验;写佳作赏析,以教学相长;写读书眉批,以积累感悟;写新旧体诗,以自娱自励。

聚沙成塔,集腋成裘。我终于在57岁时出版了两本小册子:《绿色语文案例集锦》和《绿色作文实例实说》。拿到样书那天,我不禁回想起22年前的一个不眠之夜。邮局寄来了10元钱稿费——我的一篇豆腐块文章《单元教学初探》在一个市级

下乡二十载,重返江城

内部刊物上发表了。这是有生以来我的手稿第一次变成墨香袭人的铅字啊！这对日过中天、从教三年、刚上函授大学的我，是何等的鼓舞啊！心潮澎湃，辗转反侧，口占打油诗自勉：

> 人过三十五，嫩芽才出土。
> 要想枝叶壮，还须多吃苦！

尽管在同龄人乃至晚辈中，许多人早已著作等身，令我汗颜。但毕竟聊可自慰的是：倘无数十年如一日的笔耕不辍，岂不至今还是一个十足的教书匠？抚摸着两本小书的绿色封面，如同抚摸着亲生的两个"精神婴儿"，一股激情涌上心头：

> 老来得子喜复哀，哀因难产喜双胎。
> 朝朝保子食苦药，暮暮补身饫良材。
> 临盆阵痛连昼夜，落地雷鸣释心怀。
> 儿肥女靓白发慰，不负苍天送春来。

这5个20年告诉我：欲速则不达，投机则不永。我庆幸自己有自知之明：我是一只笨鸟；我更庆幸自己有持恒之志：笨鸟先飞，一个劲地飞。

> 天生一笨鸟，独钟杏坛好。
> 灵鸟正酣眠，我飞趁春晓。
> 灵鸟中道嬉，我恨光阴少。
> 灵鸟迷歧路，我厌投机巧。
> 飞飞重飞飞，疾风砺劲鸟。
> 飞飞重飞飞，秋暮人未老。

这5个20年告诉我：不甘寂寞，必须耐住寂寞。23年前的一个冬天，永吉县进修学校选调兼职教研员，我不幸落选。虽然失落，但并未怨天尤人，我写下《感遇诗》自勉：

旧居新访，物是人非

文人相轻，嫉妒丛生。
蔽美称恶，古今皆同。
闭目塞听，不辩不争。
苦攻深钻，乐在其中。
领导有准，学生眼明。
时间无私，效果最公。
志当高远，心宜宽宏。
何必斤斤，猎彼虚荣。
众不我美，小子无能。
果有真才，锥处囊中。

这5个20年告诉我：诗意的人生就是要以"出世的精神"做"入世的事业"：

现世只是一个密密无缝的利害网，一般人不能逃脱这个圈套，所以转来转去，仍是被利害两个大字系住。……无论是讲学问或是做事业的人都要抱有一副"无所为而为"的精神，把自己所做的学问事业当作一件艺术品看待，只求满足于理想和

情趣，不斤斤于利害得失，才可以有一番真正的成就。（朱光潜）

这5个20年告诉我："人生只有两种方式：一种是腐烂，一种是燃烧。"（高尔基）虽然两种方式同样归于毁灭，但前者给世界留下垃圾，后者给世界留下光和热。作为一名党员教师，就要永葆爱党、敬业、乐学、创新的红心，在心灵耕耘的事业中，发光，发热，直到生命的最后一息。

2004年1月7日下午，第2节语文课进行到最后五分钟之际，因糖尿病导致低血糖，我突然头晕身软，虚汗淋漓，不得不走下讲台；后经紧急补水补糖，化险为夷；经过一天中西药强化治疗，病体稍舒；9日下午又乘飞机赶赴海口，应全国中小学语文新课程研讨会之邀作课讲学。细想前天在讲台上倒下，昨天在讲台上复起，今天又将走上研讨会的讲台，一种轻伤不下火线的悲壮涌上心头，感而赋诗：

> 假如我倒在讲台上不再起来，
> 这是我的造化，不是悲哀。
> 是战士就应当埋骨沙场，
> 为师表就应当献身讲台。
> 朝朝暮暮，讲台上传道授业；
> 岁岁年年，讲台上追欢播爱。
> 讲台上画句号该多么圆满，
> 仿佛在百花丛中将我掩埋。
> 我庆幸今天又站了起来，
> 还能把绿色语文继续开采。
> 一旦我永远站不起来，
> 我希望、我祈祷还在这讲台。

对教育的钟爱，把苦变成了甜；对母语的热恋，把忧变成了乐；对创新的执着，把梦变成了真。接天莲叶无穷碧，映日荷花别样红。——我把语文教育变成了一首激情燃烧的诗。

我的教育观

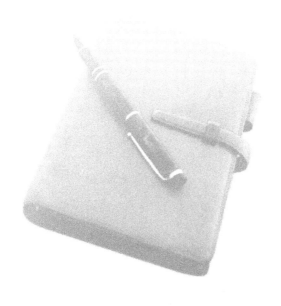

一、绿色诗歌鉴赏概说

如今的古典诗歌鉴赏，在高考指挥棒的驱使下，大都采用如下拿手好戏：模仿高考题型选编大量试题，把学生按入题海，浸泡加热，大煮特煮。这种"煮"的方法，是一种寻捷径、找窍门、治标不治本的浮躁之举，至多只能培养学生的猜题技巧，而在培养真正意义的审美素质上，毫无裨益。

例如训练客观性选择题时，只注重给出现成答案，不注重展示解答过程，更不注重揭示审美规律。这样一来，学生即使练过100道习题，而在做第101道题的时候也还可能是瞎蒙乱猜。

训练主观性的简答题时，则过分强调了答案的统一性，使极富情感与个性的、本无功利意图的诗歌鉴赏蜕变成枯燥无味的寻求所谓标准答案的功利之举。这种训练往往导致学生在鉴赏中的"高空作业"。例如，鉴赏中不少同学便把林逋《山园小梅》中"疏影横斜水清浅，暗香浮动月黄昏"所表达的以幽居隐逸为乐、不慕荣利的情感，说成是"赞美崇高气节"；把陆游《卜算子·咏梅》"零落成泥碾作尘，犹有香如故"所表现的不惧摧残、坚贞自守的傲骨，说成是"歌颂奉献精神"等。他们只会大而化之地为作品贴上一些现成的标签，却不懂得揣摩语言、品味情感、

大师题词，小卒奋进

体会意境。如此苦苦训练，不仅不能真正走进诗歌鉴赏之门，就是在升学的考场上，也不会取得理想的成绩。这种治标不治本且事倍功半的鉴赏，我称之为"灰色鉴赏"。

与这种只着眼于"治标"的"煮"的方法相反，我在教改实践中尝试了一种重在"治本"的"养"的方法。"养"在汉语中的本义是"生育"。既然是十月怀胎，一朝分娩，则显然急功不就，欲速不达。"养"的引申义是"教育"，宋朝教育家朱熹注曰："养，谓涵育熏陶，俟其自化也。"文章大师韩愈在论及从内在修养入手培养写作能力时的精当比喻，用在鉴赏上也十分恰当："养其根而俟其实，加其膏而希其光"。这"根"与"膏"就是学生的审美兴趣、审美习惯、审美素养；这"实"与"光"就是学生的审美能力。"根之茂者其实遂，膏之沃者其光烨"。只有素养丰厚了，才能在考场上鉴赏诗歌时意到笔随，应付自如。

审美之果，非养不丰。我把这种注重审美素养、催化诗意人生的鉴赏，称之为"绿色鉴赏"。

（一）口诵心惟，投入诗境

以"口诵"投入诗境，是为了感知诗歌的"音趣"，即音乐美——押韵美、声调美、节奏美。而"投入"是学生自己的"投入"，绝不是老师的"塞入"；务必让学生敞开心，放开声，读出味儿，自诵自悟。

以"心惟"投入诗境，是为了感知诗歌的"意趣"（"情趣"与"理趣"）。"心惟"即韩愈所说的"沉浸醲郁，含英咀华"，忘却自己，诗我合一，尽享诗意的甘醇。绿色鉴赏特别强调发挥学生"强烈的自主意识"，在对作品"含英咀华"的基础上，进行"多元的开放性"解读，力求有"新的发现"，做出富有"创意和个性"的评述。

例如，我在上《寻隐者不遇》的鉴赏课时，便放手让学生独立鉴赏其中的"理趣"，极大地调动了学生的审美潜能，使他们对诗的象征性意蕴做出了既合乎审美逻辑，又五彩缤纷的诠释。

有的感悟道："在人生这个错综复杂的大棋盘上，无论外人还是自己看来，都是朦胧混沌不清的。当局者迷，旁观者也未必清。"

有的说："问题的答案要由自己去找，不能总听别人的，要勇于发现，勇于探索。"

有的说："某些客观事物会遮挡我们的视线，而我们要穿越这些生命的遮挡物，找到自己的目标。"

还有的说："象征了一种超凡脱俗的内心世界。也许是一个很平凡的人，做着很平凡的事，生活在平凡的人间，但他的内心是高远的，所以凡夫俗子无法到达他的境界。"

我们不能再像过去那样，一味地追求"确定""唯一"，这样只会冰释诗歌浓烈的人文意象，榨干诗词空灵润泽的意境，使诗成为一堆冰冷枯燥的语言乱码。只有让学生真正走进诗的意境，才能最大限度地激活其发散性、创造性思维，才能使其与作品和诗人产生心灵的"交流"与"碰撞"。

当然，这种个性化的鉴赏应该限定在文本提供的情境范围之内，我们努力提倡"一千个读者就有一千个哈姆雷特"，但如果把"哈姆雷特"鉴赏成奥赛罗，把"黛玉"鉴赏成"妙玉"，那也同样背离了文学鉴赏的基本原则。绿色鉴赏必须谨防从一个极端走向另一个极端。

（二）含英咀华，跳出诗境

鉴赏不只是为了享受"音趣""情趣"和"理趣"，同时也是为了获取"文趣"。"文趣"既指"文字"之趣，也指"章法"之趣。"跳出"诗境，就是对诗歌做"庐山"之外的理性审视，品其言而察其妙，析其章而悟其法。

古代诗人极讲究"炼字""炼句"。"吟安一个字，捻断数茎须""两句三年得，一吟双泪流""语不惊人死不休"的范例，在古典诗歌创作中可谓俯拾即是。例如林逋的名句"疏影横斜水清浅，暗香浮动月黄昏"并非纯粹出于他的独创，而是出自他对五代南唐的残句"竹影横斜水清浅，桂香浮动月黄昏"的化用。将名词"竹"改成形容词"疏"，将名词"桂"改成形容词"暗"，顿使梅花神态活现，可谓化平庸为神奇！这些"炼字"的妙笔往往在解答选择题时被匆匆放过，在解答简述题时被草草搁置。

文学是语言的艺术，诗歌是语言艺术金字塔的塔尖。丧失了对"咬文嚼字"的敏感，就从根本上迷失了诗歌鉴赏之路。所以，尽可能少做几道断章取义的标准化鉴赏试题，千方百计多做一些全方位的原汁原味的诗歌鉴赏，是提高学生鉴赏能力的当务之急。

对文字的推敲，说到底，是对思想情感的提纯；对章法的推敲，说到底，是对逻辑思维的锤炼。

古人写诗也极讲究布局谋篇。即使寥寥数句的小诗，也有起承转合、前呼后应的精密安排。因此，通过鉴赏诗词来揣摩章法、训练表达的严密性，实为简捷高效的理想途径。例如鉴赏陶渊明的《饮酒》，在鉴赏其平淡的风格、高远的意境、深蕴的哲理之余，还可让学生潜心揣摩其精微的结构：前四句（结庐在人境，而无车马喧。问君何能尔，心远地自偏），是对污浊尘世的否定；后四句（采菊东篱下，悠然见南山。山气日夕佳，飞鸟相与还），是对隐居田园的肯定；结尾两句（此中有真意，欲辩已忘言），是对全诗主旨的总结。从而让学生明白了陶诗的"毫无斧凿之痕"，并非不用匠心可致，实乃大巧若拙的体现。以这短短 10 句的篇幅让学生悟得章法的妙谛，比起鉴赏长篇大论的散文来，实在是一种"短平快"的教学方式。

诗歌如麻雀，形体虽小，心肝脾胃肺五脏俱全；赏析如解剖麻雀，音、情、理、文"四趣"分明。我将这种绿色诗歌鉴赏的要点，概括成以下歌诀：

> 熟读始入音趣门，因人因世索诗魂。察物辨景识意象，含英咀华品味新。
> 悟情悟理得意趣，沉入意境喜会心。跳出庐山解文趣，审美尤重弦外音。

第一句讲诵读，体会"音趣"；第二句讲鉴赏的前提：因人论诗、因世论诗；第三、四句讲对具体的"意象"要明察细辨，反复品味；第五、六句讲走进"意境"，发扬悟性，揣摩诗的"情趣"或"理趣"；第七句讲对"文趣"即艺术手法的解析；结句"尤重弦外音"是讲把文学的诗意引入现实生活，诗化人生，造就"诗意栖居"的人。

（三）无意插柳柳成荫

所谓"无意插柳"，是指在平时的语文课堂和课余生活中，营造一种浓郁的诗意氛围：课上课间，不忘朗读诗、背诵诗；阅读写作，不忘玩味诗、运用诗；感悟人生，不忘联想诗、创作诗……激之以兴趣，着眼于游戏，无意于应试，故可谓"无意插柳"，但耳濡目染，渐成良习，受益无穷。

仅以旧体诗创作为例。重要的不在于把学生培养成文学意义上的诗人，而在于让学生从创作中亲身体验到构思的艰辛与快乐、炼字的酸涩与甘甜、造境的苦辣与欣慰。旧体诗习作"深得民心"，即使是在高三最紧张、最繁忙的日子里，也有许多学子沉下心来赋诗抒怀。请看马文杰同学的《咏清华荷塘》：

> 田田荷叶绿荷塘，清清涟漪似琼浆。
> 既得文豪生花笔，何须嫦娥洒寒光。
> 圣境自有盘龙卧，他日入海游四方。
> 近观东南腾蛟踞，遥看西北彩凤翔。
> 池鱼久怀云龙志，誓跃龙门入华堂。
> 会当再尽百日力，六月折桂蟾官香。

作者谈到他的创作心得时说：起初我并没有把写诗放在眼里，以为一挥而就，便成佳作。可万万没有想到，佳句没写出来，教训倒得了好几条。真应了陆游的说法："纸上得来终觉浅，绝知此事要躬行。"我连写了三首才得到一篇像样的诗。现在看来，前两篇真是贻笑大方，但留下来的教训是宝贵的。

王夫之曰："无论诗歌与长行文字，俱以意为主。意犹帅也；无帅之兵，谓之乌合。"第一首诗中我本想描写佳节临近，学子仍然刻苦学习的景象，最后却哀求老天爷赐予好成绩。由于没有明确集中的主题，我的诗句便成了乌合之众。练笔中一定要精心立意，才能打造出一支精锐之师。

苦于无力妙手回春，我只得另起炉灶。第二篇倒是立意明确，但又出现了不会造境的毛病。本来想谈面对高三巨大学习压力的感受，可全诗没有什么意象，甚至出现了"与其……不如"这样的议论句式，生硬说理，诗味全无。而平时鉴赏诗歌时学的借景抒情、托物言志等艺术手法，被我丢到了九霄云外。

第三次写诗，我吸取教训：首先确定了"进军清华"的主题，其次明确了以荷塘为抒情媒介的构思，诗的档次果然提高不少。

再看张丹同学的《归旧居随感》：

> 新居住未久，犹思旧时院。
> 梦萦清幽景，醒归驻足看。
> 竹篱虽残破，青藤犹缱绻。
> 鸟鸣花丛中，虫唱石隙间。
> 院主闲庭步，抚木现怡颜。
> 无心事雕琢，天成此画卷。
> 魅力何所在？神韵尽自然。
> 感此良久立，日落仍盘桓。

作者在创作谈中说道：有人说我与众不同，我一直感到疑惑：没有出众的相貌，没有过人的口才，没有卓越的领导才能，横看竖看都不过是个普通人罢了。现在看来，我的特别之处应该就在于朴素与自然吧——不粉饰，不虚伪，不招摇，不刻意地追赶时尚，正如我喜爱的自然天成的旧居庭院。总爱照镜子，但看到的只是外表，而这首诗让我照见了自己的心灵！

尽管是偶尔尝试旧体诗习作，仍然有许多同学写出了这种像模像样的诗作和创作谈。这惊喜给我启迪：诗才人人有，关键在开发。这经验令我深信：审美之能，并非来自教师天花乱坠的灌输，而是来自学生亲经亲历的创作实践和感悟。我并不奢望把学生个个都培养成专业诗人，但我竭力赞助他们为飞扬的青春留下些诗情，使他们在物欲横流的喧嚣中保留些精神的自由与纯净，在未来的人生坎坷中让心灵有所依托。

（四）赏诗功夫在诗外

诗歌鉴赏能否联系现实生活实际？我的回答是肯定的。例如《寻隐者不遇》中包含着如下哲理：隐者代表着另一个世界，它对俗世的来访者是关闭着的。你可以想象它的美妙，你也可以在这世界的边缘探问它的消息，使自己稍稍远离俗世的污浊，于仰慕的遥望中使身心有所涤荡，但只要你的心还留在俗世，就不能深入到隐者的世界中去，分享隐者独得的生命。由此哲理我联系"名牌大学热"的问题，提出了自己的"清华境界说"：

"清华大学"，说到底，是一种境界，一种以"自强不息，厚德载物"的精神为代表的人生境界。如果你仅仅是喜欢，羡慕，向往，那你便像那个"寻隐者不遇"的诗人一样，即使走进了清华大学的校门，也不过是来到了"松下"；即使走遍了清华园，也不过是涉足于"此山中"，而作为人生境界的那个"清华大学"，依然隐藏在"云深不知处"的茫茫杳杳之中。只因为你内心深处的真正追求，还是要当"追星族"，还是要"跟着感觉""潇洒走一回"，还是要"平平淡淡才是真"——总之，你还是摆脱不了人生的种种浅薄的诱惑。这，就是作为清华大学附中的莘莘学子，天天有幸在清华园里来来往往，却只能有少数人考上清华大学的原因；这，也就是已经考取了清华大学的学生，每年却总有一些人拿不到毕业文凭的原因。

那位寻隐者的诗人，如果真的想找到隐者，其实也很好办：彻底摆脱尘世的羁绊，也做个真隐者不就可以了吗？同理可证：如果有人真的想成为"清华人"，那就必须用"清华精神"把自己头脑里那些杂七杂八的东西置换出去；否则，你无论怎么向往，最终也只能是仰望清华之高墙却不得其门而入。

——于是，诗歌诗化了学习生活，学习生活也充满了诗的意趣。

朱光潜先生说过："真正的文学教育不在读过多少书和知道一些文学上的理论和史实，而在培养出纯正的趣味。……所谓诗并无深文奥义，它只是在人生世相中见出某一点特别新鲜有趣而把它描绘出来。……但是有生命而无诗的人虽未到诗的末日，实在是早已到了生命的末日了，那真是一件最可悲的事。……读诗的功用不仅在消愁遣闷，不仅是替有闲阶级添一件奢侈；它在使人到处可以感觉到人生世相新鲜有趣，到处可以吸收维持生命和扩展生命的活力。"

※　　※

郑板桥《题画竹》诗曰："四十年来画竹枝，日间挥写夜间思。冗繁消尽留清瘦，画到生时是熟时。"此中道理耐人寻味。我们似乎可以窥见集诗、书、画三绝于一身的郑板桥成长的道路和规律：他是在不断地"写"和不断地"思"中走过来的；

他的"画到生时是熟时",更道出了一切大师级艺术家同具的严谨创作态度和不倦创新精神。遗憾的是,只要稍加观察就不难发现,在我们身边的教学实践中存在着多少名为轻车熟路的旧车老路、貌似驾轻就熟的南辕北辙、自诩熟能生巧的弄巧成拙啊!感慨之余,我不禁写下四句歌诀来自警:

> 自古大师皆务本,
> 从来腐儒事急功。
> 养根俟实铸大器,
> 投机取巧雕小虫。

"绿色鉴赏"并非完全拒绝功利,而是把长远功利和切近功利——把培养审美素养和训练应试能力协调起来的审美教学。其实,"素养"与"应试"本不是"对立"的,而是"互利"的。但总有人习惯把二者对立起来:脱离"素养"这一教书育人的出发点和归宿点,就"应试"抓"应试",结果把鲜活水灵的"诗海畅游"变成了枯燥乏味的"题海鏖战":抓阄摸彩式的选择题型,千人一面的标准答案,"十响一呼噜"的高频率模拟……然而,以"煮"为标志的灰色鉴赏,只能导致"素养"与"应试"的两败;只有以"养"为标志的绿色鉴赏才能取得"素养"与"应试"的双赢。自1993年实行教学改革以来,我所教的历届学生高考成绩都高出对比班,而在历次模拟考试中诗歌鉴赏分数也始终略胜一筹。这,就是我始终坚定不移地实行"绿色鉴赏"的实践依据。

二、诗教的魅力

学生对教育方式的挑剔是近乎苛刻的,他们最讨厌枯燥无味的"磨豆腐"式的说教,最反感盛气凌人的家长式的训斥,甚至仅仅因为教师的语调有些像对待小孩子,也会惹起他们内心的不快。因此,班主任必须十分讲究教育方式的可接受性,否则苦口婆心也会激起逆反,操心费力亦不啻南辕北辙。

我经常结合班级不同时期的思想倾向，针对学生不同的心态，或者写诗赠诗，寓教于诗，或者教学生赏诗作诗，以诗自育，受到学生的普遍欢迎。诗教何以有魅力？给思想以形象，寓说理于深情。诗教的魅力何在？可以励志，可以修德，可以陶情，可以劝学。

（一）励　志

电影《焦裕禄》对看惯了金庸武打和琼瑶纯情的中学生来说，不啻一场极大的精神冲击波：欣赏时热泪盈眶，座谈时慷慨激昂。我抓住这难得的契机，写了一首长诗来激励他们：

……有人说，焦裕禄是县委书记的榜样/与我小小青年普通学生毫不相关/难道学生不是祖国的未来/难道青年不是人类的明天/当历史的车轮驶入二十一世纪/振兴中华的大业将由青年承担/在纷纷芸芸的三百六十行里/哪一行事业不需要勤俭/哪一份责任不需要清廉/哪一级领导不需要实干/哪一副重担不需要奉献/……看到他为了一个窝头打哭了爱子/你们懂得了/什么叫真正的勤俭/看到他取消特购证与民同苦/你们懂得了/什么叫真正的清廉/看到他冒着暴风雨在泥水中踏查灾情/你们懂得了/什么叫真正的领导/看到他用茶杯盖顶住肝部伏案工作/你们懂得了/什么叫真正的奉献/而那送葬的人山人海/那恸哭的动地惊天/更使你们懂得了/为人民而死，重于泰山！

这首诗深深打动了学生的心。会后，有4名同学向党组织递交了思想汇报。一位同学写道："从前我一直认为要求入党，参加学习雷锋活动，都是很虚假的事情。如今我感到这很真实、很伟大，祖国需要我们做焦裕禄式的人，只有像他那样活着才活得正义、充实、有动力。"事实证明，这首诗仿佛趁热打铁，又如淬火加钢，对学生起到了激雄心、励壮志的作用。

（二）修　德

我在1990届学生中实行班长轮换制，为了使班级工作登上新台阶，第二届班委开展了真诚的"求谏"活动。在如今流行的自我感觉良好、崇尚我行我素的氛围中，这实在是一个惊人之举。为了扶植这一新事物，我写了《赞勇敢求谏的弟子——代新年贺词》一诗，在辞旧迎新之际献给了学生。诗中写道：

　　这是你有生以来第一次/这是你同龄人中破天荒/你们堪称第一个吃螃蟹者/你们的首创精神真棒/从现在起，你们有权说/我，长大了/因为你们跨过了"生理自我"的台阶/超越了"社会自我"的桥梁/登上了"心理自我"的高堂/你们勇敢，敢为别人所不敢为/你们聪明，初上征途就辨明航向/你们理智，为了"正人"首先"正己"/你们高尚，把集体利益放在心上……

这首诗如一石激起千层浪，使"求谏"活动从干部扩展到群众，由最初 6 人增加到 30 人，后来又普及到全班。苏霍姆林斯基说："如果没有引导人观察自身和深思熟虑个人命运的话，即使最精细的教育方法和措施也会落空。"正是诗教的有力引导激起了学生自我教育的热情，促进了班级的精神文明建设。

（三）陶　情

大量事实表明，当前许多青少年处在一种情感失衡之中。对已经得到的过多的母爱父爱，他们既无感激之情，又无报答之心；相反，却养成了严重的依赖性和自私心。我写的《自立吧，我可爱的弟子们》一诗启迪了学生的爱心。在历数了父母对儿女的鞠躬尽瘁的奉献后，我写道：

　　我可爱的弟子们啊/请你扪心自问/你是否吃得好却不觉甜/穿得暖却不觉温/得到爱却不领情/享着福却忘了恩/我可爱的弟子们啊/请别再呼唤"妈妈，再爱我一次"/请真诚地对父母说/让我也来爱一爱你们/清晨，让闹钟早早把自己叫醒/放爸爸到户外去练练气功/夜晚，让妈妈陪爸爸看看电视/也该让二老放松放松……享受父母的爱/却从不想到反哺/我不相信他是一个真正的人/享受老师的爱/却从不想到回报/我不相信他是一个纯粹的人/索取朋友的爱/却从不想到答谢/我不相信他是一个高尚的人/获得集体的爱/却从不想到回报/我不相信他会成为爱国的人/学会爱吧，这是做人之本/学会爱吧，这是报国之根。

　　以这首诗为主题，三八节前我又召开了一次激动人心的班会。会后开展了"三个一"活动：给妈妈写一封慰问信，送妈妈一个小礼物，帮妈妈干一件家务事。事后，一位同学在演讲中满怀激情地说道："感谢我们的老师，是他的诗使我懂得了回报爱的重要。三八节那天，我送给妈妈的是一根糖葫芦，因为妈妈平时常给我和妹妹买糖葫芦，可她自己却从未吃过一口。当我把糖葫芦送给妈妈时，我看得出，妈妈好高兴，也好感动，因为这是我这个做女儿的17年来第一次送给妈妈礼物呀！"可以说，正是这首《劝爱篇》的撞击，使这位同学的心灵爆发出灿烂的爱的火花。

（四）劝　学

　　厌学思潮即使在重点中学也不能免，学生们一边含辛茹苦地学习着，一边牢骚满腹地抱怨着。特别是高三毕业班，生活的七色阳光只剩下一色，那就是一味地学习和拼搏，如何使学生在苦学中求得心理平衡，以至于甘于吃苦、乐于吃苦？我又写了长诗《献给我可敬的苦行生们》。诗的开篇，我先替学生诉苦，把高三学生难以忍受的苦学生活进行了淋漓尽致的描写，充满了深切的理解和真挚的同情。然后，笔锋一转，以高亢的热情歌颂了他们的苦学精神：

　　热血方刚的苦行生们/没有气馁，不甘堕落/在知识的黄土地上挥汗耕作/他深深地垂下头/像黄河边的纤夫/他闪闪地亮着眼/像夜航中的灯火/征途上留下他们的脚印/学习，学习，学习/天空中响着他们的呼唤/拼搏，拼搏，拼搏/在这脚印和呼唤声里/蕴含着对理想的热烈追求、对现实的冷静把握/哦，多么艰苦的生活/多么可敬的品格！

　　这些诗句揭示了他们苦学的意义，点燃了"追求伟大"的心灵之火。这样，不是苦压倒了他们，而是他们征服了苦。接着我又在诗中规劝道：

　　下课铃响就放下笔吧/到室外吸一腔新鲜空气/课间操一到就合上书吧/让运动换

来头脑的灵活/吃完午饭就放放风吧/去享受冲出"文明监狱"的快乐……哦，我可敬的苦行生们/该松的时候就松一松吧/松是为了紧得更有效果/该动的时候就动一动吧/以动促静才是最佳的选择/苦行的目的不是苦果/苦尽甘来那才是欢乐/为了争得甜美的报偿/要用"文武之道"调节苦行生活！

这首诗受到了学生的热烈欢迎。一位同学在信中说："你用饱含哲理的诗句化解了我们心中的矛盾和烦恼。"不久，班内板报上出现了一位学生自己创作的诗《假如你不够欢乐——送给我同窗的苦行生们》：

假如你不够欢乐/却不必把眉头紧锁/高中的生活举足轻重/又何必为些许小事把自己折磨/是学习上的一次失利/还是工作上的一点挫折/是一时解不开的思想疙瘩/还是欲罢不能的情感枷锁/统统把它们抛开吧/你应该微笑着面对生活/打开尘封的门窗/让风儿抚平前额/敞开沉重的心扉/让生命充满欢乐/博大总能稀释忧愁/深色总能覆盖浅色/追求总比叹息可靠/潇洒地拼搏才是你最好的性格/该放松就玩个痛快/该紧张就投入地一搏/张弛有度才是中学生的风采/以苦为乐才见苦行生的执着/为了1993年金榜题名/为了1997年报效祖国/为了下世纪建功立业/挫折算什么/抑郁不值得/吃苦怕什么/苦多乐更多！

教育者与被教育者，就这样，在诗的交流中达到了和谐的统一。

诗教，也许不如严厉的批评那样立竿见影，也许不如严格的管理那样明效大验；但它的魅力却如适时宜人的春雨，"随风潜入夜，润物细无声"，寓无穷于无形。还是诗人兼哲人泰戈尔说得好："不是锤的打击，而是水的载歌载舞，使鹅卵石臻于完美。"

诗教的魅力，其如水乎？

三、绿色文言教学概说

何谓"绿色"文言教学？首先，绿色文言教学不是那种流行的文言"语法"教学，而是一种文言"语感"教学。文言"语法"教学的着力点在于教师对古汉语词法和句法的详析细讲，教学方法是纯粹的"注入式"，学生接受的是抽象的概念；而文言"语感"教学的着力点在于引导学生对古汉语词汇和句式的"眼到""口到""心到"的操练，教学方法是学生的"自诵自悟"，学生所得的是真实的体验。当然，对古汉语语法，不是不讲，而是"精讲"——是"以读带讲""以讲促读"。大凡学习语言，不论古今中外，都是学者在一定的语境中自己"习"得的，而不是靠教师"讲"得的。婴儿的语言能力，就是在大量的听说操练中得来的，哪个母亲曾经给自己的娃娃讲授过词法句法？而在生活中我们又会经常看到一些根本不懂何为主语、何为谓语的"文盲"却能够说一口标准、流畅乃至生动的汉语。中国古代的语言教育主要是靠"诵读"和"涵泳"奏效的。朱熹提出的"熟读精思"之法，就是对古代语言教育方法的精练而又经典的概括。这就是我们祖先当年学习语言行之有效的方法，这就是没有受过污染的原汁原味的纯天然的文言教学法。

绿色文言教学，正是继承了这种纯天然的文言教学法，强化诵读——不只是在早读和课外强化，即使在课堂上也要把大半时间让位给学生诵读。但这种诵读已经剔除了古代私塾里那种"死"记"硬"背，而发展为一种在老师引导和点拨下的"活"记"软"背。教师通过自己声情并茂的"范读"、解疑破难的"领读"、贯通文脉的"导读"，激励和带动学生们异口同声地"齐读"，诵、听轮换地"轮读"，辅以提示的"背读"，分层逐段的"接读"，众声鼎沸的"速读"……从而在课堂上营造出一种前所未有的书声琅琅的学习气氛。"之乎者也"的文言语感，就在这日积月累的"熟读成诵"中熏陶养成。

其次，绿色文言教学不是那种单纯追求"文白"对译的教学，而是在理解"文言"的基础上深思熟虑"文章"精华的教学。现行的文言教学大都着力于"对号入座"式的"文白"对译，至于文章所蕴含的艺术、人文精华，往往被有意无意地漏掉了。这种只重形式不重内容的文言教学显然不利于继承和发扬中华民族宝贵的文化遗产。我们祖先行之有效的"文以载道"的理念和"传道"与"授业"统一的教学原则，依然是我们今天应当继承和发扬的。只不过这里的"道"已经不再是狭隘的儒家道统，而是广义上的"人生之道"了。只有这样的教学才不至于让文言学习仅仅成为狭隘的应试升学的敲门砖，也只有这样的教学才能让学生在学习文言的同时得到中国古代人文精华的濡染，实现学习语言与学习人生的双重"可持续发展"。

为此，不但要让学生做到"自诵"，还要让他们做到"自悟"，也就是让他们修炼好朱熹倡导的"精思"功夫。

精思的对象是什么？一是遣词谋篇的匠心，二是博大精深的思想。精思前者，可使学生悟得大师们的写作经验；精思后者，可使学生继承中国古代的人文精华。

绿色文言教学的精髓全在"熟读精思"这四言之中。"熟读"的标准何在？朱熹曰："使其言皆若出于吾之口"——用范文的语言规范自己的语言。"精思"的标准何在？朱熹曰："使其意皆若出于吾之心"——让范文的思想渗入自己的心灵（"渗入"不等于"全盘吸收"，而是有所剔除的扬弃。）"熟读精思"的主体是谁？当然是学生，而不是教师。这与新课标和新课改所提倡的"以学生为主体"的理念不谋而合。

第一轮《文言读本》教罢，我曾依照惯例出了一套试卷来测试学生的学习效果，内容包括默写、点读、基础知识、课外阅读四项。结果，全班平均成绩为 82 分。其中默写 78 分，点读 78 分，基础知识 90 分，课外阅读 76 分。按理说，仅仅经过高中一个学年的文言训练，就能达到如此水平，该是很值得乐观的了，但我总还是感到没能充分展示"绿色文言教学"给学生们带来的学习乐趣和足以受用终身的文化素养。于是，我别出心裁地搞了一次特殊的验收：让他们运用文言，自选角度，写一篇学习《文言读本》的心得。尽管平时并没有做过这类训练，但交上来的文言习作仍令我喜出望外。只有 1/3 语言不太合乎文言规范，还有 1/3 语言基本合乎规范，另有 1/3 语言不但规范而且生动活泼，颇有味道。这正所谓"无意插柳柳成荫"。下面点评一篇习作来具体说明"绿色文言教学"之效。

《体悟文言·金橙橙》习作点评

余习文言期年，诗词歌赋典章史籍，已诵千言。登高自卑，循序渐进，乃徐有得。至于今日，乃以文言记之，兴如之何！

【点评："期年"，学自《邹忌讽齐王纳谏》。"登高自卑"，古代名言，"自卑"，乃古今异义词，在此为"从低处（开始）"义。"如之何"，文言感叹句式，用之既确，何愁不懂？】

然顾往昔，文言肇始，学途多舛，举步维艰。目得之而心不至，言虽解而理难明。望"之乎者也"而惶惶焉；临"孔孟老庄"则茫茫然，叹曰："悲哉！哀哉！"

【"学途多舛"，学自《滕王阁序》"命途多舛"。两组对偶句造得颇有文采，不但形式工整，而且内容对比鲜明。"目得之……言虽解"两句将只动眼不动口、只泛览不精思的毛病和只会"文白"对译不能理解文意的后果揭露无遗。】

至观于《朱子读书法》而后明其道，乃力行之："使其言皆若出于吾之口；使其意皆若出于吾之心。"虚心静虑，心眼专一。然则字字昭然，句句判然；明哲之思，贤才之论，亦了然于胸矣。

【纵观全文，可知朱熹学论深入其心。此段内容与上段恰成正反对比，表达鲜明。】

夫古文者，铺采摛文，字字珠玑，斯诚中华古文化之精华，百代千秋之资也。《文心雕龙》曰："才高者菀其鸿裁，中巧者猎其艳词，吟讽者衔其山川，童蒙者拾其香草。"诚如是也。读之吟之，思之志之，既品文辞章法之精妙，亦览仁人志士之明达。

【所引《文心雕龙》字句实乃自学所得，足见文言学习兴趣浓厚之效。"既品……亦览"之句可见作者始终不忘"文道兼修"的原则。】

余每习一古文，必撷其名句佳章，察其炼字用典之传神、平仄音韵之优美、结文构章之艺术。久之，所得颇丰。每有余暇，则凝神默想，若身临其境，逸兴遄飞，舒啸放歌，滋可乐矣。

【此段谈学习文言之乐，不但套用、化用了许多文言名句，而且在模仿古文整散相间的句法艺术上尤见出彩！】

　　然则师诸子以知进德修业之道，从忠良而明治国安邦之策。喜子安之所喜，悲右军之所悲，感介甫之所感，叹昌黎之所叹，展义骋情，酣畅淋漓。同史迁稽兴衰成败，纵观古今；共苏子适清风明月，笑对人生，赞曰："乐哉！快哉！"

　　【此段集中谈文言文学习对自己的情操、理想的有益熏陶。历数名著作者之"所喜""所悲""所感""所叹"，"纵观""笑对"，抒写自己与之共鸣的心怀，不但真实可信，而且颇得古文排比铺陈之妙。议论抒情融为一体，酣畅淋漓！"乐哉！快哉！"之赞，又与前文的"悲哉！哀哉！"之叹遥相呼应。】

　　亦苦亦甘，苦尽甘来。劳神慎究，始解文辞之真意；苦思冥想，方悟行文之深藏。熟读精思，博闻广志，斯诚诵习文言之要法也。余诚能深谙于心，力行于学，则智明行圣、达材成德可计日而待也！

　　【"熟读精思，博闻广志"概括文言学习之法可谓精当。"智明行圣"是从荀子"知明而行无过矣"浓缩而来；"达材成德"则从孟子语录得来：皆强调为学务必德才兼修之理。可谓深得古人教育精髓之语。】

　　作者在谈创作体会时如是说：这是我学习文言文一年后在老师的辅导下创作的有生以来第一篇文言作文。在写作时，我努力回想自己平时诵读文言时积累的语言知识并运用于文中。就在我完成这篇文言习作的过程中，我越发地感受到中华古文化的巨大艺术感染力，每想出一句语言精练、形式工整的文言语句，我都感到一种充实和满足，这正是创作的快感。同时，我也意识到自己的语文水平还相当有限，对于文言词汇和句法的运用还很不熟练，唯有多推敲、勤练习才能锻造出自己的作文精品。

　　"绿色文言教学"源于何处？既源于我自身多年自学文言的正面经验，也源于我踏上语文教坛之初的十几年灰色文言教学的反面教训。初登高中语文讲坛之际，如果仅仅靠我"文革"前两年高中学的那点儿文言，是绝对不能胜任的。所幸粉碎"四人帮"后，我曾经如饥似渴地自学《古文观止》，熟读背诵了其中50多篇经典篇章——为了教给学生"一碗水"，我先储备了"两碗水"。

后来，在重点中学的教学实践中，为了弥补自己的先天不足，凡是我要求学生背诵的古文，我自己都首先做到背诵如流，我借机又储备了"两碗水"。

再后来，为了不但拿到"文凭"而且提高"水平"，我孜孜矻矻地读了五年函授大学，向历代名师名作发起了诵读攻坚战。且不说唐宋古文八大家，亦不说李白、杜甫、白居易，就是屈原那长达375句的代表作《离骚》，也叫我背诵得滚瓜烂熟。我的胸中渐渐地储满了"一桶水"。

在1980年至1993年的漫长岁月中，我曾盲目地依照流行的灰色文言教学方式，虔诚地向学生倾倒着我这"一桶水"：苦口婆心地"讲"着文言语法，尽心尽力地"灌"着文学常识，千方百计地"练"着模拟试题，却忘记了对自己如何蓄得这"一桶水"做追本溯源的反思，一直自我感觉良好地"跟着感觉走"。

万幸的是，新世纪初我来到了北京，来到了海淀，来到了清华大学附中；万幸的是，我遇到了周正逵先生编写的这本以"高一文言、高二文学、高三文化"为体例的新教材，又参与了海淀区教研员董晓平先生带领包括清华附中在内的5所重点中学进行的新教材教学实验。这套新教材于我犹如醍醐灌顶，心窍顿开；我对这种新教法更是一见钟情，相见恨晚。教起来是那样得心应手，胜感愉快。面对实验验收时的骄人成绩，我喜上心头，填词抒怀：

水调歌头·《文言读本》教后

去岁《论积贮》，今年《游沙湖》。咬定熟读精思，点化得真珠。昔赖簧舌三寸，今仗自读自悟，旧灶换新炉。削趾实吾耻，新履适新足。

沐清华，浴海淀，唱京都。遥望天涯绿色，老马劲十足。更遇乔迁之喜，乐水亲山觅路，春光照吾庐。东隅有诗意，桑榆更锦途！

"绿色文言"教学对早已习惯于"灰色文言"教学的学生来说，其实是一个严峻的挑战。他们早已习惯于当"厅（听）长"，懒于、拙于诵读，更倦于、厌于思考。教师绝不能靠高压政策来落实，而要靠随时随地的学法指导和成果展示来激励他们自觉走进"绿色文言"的教学境界。

2003年秋季，我开始进行《文言读本》的第二轮教学，有了上一届的经验和教训，"绿色文言"就进行得更加顺畅。在第一学期基本上路的基础上，新学期伊始，我就把上届师哥师姐们写的文言文作为自编教材印发给学生。这个别开生面的文言前导课，立刻在学生中引发了一场学习观念的"大地震"。我趁此良机重申了我"授之以渔"的教学论：

> "渔"者，非"鱼"也。"渔"乃捕鱼之法；"鱼"乃捕鱼之果。授之以法，可使弟子自捕无穷之鱼；授之以果，纵我学富五车，弟子所得亦不过有限之鱼。

两个班100名同学全都写出了他们激情洋溢的"一言心得"，充分表明了他们心甘情愿走进"绿色文言"的学习心态。仅举十则为例：

马林娜：我原来想，文言之境界是大师们的天下，没想到人人皆可如此。今后我也要走进"绿色文言"的境界，尽享学习文言的"其乐无穷"。

许田恬：我今后不会再把文言视为应试的工具了，我会为自己的一生来用心学习它。

宁　磊：这两篇文言文写得十分精彩，使我对文言学习有了新的认识：不再当它是陈词滥调，而理解它是中华文化的精粹。

岳　鑫：常言道：君子爱财，取之有道。如今圣贤的思想和文章如此大的财富就在眼前。老师教的又是取"财"的至真至正之道，我还有不为之心动的理由吗？

陈　博：听了今日一课，"语法""语感"之说使我大悟。再看师哥师姐的文言文，感到如此学下去，前途无量。

刘　薇：这两篇文章看得我目瞪口呆。若想不久以后我也能写出这样的文章，我还得继续付出更多的努力。培养文言"语感"，也将成为我日后的一项重要功课。

苏士元：以前总认为"天下文章一大抄"是贬义，现在看来不然。古人正是熟记前人文章加以改造创作，才写出了胜于前人的美文。这便是因为受用终身的"语感"罢？

李　莎：古文之学，不可废止，文德并修，其乐无穷！

高　倩：老的，未必就是过时的。文言文永远具有它独特的魅力。学习文言任重道远。只有多诵多记，详缓研读，才能体会其中的真意。临渊羡鱼，不如退而结网。

张　晗：今日品读学长之美文，既叹其文辞底蕴之深厚，亦感余遣词造句之浅薄。故立之以为榜样，决心尽我之力以学之，则赶超亦可指日而待。

综上可见，学生们取得了如下两点共识：一是绿色文言的学习之法，熟读精思，培养语感。二是绿色文言的学习目的，不仅是为了考试得分，更是为了终生享用——欣赏古代文化典籍，升华自身语言修养，接受古圣先贤的精神滋养。

我们的学生毕竟是新时代的学生，他们在本质上是求真、求善、求美的。一旦把事实摆清、道理讲明，他们就会焕发出巨大的学习热情和学习潜能。

"绿色文言"的种子，要靠教师来播种；"绿色文言"的果实，要靠学生来收获！

四、文言文点拨教学法刍议

——《语文实验课本·文言读本》教学心得

《语文实验课本·文言读本》以其全新的教学思想，设置了全新的教学体系，必然要辅之以全新的教学方法，方能实现其提高文言文教学质量之目的。《文言读本·前言》明确指出："培养文言阅读能力，要以训练为主，以知识为辅，把学生主动学习同教师重点指导结合起来。"这里的"以训练为主"，就是"要十分重视诵读训练。所谓诵读就是要求在初步理解的基础上，用朗读的方法，反复熟读课文，逐步加深理解，直到可以背诵"。这里的"教师重点指导"，据我体会，绝不是历来广泛流行的面面俱到、字字落实的"满堂灌"，而是在保证学生充分、主动学习的条件下简约精当、富于启发的"点拨法"。

（一）文言文点拨教学法的定义

所谓文言文点拨教学法，就是以学生诵读为主，教师指导为辅，强化语感训练，重视人文熏陶的一种课堂教学法。

要想确保点拨法的落实，首先必须确保学生在课堂上诵读文言文的时间不少于30分钟，而教师点拨的时间不多于15分钟。这种2∶1的时间分配，既可保证学生每节课熟读成诵的文言在 200 字左右，又可限制教师在指导时兴之所至，信口开河。

点拨法，顾名思义，精髓在"点"。"点"的繁体字左边为"黑"字，形旁表义为"小黑点"，亦引申为"液体小滴"，又泛指"小的痕迹"。当其为动词时，在"点头"一词中，指"上下略微颤动"；在"蜻蜓点水"一词中，指"一触即离"。故此，"点拨"一词，唯有理解为"三言两语，略做启发"，方才到位。非如此便不能将"满堂灌"与"点拨法"区分得泾渭分明。

（二）文言文点拨教学法的操作

旧式教学法的"满堂灌"，与学生的"满堂听""满堂录"相辅相成。同样，新式的"点拨法"，与学生的"满堂诵""满堂思"相生相长。

1. "熟读"之点拨

"熟读"点拨法，举其要者有六种。

领读，以正音正调。教师领读，是为了正字音，正语调，以便做到朱熹读书法的"四不"：不可误一字，不可少一字，不可多一字，不可倒一字。

通读，以略通文意。这种对全文（或全段）的诵读，有利于对全文（或全段）语境的整体把握，是学生理解局部文意的必要前提。

译读，以破难解疑。边译边读，随读随译，对古今异义、词类活用、特殊句式逐步扫清障碍，破难解疑，以利理解记忆。

速读，以熟练口齿。慢读，利于求准；速读，利于求畅。矫正学生口笨舌拙的唯一途径，便是速读。只有使学生的诵读由"准"而"熟"，由"熟"而"快"，方可臻于朱熹所谓"使其言皆若出于吾之口"的境界。

竞读，以振气造势。每节课诵读二三十分钟，未免口乏神倦。当此之际，不妨在组与组或人与人之间，以接读、轮读、测读展开竞赛。书声琅琅，钟鸣鼎沸，遂使昂扬之气重振，热烈之势再呈。

标读，以强化记忆。所谓标读，即在熟读基础上进行的有提示的诵读。具体分为两种：其一为词语标读，即摘取原文字词做板书，以辅助学生连贯背诵课文，借以强化机械记忆。其二为文意标读，即提炼原文主要内容做板书，以深化学生理解记忆。以《石钟山记》结尾段的标读为例：

词语标读：

> 事不……
>
> 郦元……士大夫……而渔工……而陋者……
>
> 余是以……盖叹……而笑……

以上板书的八个词语，可视学生诵读熟练程度而逐步减少，直至全部擦掉，而代之以如下文章标读：

据此文意标读背诵文章，学生便可通过机械记忆与理解记忆的结合，将文章的语言记忆与章法记忆融为一体，从而臻于朱熹所谓"使其意皆若出于吾之心"的境界。

标读，是"熟读"点拨的最高阶段。它标志着学生的诵读已在老师的引导下，由"生"至"熟"，由"熟"至"诵"，由"浅"至"深"了。同时，标读又是从"熟读"转"精思"的过渡环节。如果说"词语标读"是使学生由"熟读"而"成诵"的话，那么"文意标读"便是使学生由"成诵"而"精思"——思其文脉，思其技巧，思其情趣，思其哲理，由此进入古文学习的更高境界。

2. "精思"之点拨

"熟读"与"精思"其实是相辅相成的。有读即有思，有思方促读；但毕竟有侧重诵读以求口齿流畅的阶段，也有偏重思索以求揭示文妙的阶段。"精思"点拨，即为后者。

（1）设问背诵，深化理解

所谓设问背诵，不是按照常规从头至尾通篇背诵，而是教师依据对文章的深层理解，打乱原文顺序，设置具体问题，让学生从记忆库中提取有关段落或语句来回答的背诵。其方式大体有三种：

其一，于文脉设问。例如《游褒禅山记》可先设问"仆碑之遇"的文字，则学生诵答第一段；再设问"仆碑之悲"的文字，则学生诵答第四段。如此设问诵答，自然会使学生对这两段间"先叙后议"的逻辑关系"清清楚楚，明明白白，真真切切"了。

然后再设问第二段"山洞之游"与第三段"游洞之叹"的文字，则"先叙后议"的逻辑关系势必再得强化。如此设问诵答，合而能分，分而能合，为文之道，久而必得。

其二，于技巧设问。如《师说》，可从对比论证入手。一问作者是怎样将"圣人"与"众人"对比的，二问作者是怎样将"其身"与"其子"对比的，三问作者是怎样将"百工"与"君子"对比的。三答之后，此文中心段逐层对比、以"破"为主的论证特点自明。

继而，再设两问：前段是如何"托古立论"的？后段是如何"借圣立论"的？待学生诵答之后，全文"破立结合"的论证方法便一目了然。

其三，于内容设问。例如学完《文言读本·下册》第五单元的三篇诵读文章，便设此问：这三篇文章的"文眼"各是什么？稍加思考之后，大多数学生便可异口同声答曰：《师说》文眼——"是故无贵无贱，无长无少，道之所存，师之所存也。"《游褒禅山记》文眼——"尽吾志也，而不能至者，可以无悔矣，其孰能讥之乎？"《石钟山记》文眼——"事不目见耳闻，而臆断其有无，可乎？"

以上是从主旨问答，以下是从材料问答。

问：《师说》作者论证"闻道有先后，术业有专攻"的论据是什么？学生诵答此问时，起止不同，多寡不一，此时教师须点拨：原文论据有二，一为孔子之"行"，二为孔子之"言"。因此论据一当诵答："圣人无常师。孔子师郯子、苌弘、师襄、老聃。郯子之徒其贤不及孔子。"论据二当诵答："孔子曰：'三人行，则必有我师。'"如此问答，则不但搞清了此段观点与材料的关系，更使论据典型、论证雄辩之特色豁然于胸。

（2）一言心得，历练悟性

"一言心得"，是文言诵读课教学的压轴环节。所谓一言心得，即要求学生在熟读精思之后，将自己对文章主旨的感悟做"一言以蔽之"的书面表达。

"一言心得"的要求有三条：真实，不写假话；准确，不写错话；生动，不写死话。（后来浓缩为三条标准：精诚、精炼、精彩。）"一言心得"的好处有三点：短、平、快。短，则凝思；平，则易写；快，则省时。学生有感而发，教师有的放矢，省时高效，事半功倍。

现以《兰亭集序》的"一言心得"讲评为例，归纳全班 50 名学生"一言心得"的内容，可分三类，说明如下。

第一，误解类。

心得 A：人生是要付出一定代价的。

（师评：此感由何而来？正所谓"高空作业"！）

心得 B：作者认为"死生"、"修短"并不是一回事，否定了孔子的说法。

（师评："死生亦大矣，岂不痛哉？"——作者何尝否定了孔子的说法？显然此生误解了此语的含意。）

第二，独悟类。

此类有 38 人，占全班的 76%。仅略举三例。

心得 A：珍惜生命，热爱生活。

（师评：珍惜生命，才不致轻生；热爱生活，才不致厌世。而此积极的人生观乃从羲之悲叹中得来，足见此生对文意理解到位。）

心得 B：草芥枭雄皆人也。夫人，莫不喜于生而惧于死，此大善也。喜则生希冀，惧则知奋进。

（师评：喜生惧死，人之常情。不喜不惧者，非为至圣，即为至愚，非凡人常态。此生尝试文言，造语颇工，可喜可贺！）

心得 C：白驹过隙催人老，宏图欲展当惜秒。

（师评：此语摘自本班主任所作《今日歌》。此生览文思诗，怦然心动，惜时进取之志，已默化于心矣。）

第三，批判类。

心得 A：确实人生短暂，但为什么只感叹呢？为什么不写点更实际的呢？读起来有些消极。

（师评：苛求古代作者，附和"消极"之说，此生头脑中尚有某种"套子"。）

心得 B：此文记叙部分很精彩，但后面一番议论却是些隔靴搔痒的空话。

　　（师评：此文记叙部分固然精彩，但纵观全文不过为"宾"，而后文死生无常之叹，方始为"主"。所谓"隔靴搔痒"之讥，并非得当，实属"少年不识愁滋味"之轻狂语耳。）

　　三言五语点评之后，即做总评。其辞略曰：

　　人与我同痛生死，古与今齐悲无常。感慨悲叹之中，正饱含人生之热恋。汉武帝，大英雄也，亦做"欢乐极兮哀情多，少壮几时兮奈老何"之叹；魏武帝，真枭雄也，亦发"对酒当歌，人生几何。譬如朝露，去日苦多"之慨。此乃超时代、超地域、超阶级的人类共同情愫，何消极之有？

　　即如革命家裴多菲之《格言诗》（生命诚可贵，爱情价更高。若为自由故，二者皆可抛），亦非教人轻生厌世。当彼革命势力与反动势力殊死搏战之际，面对"鱼"与"熊掌"二者不可得兼之时，为激励战士舍"小我"取"大我"，故有"若为自由故，二者皆可抛"之语。于彼时彼地而言，此语不可谓不当，不可谓不壮。然于当今革命告成、和平建设之时，若将此诗改动如下，亦不可谓失其真谛：

　　　　爱情诚可贵，自由价更高。
　　　　欲求人生美，生命不可抛。

　　——由兰亭之叹悟得人生之贵，不知诸弟子以为然否？

　　"一言心得"虽小，濡染心灵实大。人文积淀，贵在自觉。有自觉，则潜移默化，神明自得；无自觉，则不移不化，顽石依旧。

（三）文言文点拨教学法的成效

　　按照上述点拨法教学，我于高一第一学期较好地落实了《文言读本·上册》的教学计划。90％以上的学生都能把4个单元12篇（段）古文熟读成诵，并基本理解。尤为可喜的是，在语文课堂上，书声琅琅，熟读精思，业成习惯。期末测试表明，教师点拨15分钟，学生诵读25分钟即可将169字的《五柳先生传》熟读成诵。满分率达40％，良好率（95～99分）达34％，及格率（90～94）达14％。

　　另一项问卷调查结果表明，90％的同学对新教材、新教法表示由衷的满意。有的说："我最大的感受就是背古文不像以往那样困难了。看来，只要提高课堂效率，古文并不是想象的那么难背。"有的说："文言文，现在看你，不像从前那样'雾里看花'了——一个曾经被你击垮的人。"有的说："背，丰富大脑；赏，愉悦心情；思，陶冶情操。"还有的说："以背诵为基础，用理解促升华，熟读精思，受益终身。"

以上的这些发自肺腑的赞叹，充分证明了诵读为主、点拨为辅的教学赢得了绝大多数学生的青睐。在新教材与新教法的相辅相成中，他们走出了"死记硬背"的误区，使诵读文言文成为学习生活中的赏心乐事。可以相信，这些烂熟于胸的美文，必将伴随他们踏上漫漫人生之旅，呵护心灵，抚慰精神，陶冶情操，滋润绵绵，受用终身。这种素质教育成果的远效应，将是无法估量的。

文言文点拨教学法，对我这个从事重点高中语文教学 21 年之久的老教师来说，不啻巨大的自我超越。从口若悬河的自我陶醉，到精点妙拨的自我觉醒；从急功近利的唯考是图，到日积月累的语感浸染；从讲深解透的"抠文解字"，到含英咀华的涵泳品味——教改无涯，人生有限；从业不息，自新不止。

五、绿色散文鉴赏概说

（一）读好书

读好书，讲的是要有好的读本，也就是不读那些低级趣味的书，少读那些流行通俗的书，多读一些中外经典的书：文学的经典，艺术的经典，哲学的经典。经典，是英雄、巨人、大师人格的结晶，是人类在探索真善美的进程中，大浪淘沙后沉积下来的赤金美玉。阅读经典就是继承人类宝贵的文化遗产；只有继承经典，才能有人类文化的新创造和新发展。

流行通俗的书，当然也有它存在的价值和理由，但它们永远也不应该霸占学生读书的全部领地。一个只懂得迷恋艳情武打、感官刺激，不懂得追求英雄伟人高尚心灵的民族，将是一个没有希望的民族。罗曼·罗兰指出，人"靠心灵而伟大"。追逐英雄伟人的足迹，就有可能"使英雄的种族再生"——即使我们自身成不了英雄，但毕竟还可以成为滋养英雄的泥土。当年，罗曼·罗兰沉痛地指出："鄙俗的物质主义镇压着思想，阻挠着政府与个人的行动"。而如今，在我们的身边不也流行着"贫血""缺钙""脑膜炎"吗？历史课上，讲到日本侵略者南京大屠杀时，竟然有人伏案酣睡，有人谈笑风生；语文课上，讲到谭嗣同为变法而甘愿流血牺牲时，竟然有人嘲笑他的愚昧无知；讲到林觉民舍"小爱"图"大爱"，竟然有人批评他"不懂爱情，与革命私奔"。真是"暖风吹得游人醉，只把杭州作汴州"！难道处在战争尚未爆发的年代，我们就可以放弃居安思危的古训了吗？难道处在经济建设的和平年代，我们就不需要呵护自己心灵的绿地、建设自己的精神家园了吗？难道在政治、经济、文化的全球化竞争中，我们真的可以"刀枪入库，马放南山"了吗？

阅读经典吧！英雄主义、理想主义、浪漫主义从来就是孪生三姐妹，其治愈"贫血""缺钙""脑膜炎"的药效，绝不亚于"脑白金"。

（二）好读书

好读书，讲的是读书方法。是重在整体感悟、涵养精神，还是重在肢解文本、获取知识？这是绿色阅读与灰色阅读的第一道分水岭。如今流行的显然是后者。原因何在？在于阅读教学俯首听命于高考指挥棒。高考如何设题，阅读就如何设问；训练的习题做完，读书的目的就告成。于是，文本的内容被五马分尸，学生阅读所得仅限于语言或章法上的某些知识，至于整篇文章所表述的人文精神，则被买椟还珠式地放弃了。这是一种阉割文本灵魂的阅读教学：没有读者与文本的对话，只有读者对文本的肢解；没有读者与作者的对话，只有读者对作者的曲解；没有读者与编者的对话，只有读者对人文教育目的活生生的剥离。

重在"求同"，还是重在"求异"？这是绿色阅读与灰色阅读的第二道分水岭。如今流行的依旧是：只"求同"，不"求异"。"求同"，本来是指准确把握文本原意，但在某些老师那里被篡改成从教学参考书上抄来的统一标准答案，于是"求同"则成了"死读书"的代名词。求异，本来是指读者对文本的个性化解读：或赞同，或反对，或补充，或超越，但在某些老师那里又被误解为放任学生脱离文本随心所欲地评说。

　　看来，大有必要对"求同"与"求异"加以"正名"。"求同"不是主观外加的什么金科玉律，而是文本内在的精神实质。"求异"不是随心所欲地断章取义，而是在充分尊重文本的前提下的张扬自我。"求同"是继承，"求异"是发展；"求同"是吸收，"求异"是创新。"求同"不能限制过死，"求异"不可放得太活。只"求同"不"求异"，就是死读书，读书死；既"求同"又"求异"，才是活读书，读书活。

　　读书以"求异"为主，理由有三：首先，书是用来"开发"生活而不是"规范"生活的。既然每一本书都是作者对生活的"注解"，而生活本身又是绚丽多彩的，那么每一个生活的参与者就都有权对生活给出自己的"注解"，这才是让书本为生活服务。其次，即使我们所读的书句句是真理，世界上的真理也不可能被穷尽。因此，如果以"求同"为读书目的，势必不利于激发和引导学生对未知世界的探索。最后，一味地讲"求同"就会误导学生揣摩老师的意图，追随老师的思路，结果势必把自己鲜活的灵感、新颖的思想或个性的表达扼杀在摇篮中。

　　灰色阅读的要害在于唯应试马首是瞻。考试从检验学习的手段异化为做人治学的目的；读书从涵养心灵的田园，蜕变成谋取功利的钥匙。这种教学早已潜移默化地在某些教师的头脑中铸成了一个固定的教学模式：教书务必"求同"；不求同，就是书白读、课白上了。还记得第一次把王国维的《三个境界》引入阅读教学时，我就是把自己事先概括好的"高瞻远瞩立大志，心甘情愿吃大苦，百折不挠创大业"三句话，原原本本地交给了学生，那时的想法是唯恐学生理解有偏差，若不给个明确答案就心里没底。后来发现，这种做法有两个弊端：一是削减了王国维"以诗言志"所提供的令人无限遐想的广阔空间；二是压抑了学生的思考潜能，取代了学生思维的自我操练。后来当我又读到几位名家各有千秋的不同诠释时，方才醒悟，一读多解，才是阅读的正道。

　　于是，当我第二次引导弟子们感悟《三个境界》的时候，便放开胆子，让他们畅所欲言，各抒己见。事实上，正是对三个境界的理解不尽相同，才促成了碰撞，促进了思考：正确的，错误的；完善的，残缺的。让每一个学生都参与独立思考和个性表达，这就叫作"重在过程"，长此以往，他们就会善于并乐于独立思考了。当然，老师也可以作为读书的普通一员参与对话交流，给出自己的解读。然而，是把自己的见解放在学生独立思考前作为"样板"，还是放在他们独立思考后作为"参考", 这并非无关宏旨的顺序问题, 而是体现了两种截然不同的教学观。

"求同"常常是显性效益,"求异"常常是隐性效益;"求同"常常是近期效益,"求异"常常是远期效益。"求同"与"求异"虽可作轻重之分, 但不可有取舍之别。"求异"固然是读书的重点, 而"求同"则是必要的前提。只有将"求同"与"求异"有机地结合起来, 才能全面落实读书育人的根本效益。

(三) 读书好

读书好, 讲的是读书的效果。读书好, 好在"双赢"。

1. 学生人文素质与应试成绩的双赢

目前的灰色阅读教学显然存在着"数量少"与"内容狭"的问题。所谓数量少, 就是还有相当多的老师不敢越雷池一步, 只把语文教学封闭在 6 本语文教科书和 6 本教学参考书内, 把学生的课外阅读当作分外之事弃置不顾。然而, 多年的教学经验告诉我们, 那些在高考场上独领风骚的学子, 全都是那些阅读视野十分开阔的读者。因此我一直笃信语文学习其实是一个包括课内与课外、有字书与无字书在内的综合学习体系。

> 课内求精专, 课外求博宽。
> 悟性砺书卷, 能力锻大千。
> 知识固可贵, 素质更高瞻。
> 课堂处处有, 乐学当为先。

所谓内容狭, 就是在灰色阅读教学中, 文本总是被某些老师有意无意地做了外科手术, 将形式与内容活生生地剥离开来, 抛弃活生生的人文精神, 留下干巴巴的语言文字。其实, 作为具体文本的语言文字与人文精神, 本是水乳交融地结合在一起的, 语言文字的修养和人文精神的进步应当是在读书中同步进行的。

> 读书在养气, 目的不宜狭;
> 含英咀华久, 谈吐气自华。

切莫陷题海，丢瓜捡芝麻；

逐本真要务，积厚自勃发。

由于日常灰色阅读教学存在着数量少、内容狭等弊病，每当高三临考前，孤陋寡闻、见识短浅、精神疲软、人格卑下等心灵疾患便在作文训练中集中爆发出来，然而老师们也只好在这不幸的轮回面前哀叹：似曾相识燕归来，无可奈何花落去。

优美的文字不是从天上掉下来的，也不是自己头脑里固有的，而是从经典中读出来并付诸写作实践练出来的。美好的人文情怀不是从娘胎里带出来的，也不是自己凭空悟出来的，而是在经典的氤氲书香中熏陶出来的。因此，只有把"读好书、好读书"认真地抓起来，才是解决人文素质与应试成绩双赢的根本途径。

2. 学生素养与教师涵养的双赢

苏轼云："腹有诗书气自华。"孟子云："吾善养吾浩然之气。"韩愈云："水大，则物之大小者毕浮。"这里的"水"就是所养之气，"物"就是所写之文。显然，这些大师都极为看重"养气"的作用，而"养气"和"养文"其实是同步进行、并肩发展的。所以，腹有诗书不但"气"自华，而且"文"自华。只有读好书、多读书，学生才能具备健康的素养和生花的妙笔。

带领学生读书养气的过程，也就是提高教师自身涵养的过程。在最初教语文的足足 13 年的漫长岁月里，我曾一直是固守教科书、埋头练习册，除了国家统编的 6 本教科书外，"不知有汉，何论魏晋"！读书人不读书，教书人也不读书。——岂非咄咄怪事?！所幸心灵尚未枯死，改革唤醒了迷梦。当我发现再这样继续教下去不但会误人子弟，而且会误己终生的时候，我便由衷地发出"再也不能那样活"的呐喊，开始与旧我决裂。11 年来，我的语文教改之路，就是一条充实而美好的读书之路，也是一条充满诗意的人生之路。

何以解忧？唯有读书。人生多艰，人心多感。莫名的忧愁、无由的空虚、无赖的寂寞，不时袭来。一书攫目，便可与大师对话，与巨人聊天，与伟人谈心。或如甘霖润禾，或如醍醐灌顶，或如知音邂逅，无不阴霾一扫，心花盛开。

何以解愚？唯有读书。读《论语》，读《孟子》，读《庄子》，读《古文观止》……读唐诗，读宋词，读元曲，读大师鉴赏……读梁漱溟，读李敖，读余秋雨，读余光中，读王小波……读《文学是什么》《哲学是什么》《美学是什么》……这才发现：文学原来如此多彩，思想原来如此多元，精神原来如此多姿——这才悟得：语文教学本该千姿百态。

何以解老？唯有读书。时光如梭，人生易老，临镜难免自叹："我的青春小鸟一样不回来"。然而，静处书山，相看两不厌：每有会意，或哑然失笑，或欣然忘食，或得意忘形。学生是：青春做伴好读书，我则是：金秋做伴读书好。"谁道人生无再少？门前流水尚能西！"

读着，思着，学着；教着，新着，乐着。蓦然回首，原来自己教书育人中那些最宝贵的长处——理念的勇于求新，设计的突破旧我，课堂的随机应变，讲解的深入浅出，点评的妙口生花以及授课的激情永驻……追本溯源，几乎全部来自多年来读书的启迪与激励、涵养与积淀。读书，养成了我特立独行的个性；读书，成就了我绿色盎然的语文。

读好书，利人；好读书，养人；读书好，成人。

——感谢绿色阅读。

六、绿色作文概说

"绿色作文"，是我尝试探索的一条作文新途径，是十年教改实践的结晶。它没有什么"模式"，也无意制造什么"模式"——因为一旦搞成了什么"模式"，恐怕就离"教条"或"桎梏"不远了。这对开发教师和学生的创造潜能是没有益处的。我只想把"绿色作文"的几点要旨，介绍给有志作文创新的师生们参考。

（一）呼唤绿色

如今，"绿色"流行，正值鼎盛：大气污染了，有人呼唤绿色；河水污染了，有人呼唤绿色；粮食污染了，有人呼唤绿色；住宅污染了，有人呼唤绿色。可是，作文污染了，谁来呼唤绿色？

桃红柳绿，春满清华

灰色污染，由来已久，受苦最烈当属学生。请听他们的揭露：作文有三招儿，一凑、二抄、三套。"凑"——名言警句、时兴材料，自己信不信无关紧要。"抄"——考试之前苦背"范文"，考试也能屡屡中标。"套"——"文章格式总分总，学习雷锋不能少，要是考我议论文，就把决心誓言表。"此种污染过的文章，或千人一面，千篇一律；或金玉其外，败絮其中。死不死活不活，黑不黑白不白，名为"灰色作文"堪为最当。

再听听学生的控诉："从不敢直抒胸臆，也不敢文思飘逸，因为那样虽会让自己的性情得到真正释放，却会使作文卷头的分数大打折扣。在蹒跚中前行，在小心翼翼中探路，生怕自己妙手偶得的狂言或不甘平庸的妙语，令判卷老师大跌眼镜。灰色污染似无情杀手，用锁链捆住了我们的手脚，用利刃阉割了我们的精神！"身处灰色污染下的莘莘学子，怎能不畏之苦之不得已而为之，又轻之厌之如敝屣而弃之？

"灰色作文"根源何在？源于"唯考是图"。为了谋分数，就只顾教给学生文字编织术，而把陶冶学生心灵的职责抛诸作文之外；为了谋分数，就只顾引导学生在写作中求稳妥、求平庸，而把培养学生创新精神的宗旨牺牲殆尽；为了谋分数，就只顾误导学生投机取巧、弄虚作假，而把作文与做人割裂开来、对立起来！试问：当作文在灰色污染下蜕变成"谋求分数的敲门砖"时，我们的作文教学中究竟还残存着多少素质教育的分子？

　　灰色污染，愈演愈烈，绝非杞人忧天；呼唤绿色，救救孩子，实属当务之急！

（二）以人为本

　　"灰色作文"与"绿色作文"的本质区别何在？前者是"谋求分数的敲门砖"；后者是"完善人生的健身器"。"绿色作文"发源于做人，复归于做人——绿在"以人为本"。

　　然而令人忧虑的是，一种"流行病毒"正侵害着中小学生的肌体：只重应试升学，不思修身做人；只重投机取巧，不思踏实苦学；只重感官刺激，不思呵护心灵；只重眼前享乐，不思未来发展。察其病毒来源，不外三种：某些唯分是图的家长纵容的，某些唯考是图的老师误导的，某些唯利是图的媒体诱惑的。三者归一：舍本逐末，急功近利。

　　作为良知未泯的语文教师，绝不能听任"病毒"肆虐横行。我们必须针锋相对，自觉地在训练作文的过程中担起指导做人的责任。作为一次完美的绿色作文训练，务必具备以下三个条件：激活悟性，使学生"心动"；指导写作，使学生"笔动"；引导落实，使学生"行动"。三者之中，"心动"是本源，"笔动"是关键，"行动"是归宿。没有"心动"只有"笔动"，只能写出充斥假大空废"四话"的灰色文章；既有"心动"又有"笔动"，才能写出健心润笔的绿色文章；至于"心动"、"笔动"之后，追求"行胜于言"，做到"三动"兼备，方始登上训练"绿色作文"的理想境界。

　　情动于衷，文发于外；泼墨于纸，铸魂于心。把"作文"与"做人"融为一体，此乃"绿色作文"之本。

（三）以活为源

　　"问渠哪得清如许，为有源头活水来"——"绿色作文"的活水从何而来？既非来自"名师"的头脑，也非来自"题海"的磨炼。它的真正源头，来自包罗万象的大千世界。新颁《语文课程标准》指出："语文课程资源包括课堂教学资源和课外学习资源……自然风光、文物古迹、风俗民情，国内外的重要事件，学生的家庭生活以及日常生活话题等也都可以成为语文课程的资源。"这对打破作文教学一潭死水的封闭局面，无疑起到了开源引流的治本作用。

本人于 1996 年开创的《东方时空》感悟课，即是一个有益的尝试。让学生从收视《早间新闻》《东方之子》《百姓故事》《时空报道》等节目中，自选题材，自定角度，自拟题目，书写个人感悟，努力营造一种"家事国事天下事事事关心"的学习情境，从而为"绿色作文"引来常流常新的活水，使学生再也不必为"无米之炊"发愁。

本人还开创了班会感悟课——一种将主题班会和写作训练嫁接起来的新课型。班会的主题，从学生的成长需要提出；班会的教材，由老师有的放矢地编选；至于学生参加班会的心得，则要体现在抒发班会感悟的文章之中。"学会自立""学会生存""感悟青苹果""感悟清华精神""感悟创业境界"等主题班会，一次次唤醒了学生们的自省意识，把他们的思想修养和文化品位逐步提升到新的境界；而一篇篇绿色的班会感悟文章，则成了学生们"达材成德"道路上的一个个新路标。

以上两种"绿色作文"课皆取材于"无字书"，而"有字书"同样可以成为"绿色作文"的"源头活水"，那就是开创"创造性阅读课"。美国文艺复兴领袖、杰出散文大师爱默生指出："把自己的生活当作正文，把书籍当作注解；以一颗活跃的灵魂，为获得灵感而读书。"中国著名哲学家周国平则指出："任何有效的阅读不仅是吸收和接受，同时也是投入和创造。"一般意义上的阅读课，只重视考察和训练学生提取信息的能力（这固然是十分必要的）；而创造性阅读课，则进一步要求学生通过阅读文本激活自己的灵感，从而写出独抒己见的"绿色作文"来。

例如，通过阅读苏东坡的诗文代表作和专家对苏轼的评论，审美尚浅、涉世未深的高中学子也能写出异彩纷呈的独特感悟；通过阅读周国平的《性爱五题》，大胆尝试"纸上谈爱"，花季学子也会出人意料地写出对爱情的许多真知灼见。

"沉舟侧畔千帆过，病树前头万木春。""教死书、死教书、教书死"的局面必将被"教活书、活教书、教书活"的创新大潮所淹没。刚刚进入 21 世纪，国家就颁布了新的中小学课程标准，这就更为"绿色作文"开拓了无限广阔的天地，提供了用之不竭的活水。

（四）以悟为魂

"题材"是文章之"肉"，固不可缺，但"悟性"是文章之"魂"，尤为重要。没有"悟性"就无法对写作素材加工制作，从而提炼出独到的主题，文章自然就不会绿意盎然。

何谓"悟"？既不是佛家的"悟空"，也不是儒家的"悟道"，而是直面自然、社会、人生，实事求是地"悟理"。在我看来，"悟"乃"心"与"吾"的合成。孟子曰："心之官则思"。故从左往右看，乃"思之吾也"；从右往左看，乃"吾之思也"。"思之吾"，旨在做一个思想者；"吾之思"，旨在求一种独创性。总之，"悟"，乃追求个性鲜明的创造思维之谓也。

诚然，欲使当今的学生养成"悟性"，真的是难于上青天。心浮气躁，急功近利，得过且过，"跟着感觉走"，这些流行病毒实在是历练"悟性"的大敌。然而，大敌当前，是放弃责任听其"飞流直下三千尺"，还是铁肩担道义，只手挽狂澜？这正是检验我们教书育人诚意的试金石。法国思想家帕斯卡尔说："人是能思想的苇草"。细细想来，这话实在让人惊心动魄——如果不能思想，你便徒具人形，充其量不过是一株脆弱无比的苇草而已！素质教育，归根结底，是"教书育人"的教育；而"绿色作文"，绿就绿在它是"以人为本"的作文。我对"人"的理解，有歌诀一首："一撇一捺互支撑，一灵一肉两相成，一情一理为双翼，一言一行赖悟功"。其内涵为：从总体构成来看，"人"的一撇是灵魂，一捺是肉体；从灵魂的构成来看，"人"的一撇是情感，一捺是理智；从人的动态来看，"人"的一撇是言论，一捺是行动。总之，要造就一个大写的人，即人格健全的人，就必须在灵与肉的协调、情与理的均衡、言与行的统一处下功夫。然而，这一切都有赖于"悟功"的历练。

值得注意的是，"灰色作文"虽然有诸多弊害令人生厌，但是对许多习非为是的学生来说，却是驾轻就熟。不需吃苦也可混分儿，何乐而不为呢？而"绿色作文"却要费气力、呕心血，绝非一蹴而就之事，必须实行"韧性的"战斗。因此，教师必须在训练"绿色作文"的过程中，结合实践不断启发学生历练悟性的自觉性。只有当学生们亲口尝到了"绿色作文"的甜头，以"思之吾"为荣、以"吾之思"为乐的时候，万紫千红的"绿色作文"之春才能真正来临！

（五）以真为纲

"灰色作文"特产假、大、空、废"四话"，其中尤以"假话"最为要害；"绿色作文"针锋相对，自然以倡导"真话"为其纲领。

所谓"大话"，大唱高调的话，本质仍在于造假。其实，高调并非不能唱。"老骥伏枥，志在千里。烈士暮年，壮心不已。"——激昂慷慨，谁说不是高调？然而千百年来，又有谁不视其为人生绝唱？高调是否为人接受，关键在于唱得是否真诚，是否得体。如果不分主题、不分题材、不分体裁，一律矫揉造作地高唱"主旋律"或"最强音"，那便是把高调唱虚了，唱假了。例如，至今仍有些老师误导学生——写《母亲》非歌唱祖国不可，写《春天》非颂扬改革不可，否则便指责为"没有深度""不够高度"。此种高调难免虚情假意，令人生厌。

所谓"空话"的本质，还是在造假。"空话"不仅表现为"言之无物"，更常常表现为"言之无我"。有些灰色文章，表面看来，既有观点又有材料，似乎不可谓言之无物。但可惜的是，这些从"名人"处"借"来的观点，从媒体中"抄"来的材料，却并未经过自己大脑的加工，从而提炼出独特的真体验、真感受。至于那些灰色的记叙性文章，则既没有生活细节，又没有心灵火花，只有干巴巴的几根筋。这些"高空作业"的产物，非假而何？

所谓"废话"的本质，更在于造假。作者著文只是迫于老师的压力或考试的胁迫，于是像挤牙膏一样凑字数，拼段落，没话找话，敷衍成文。其写作动机就是造假，待到敷衍成文又岂能成真？

"灰色作文"的要害在"假"，"绿色作文"的纲领在"真"。我以为，"绿色"的含义有二：一为"纯天然的"，二为"可持续发展的"。二者并非孤立并列的关系，而是互为因果的。不是"纯天然的"，就绝不是"可持续发展的"；不是"可持续发展的"，也绝不是"纯天然的"。

古语云："举一纲而万目张"。目是网眼，纲是网绳。只有网绳高举，才能网眼尽开。古语又云："提领而顿，百毛皆顺。"欲理裘皮大衣，唯提领振动，方可毛顺衣展；若提襟挈袖，势必颠倒反乱。写真话，才是"提纲挈领"，抓住了"绿色作文"的牛鼻子。

（六）以导为脉

或许有人问：写真话，说错话怎么办？抒真情，悖常情怎么办？讲己见，出偏见怎么办？其实，对教师来说，这些非但不是坏事，反而正是机遇。恰恰是这些障碍之处，才是教师尽展疏导才能的用武之地。

"绿色作文"人人能写，但又不是随随便便就可以写好的。这里的关键因素在于教师要发挥能动的"疏导"作用：当学生沉迷于"灰色作文"不能自拔时，要苦口婆心，积极"开导"；当学生徘徊于十字路口进退两难时，要审时度势，及时"引导"；当学生尝试"绿色作文"取得进步时，要热情鼓励，因势"利导"；当学生在"绿色作文"途中想走回头路时，要用"绿色范文"，耐心"诱导"；而最大量的工作则是，面对面地给予学生切中肯綮、深入浅出的具体"指导"。总之，"导"就像人体的脉络一样贯穿"绿色作文"训练的全过程。

也许还有人问："绿色作文"讲来讲去，讲的都是"题材"呀、"主题"呀、"思想"呀、"人文"呀，全都是"内容"的事；为何不讲"结构"、不讲"手法"、不讲"语言"、不讲"风格"呢？这显然是误解。"绿色作文"不是只讲"内容"，而是侧重"内容"；不是不讲"形式"，而是淡化"形式"。其所以如此，首先是"内容决定形式"这个文章学的一般规律决定的。其次是纠正当前"只重形式不管内容"的错误倾向决定的。明明"言之无物"是当务之急，却还在那里不厌其烦地大讲手法、修辞，岂不是重蹈形式主义的覆辙？此外，对大多数中学生来讲，谁不能谈出几种修辞与写作的方法？但是，如今不是如何"讲"方法而是如何"用"方法的问题。古语云："皮之不存，毛将焉附？"内容之"皮"不存，方法之"毛"焉附？最后，即使要讲文章"形式"，也应只讲少数基本方法，以便给学生留有充分的创造发挥的余地；同时，还要多做个别的"面批面改"，少做一般的"泛泛空谈"，以便更有针对性，更解决问题。

陆游说："汝果欲学诗，工夫在诗外"。这种"诗外"学诗的主张，实在是一种"过来人"的最有见地的创作论。"绿色作文"便是基于这种创作论进行的"文外"学文的尝试。鲁迅先生说过："血管里流出来的都是血，水管里流出来的都是水。""绿色作文"就是要通过日常大量的"心动""笔动""行动"的训练，使学生练就这

"文外"功夫——健康丰厚的人文修养，从而恢复作文本来应有的"纯天然"本色，实现"作文"与"做人"的同步"可持续发展"。这是教师教学"绿色作文"时万万不可偏离的大方向。

※　　※

如前所说，"灰色作文"是谋求分数的敲门砖，可这敲门砖真的好使吗？千人一面的"雷同文"，向来就得不到好分数：咬紧牙关地憋，绞尽脑汁地凑，最终还是竹篮打水一场空。而"绿色作文"则是完善人生的健身器：它不但能给学生带来丰厚的积淀，受益终身，而且会使他们在升学的考场上领异标新，闯关夺魁。

"脚着谢公屐，身登青云梯，半壁见海日，空中闻天鸡。"只要放弃投机取巧的敲门砖，掌握标本兼治的"健身器"，不需天赋文采，也不需才高八斗，任何普通的学子都可以健步登上绿色作文的理想之巅！

七、把语文从应试教育的桎梏中解放出来

我的高中语文素质教育探索，始于 1993 年。第一轮探索——扩展式语文教学实验，于 1995 年通过省级鉴定。1996 年承担的"九五"教育科学规划国家重点课题，侧重探讨"在语文教育中实现人的发展"，现将第二轮探索的经验及成果汇报如下。

唯命是从于高考指挥棒的高中语文教学，存在以下六个偏向：只重语言文字，不重思想文化；只重照本宣科，不重激发兴趣；只重机械训练，不重美感陶冶；只重传授知识，不重培养能力；只重课内灌输，不重课外开发；只重应付考试，不重培养素质。整个高中语文教学，一言以蔽之：教本，学本，考本，唯本至上；编题，答题，讲题，唯考是图。而作为最重要的文化载体的语文教学，其德育被架空了，美育被抹杀了，人文被淡化了，而强化了的智育也被扭曲了，从而导致学生理想模糊、视野狭窄、文化肤浅、心理脆弱，最终连语文学习的兴趣也荡然无存。探索语文素质教育，就必须勇于打破"一切服从应试"的一统天下，把语文从应试教育的桎梏中解放出来。

(一)《东方时空》课：让语文贴近生活

实验班的第一门课程，是《东方时空》课。每天早晨 7 点到 8 点，是我带领学生们收看中央电视台这本电视新闻杂志的时间。在这别开生面的课堂上，敬一丹等主持人成为学生的导师，而我作为助教，每周批阅 90 名学生写作的观后感。开课三年来，学生们的精神面貌和写作能力发生了可喜的变化。

收看《早间新闻》和《时空报道》，一举打破了"两耳不闻窗外事，一心只读应试书"的封闭式学习机制，真正营造了一个"家事国事天下事事事关心"的开放式学习氛围，使这些原来满脑子充斥着童话故事、琼瑶情节、武打传奇和流行歌曲的少年学子，开始眼观四海云水，耳听九州风雷，心系天下兴亡。当代青年普遍患有的"责任感缺乏症"，在《东方时空》课的感染下，得到了有效的治疗。开课一年后，两次时事常识抽测成绩可以从一个侧面证实这一点。在回答"你所知道的中外国家元首及社会名流"的问卷时，第一次全班平均成绩为 29 分（答对一人得一分），第二次为 37 分，短短一学期提高了 8 分。而对比班的平均成绩仅为 19 分。实验班个人最低成绩为 11 分，比对比班高 9 分。实验班个人最高分为 90 分，比对比班高45 分。

更为可喜的是，越来越多的学生加入了写作新闻述评的行列。从《黄河忧思录》《绿化文化荒漠》《京剧发展之我见》，到《巴以突冲之我见》《日本军国主义阴魂不散》《我看印巴核试验》，充分显示了他们对华夏兴衰、世界风云的关注。

杨雷同学代表实验班写给吉林市新任市长王照环的一封信，更表达了有志学子参与家乡建设的高度热情和责任心，在江城百万人民中产生了良好的社会反响。

《生活空间》领着我的学生走进"老百姓自己的故事"，品味酸甜苦辣，感悟悲欢离合。《东方之子》"浓缩人生精华"，感召我的学生发出豪迈的誓言："东方之子，从前我羡慕你，今天我学习你，将来我成为你。"在社会生活的开导下，实验班学生的择业观发生了明显的变化。如今的高中生，大多只顾埋头读书，不顾抬头看路，至于职业理想的选择，更是抱着"车到山前必有路"的消极态度，结果，临到高考前夕报志愿，不是盲目从众，就是慌不择路，乱填一气。其结果势必导致进入大学后的"学非所爱"和大学毕业后的"用非所学"。实验班的学生有幸接受"老百姓"

和"东方之子"的启迪，择业观便从盲目走向了自觉。调查结果表明：入学初有 11 人无志愿，高三期末只有 2 人无志愿。入学初志在"经济类"的有 32 人，高二期末降至 20 人，亦即有 12 人在"经济热"的时髦追逐中冷静下来，走向清醒的抉择。与此相应的是，当初只有 2 人选择的冷门"师范类"，后来增加到 10 人；当初无人问津的"中文类""历史类"，后来也都有了志愿者。这种变化意味着深刻的观念更新：选择职业，不只是选择谋生的饭碗，更是选择自己乐于追求的事业。而在"影响职业选择的因素"栏内，有 55％的同学填写了《东方时空》。

总之，增强了社会责任感、端正了个人择业观，是《东方时空》课培养学生"做人"方面的显著收效。而"作文"方面的收效则表现为：解决了"无米之炊"的难题，丰富了作文题材；杜绝了无病呻吟的滥调，净化了文章主题。毕业前，每个同学都自编了一本厚厚的《东方时空》感悟文集，而在报刊发表或大赛中获奖的佳作已达 100 余篇。

情动于衷，文发于外；泼墨于纸，铸魂于心。风熏雨陶，笔濡墨染，《东方时空》课使"做人"与"作文"融为了一体。

（二）文学精品课：让语文回归审美

由于诸多原因，现行统编教材的文学作品往往"上纲上线"的多，表现人性的少；五六十年代的多，八九十年代的少。对这些名为文学作品，实为政治说教的佶屈聱牙之作，教师讲来故作津津有味，学生听来强忍昏昏欲睡；美之不存，何审之有？

于是我开创了一门当代文学精品课：让学生在余秋雨先生的《文化苦旅》中徜徉，汲取那博大精深的文化积淀；在余光中先生的《听听那冷雨》中沐浴，去感受那绚烂儒雅幽默的文学语言；在周国平先生的《守望的距离》中沉思，去领悟那既执着又超脱的人生哲理。于是，我把"读死书"变成了"读活书"。

著名哲学家周国平先生指出："任何有效的阅读不仅是吸收和接受，同时也是投入和创造。"美国文艺复兴的领袖、杰出的散文大师爱默生指出："把自己的生活当作正文，把书籍当作注解；以一颗活跃的灵魂，为获得灵感而读书。"文学审美课正是遵循着这样的原则来进行的，才使"死读书"变成了"活读书"；原来只需画挑打叉的纯语言训练，被伴随着审美愉悦的"沉浸浓郁，含英咀华"所取代。在此，无须死记硬背，只重潜心感悟。

例如，选学了周国平先生的《性爱五题》一文，班内便激起了"纸上谈爱"的写作热潮。孙笑非同学的《爱情近视镜》一文，表达了由衷的喜悦："幸亏有了这个教材，才使我从'雾里看花，水中望月'的视线困扰中摆脱出来，用一双慧眼，重新审视这个爱情世界。"

李军韬同学的《把爱埋在心底》一文，总结出这样冷静的认识："爱的力量虽然强大，但它却往往是一时的冲动，并非不可战胜。只要用理智去控制它，把爱的种子在心中深深埋下，待到成熟季节，必会结出甜美的果实。"

李阳同学的《答客诮》一文，则批驳了友人"选学此等文章是诱发学生早恋"的谬论："今中学诸生，身心健，性欲萌，异性相吸，或生爱慕之心，实乃人生之必然。若以为恩爱尔汝，为时尚早，故刻意求避，则必使欲不得伸，加之懵懂少年，不明事理，愈避之则愈觉其神秘，愈神秘则愈促其斗胆尝试。今吾师以此文助其开神秘之门，明性爱之理，知爱情之重，方可导其欲而正其行也。"一番宏论，终使其友人赞曰："汝师真英明也！"

张程程同学写了一篇名为《垂钓》的散文："在人生的河岸，我们都是垂钓者。你姿势优雅地抛出一条长长的钓线。'鱼总是要上钩的'，你想，'不在此时，就在彼时，它怎么能抗拒饵料的诱惑呢？'你终于如愿以偿地感到钓竿的颤抖，这颤抖迅速传遍全身，传递着兴奋。然而，爱情正是这水中之鱼，兴奋中的你，肯定不会想到那条上钩的鱼，本身就是一丸诱饵，在你钓到它之前，它已成功地把你钓到了河岸……"这不愧为一篇文学性与哲理性俱佳的美文。

事实表明，文学审美课的意义不仅在于学生从中获得了审美愉悦，更在于他们在审美中"获得了灵感"，并结合自己的生活体验，实现了具有个性特点的再创造。这种收效与应试教育中死记硬背的一词一句之得，显然是不可同日而语的。此之谓"读书活"。

总之，当代文学精品课实现了"读死书"到"读活书"、"死读书"到"活读书"、"读书死"到"读书活"的转变，在语文课堂教学的内容、方法和结果三方面落实了素质教育的目标。

（三）古典诗文课：让语文汲取国粹

中华民族在世界文学之林中素有"诗国"的美誉，然而受困于应试教育桎梏的语文教学，却历来把《诗经》到元曲的灿烂的古典诗歌打入冷宫，这实在是语文教学的莫大失误。教育要面向世界，绝不能扔掉自己的国宝，而专门去拣洋人的"金砖"，而是要"拿来"洋人的精华融入自己的国粹。语文教育的民族化，永远是语文素质教育的题中应有之义。

实验班的古典诗歌教学根据其内容和要求的不同，分为三个档次，供学生自己选择。低档：100 首（除初高中课本所选外，增学 50 首），要求学生能初步鉴赏古典诗歌，能背诵默写名句。中档：150 首（增学 100 首），要求学生能较深入地鉴赏古典诗歌，能够灵活应用名句。高档：300 首（增学 150 首），要求学生能独到地鉴赏古典诗歌，并能独立创作出较像样的旧体诗。

古典诗歌的教学方式有三种。

其一，天天诵读。 每天语文课堂，挤出时间，让学生坚持不懈地朗读背诵。中华民族的语言精华集中浓缩于古典诗歌中：四声的抑扬顿挫，联绵词的回环响亮，叠音词的声情并茂，对偶句的节奏和谐以及炼字炼句的以一当十……这一切富于音乐性和形象感的语言特色，便通过"口而诵，心而惟"的语感熏陶，渐染于学生的语言实践，有助于养成民族化的文学语言风格。

其二，深入玩味。 实验班学生，人手一套唐诗、宋词鉴赏词典。有时利用课堂时间，大多利用课余时间特别是节假日，借助辞书，深入玩味，是提高学生诗歌鉴赏水平的关键环节。我国古典诗歌自有其独特的艺术手段：托物言志、借景抒情的手法，诗中有画、画中有诗的意境，异彩纷呈、意蕴深沉的用典……这些诗歌创作的艺术技巧，通过心灵的频频感应，潜移默化地提高了学生的艺术修养。

其三，尝试创作。 三年来，实验班举办过多次旧体诗习作笔会。第一次有 30 人参加，第二次有 40 余人参加，第三次，1998 年 5 月，教者为组建语文教改"过河卒"部队，特赋《西江月·孔雀》一词，结果有 84 人踊跃和诗。其后的旧体诗习作讲评课，赢得了省市教委领导和教育专家的交口盛赞，既展示了实验班学子积极参与语文教改的精神风貌，又展现了他们从古典诗歌中汲取的独特文采。

作为实验班教师的我，深知自己对旧体诗歌只知皮毛，因而既无能力也未奢望把学生培养成为旧体诗人，教者的主要目的在于：激起青年学子敢于尝试创作诗歌的勇气，养成他们乐于咬文嚼字的习惯，启迪他们深藏内心的灵性，提高他们鉴赏诗歌的能力。美食家的职能固然在于对美味的品尝，然而，倘若能亲手烹调出几样色香味俱佳的菜肴，那么他对美食的品味，势必能够更上档次。

面向未来的语文教育，绝不能割断历史；面向现代化的语文教育，绝不能拒绝继承；面向世界的语文教育，绝不能抛弃民族化。总之，语文要转入素质教育的正轨，就必须汲取祖先留给我们的文学国粹。

（四）班会感悟课：让语文走进心灵

班会感悟课是语文教学与班主任工作嫁接而成的新课型。实验班的每个主题班会，一般都经过两轮循环：第一轮，教师以生动的演讲打动学生；第二轮，一部分"先觉"的学生以精彩的班会感悟文章打动"后觉"的学生。从德育角度看，这在教师与学生，学生与学生之间，形成了一种精神激励的良性循环。从智育角度看，教师的演讲与学生的领悟、学生的作文与教师的批改，又是听、悟、写三种能力的综合训练。

这种班会感悟课大体每3周一次，有时根据学生的思想动向和学习脉搏，还可以随机增加。例如，作为入学教育的首次班会：向应试教育挑战；作为夏令营总结的班会：人生如白驹过隙；作为《东方时空》课阶段总结的班会：感悟阳春白雪；作为深化素质教育实验的班会：真正的自觉＝感动＋行动；作为《泰坦尼克号》影评总结的班会：谈谈标新立异……这种课程，从形式看是语文走进班会，从内容看是语文走进心灵。

在这所有班会感悟课中，以《"悟"之我见》为题的班会，是统率所有班会的总纲。班会上，我对"悟"的内涵做了独到的阐释："悟"字乃"心"与"吾"的合成。故从左往右看，为"思之吾"也，即思考的我；从右往左看，为"吾之思"也，即我的思考。由此看来，非思考不能有悟，无个性不能算悟；悟性乃是思想性与独创性的统一。从此，"感悟"一词就成了实验班的座右铭和流行语，贯穿于实验班全部活动的始终。这次班会感悟课的重要意义在于：开学伊始，便把开启心灵之门的金钥匙，交给了全体学生。

如果说《"悟"之我见》的班会是所有班会感悟课的总纲，那么《解悟"人"字》的班会就是所有班会感悟课的主脑。教者对"人"字的解悟有一歌诀："一撇一捺互支撑，一灵一肉两相成，一情一理为双翼，一言一行赖悟功。"所有的班会都是从不同的角度教学生"学会做人"。

现在的学生，就其心灵的一翼——"情"来看，普遍患有"情感冷漠症"。其原始病根在于家庭的"温室效应"。如今的父母大多是"有了儿子当儿子，有了孙子当孙子"，一下子蜕变成了新的"孝子"——孝敬子女。于是这些被溺爱宠惯得变了态的子女们，对父母之恩熟视无睹者有之，麻木不仁者有之，贪得无厌者有之，以怨报德者亦有之，唯独知恩图报者少之又少。试问：对父母无情无义之人，难道会对师长、集体，乃至祖国有情有义吗？

于是，我召开以"寸草春晖"为主题的班会，以自己创作的长诗《自立吧，我可爱的弟子们》为演说辞，努力唤回学生回报爱心的良知，并引导学生通过抒发真情实感的习作来重新构筑健全的人格。李京效同学在《妈妈的手》一文中写道：

妈妈的手之所以变成这样，都是为我操劳的呀！因为剥过太多的琵琶虾，所以变得开裂；因为洗过太多的衣服，所以变得干燥；因为干过太多的脏活，所以变得黯淡……而我却这样无情，用冷漠来伤害她的心。

王悦同学在《老爸与老车》中写道：

17个春秋，老爸骑着老车载着我走过风霜雨雪，走过泥泞坎坷，走过我求学的漫漫长路。我深知，在我的身上老爸倾注了所有的青春、心血和希望。谁言寸草心，报得三春晖！

刘晶同学在《母亲节的礼物》一文中写道：

我跑到雪糕店，买了一种叫"冰凉茶"的雪糕，并以最快的速度跑上了楼。开门的正是刚下班的妈妈，我把雪糕向前一递，说："妈，这是我送给您的母亲节的礼物。"母亲显得异常激动和兴奋，她微笑着望着我，用颤巍巍的声音对我说："谢谢!"我发现妈妈的眼里闪着亮晶晶的泪花。那晚，我吃到了母亲最拿手的红烧鸡块。那晚，我看见妈妈把微笑带入了梦乡。

在文章结尾，作者又深刻地议论道：

我很庆幸自己，放弃鲜花选择了雪糕，因为我知道，浪漫无须苛求，尤其是在母爱面前。母爱并不等于一束康乃馨或其他贵重礼品，一块雪糕也并不表示对母爱的轻视和低估。那块雪糕，就是最好的礼物，因为里面有我的真诚。

这些文章，角度不一，手法各异，但其良心之苏醒和图报之真诚，却是一致的。我想，为人父母者读罢，定会在潸然泪下之际感喟：有如此贴心的儿女，再苦也值!为人子女者读罢，也会在怦然心动之余自问：做如此贴心的儿女，可是我心?

综上可知，每一篇感悟文章都是学生净化心灵的生动写照。它们杜绝了无病呻吟、"高空作业"、卖弄文采，展示了真挚的情感、中肯的分析、朴素的文风。心灵优化了文风，文章陶冶了心灵，这就是班会感悟课的双重收获。

（五）让学生成为语文教改的主人

在语文教改实验中，教师之于学生，固然有先知启后知、主导带主体的作用，但是师生双方在教改中的地位却是同等重要的：主导与主体，同为主人。作为主导的教师，必须时时注意调动学生参与教改的自觉性，使他们由教改的旁观者变成主人翁。

实验班的四条学习守则，就充分体现了"不做应试奴隶，争做学习主人"的精神：一是既求应试分数高，又求品学素质好。二是志如高山百丈松，行似平原一寸草。三是不做填鸭等人喂，要学饿虎自求饱。四是羞做课堂缩头龟，敢做发言出头鸟。

为了把学习守则真正贯彻落实到学习实践中去，我在班内开展了以下三项活动。

1. 实行无人监考，确保学习的真实性

无人监考是学生实现自我教育的重要途径。考场上，虽然没有老师监考，但每

个学生的人格和良心比监考老师的眼睛还管用得多。张赢心同学说："老师监考是别人战胜自己，无人监考是自己战胜自己。"朴丹英同学说："我觉得自己从奴隶社会一步跨入了社会主义社会，成了学习的真正主人。"

入学初的调查表明，在实验班 90 多名同学中，初中时考试常作弊的有 4 人，偶作弊的有 55 人，不作弊的仅有 33 人。五个学期 10 次大考过去了，实验班的考试成绩真实率大多为 100%，偶尔为 98%。这一事实表明，有 63% 的同学（59 人），经过无人监考的制约，自觉改正了作弊的恶习。

2. 组建"课堂发言敢死队"，确保学习的主动性

高中学生在课堂上懒于思考、畏惧发言，历来是教师最头疼的难题，这主要应归罪于狭隘死板的应试教育。小学 6 年，初中 3 年，教师大多只顾满堂灌，只顾用"题海战术"狂轰滥炸，根本不考虑如何培养学生自我表现的勇气和口头表达能力。久而久之，学生便形成了"课堂是教师独霸的一统天下"的观念，从而也便形成了"师讲我听、师写我抄、师问我答"的被动局面。

实施素质教育，就必须根除这个教学顽症。首先，我以《课堂发言敢死队宣言》唤醒学生被应试教育束缚得近乎麻木的心灵。继而，又组织了课堂发言敢死队，并将竞争机制引入其中：每周六由队长根据队员课堂发言成绩排出名次榜；每周一由老师总结讲评。最初周评，人均举手不足 10 次，期末周评已高达 100 次之多。

组建"课堂发言敢死队"意义有二：一是为了营造一种生动活泼、主动学习的课堂教学氛围，二是为了造就一批适应新时代的具有勇敢精神、竞争能力和自我推销品质的新人。前者的目的在于使学生成为课堂的主人，后者的目的在于使学生成为时代与社会的主人。两个目的，一为近效应，一为远效应，都是语文素质教育应当达到的目标。

3. 培训"教改过河卒"部队，确保教改的自觉性

为了提高参与教改的自觉性，我组织学生认真学习《中国教育的误区——乖孩子》《东西方教育思路比较》《语文教学忧思录》等文章，同时让他们结合自己的经验写出感悟文章，结果大大促进了他们思想的飞跃。

在《自救须当过河卒》的主题班会上，教师以一首《西江月·孔雀》激起了全体同学参与教改的热情，有 84 人赋诗填词响应老师的号召。1998 年 5 月 22 日，在第二轮班会——旧体诗习作讲评课上，同学们通过诵诗、讲诗、评诗，收到冶情、明理、习文三丰收的效果，博得听课的省市教委领导及专家的一致好评。

田占义同学的《鹧鸪天·家鸟》，表达了对高分低能心理脆弱的"应试机器"的嘲讽：

周身绮绣妙声扬，闲时展翅欲高翔。不愁风骤伤锦羽，但喜雕笼作圣堂。慕苍鹜，恋暖房，惯于人食自难强。今朝为尔开天路，不肯弃巢因雨凉。

李荫赟同学在一首七言古风中，以乌鸦自喻，表达了新时代青年自我推销的勇气和信心：

桃红柳绿春光明，雀舞莺啼多婷婷。小子无惧黑衣丑，敢亮沙喉颤群星。笑嘲孔雀偏怜影，恶厌黄莺软语声。且待千山飞雪肆，乾坤问谁与争锋！

朴丹英同学的《咏过河卒》一诗，代表全班同学表达了锐意改革、志在必胜的决心：

风紧山雨骤，黑云压池城。大帅旌麾指，小卒斧钺冲。
楚河笑咫尺，汉界轻阵容。投鞭断急流，背水捣黄龙。

这次班会标志着作为语文教改的主力——"过河卒"部队已经组建完毕，大多数同学已成为语文教改的真正主人，从而为实验班语文教改的圆满成功提供了可靠保证。

结束初中学业迈入高中门槛的新生，是戴着应试教育的桎梏、背着旧习惯的包袱进入实验班的，因此从事语文教育改革实验，从本质意义上说，是粉碎应试教育强加给学生的观念桎梏、学业桎梏、心理桎梏的过程。只有让学生真正成为语文教改的主人，积极参与教改实验，自觉摆脱旧习惯的束缚，才能确保语文教育改革的成功。

三年来，在省市教委领导的亲切关怀下，在省教育学院专家的具体指导下，实

载誉荣归，领导欣慰

验班锐意改革，大胆开拓，千方百计地使语文教育贴近现实生活，回归审美濡养，汲取文学国粹，走进学生心灵，毅然走出了"六偏"误区，勇敢挣脱了"两唯"樊笼，使架空了的德育落在实处，抹杀了的美育开始复兴，淡化了的人文得以强化，扭曲了的智育踏上健康发展的道路。

蓦然回首，成果喜人；展望未来，任重道远。在语文教育的天地里，尚有荒野等待开垦、新苗急需呵护；应试教育的桎梏尚未彻底粉碎，素质教育的探索正未有穷期。

八、语文素质教育之我见

实现语文教育与人的发展之统一，是语文素质教育的核心。如果把语文素质教育比做一个体魄健全的人，那么，培育人格即其躯干，训练能力即其四肢，追求活力即其灵魂，启迪悟性即其脉络。

显然，在上述四项培养目标中，只有"能力"（听、读、说、写）一项属于常规意义上的纯语文教学范畴，而"人格""活力""悟性"等三项，皆属于"人的发展"范围。笔者以为，语文教育与人的发展，是水乳交融，密不可分的。

（一）以培育人格为躯干

语文教学与人格培育，二者互为表里。如将二者割裂，则势必闹出古代外科庸医为将军治箭伤的笑话：只将露在肉外的箭杆剪掉，便扬长而去；至于留在肉内的箭镞，则交给内科医生去治！

笔者解悟"人"字，有一歌诀："一撇一捺互支撑，一灵一肉两相成，一情一理为双翼，一言一行赖悟功。"也就是说，培养学生健全的人格，需从灵与肉的协调、情与理的均衡、言与行的统一处下功夫。

我在实验班中开创的《东方时空》课和班会感悟课，对救治学生的"责任感缺乏症"和"情感冷漠症"收效颇显；同时杜绝了作为谋取狭隘功利敲门砖的"灰色作文"，张扬了作为完善人生健身器的"绿色作文"。从而使读书与做人、作文与做人，在教学实践中实现了红花绿叶一而二、璧合珠联二而一的统一。

（二）以训练能力为四肢

语文能力有四：听、读；说、写。前两者为信息输入，后两者为信息输出。凡有交际，不可或缺，古今中外，概莫能外。

但是，由于应试教育唯命是从于高考指挥棒，多年来在能力培养上已酿成重读写、轻听说的畸形趋向。听说能力被贬为语文教学的阶下囚：训练没有课时，考试不算成绩，实处名存实亡状态。而被奉为座上宾的读写能力，由于教不得法、学不入道，也处于"高投入低产出"状态。

笔者在教学中力反偏向，为训练听说能力辟得一席之地。"听力训练课"：或由老师一人演讲，或让学生自由讨论，或师讲、生议兼而有之，总之，课堂教学的形式是由"说"到"听"。而教学的最后环节则是听力检测：每个同学当堂把听来的信息写成一篇简明的《听力综述》。以"讲"练"听"，以"写"验"听"。这就是"听力训练课"的基本思路。

"口才训练课"则双管齐下：先以组建"课堂发言敢死队"治"懒"、治"怕"、治"浮"，扫除心理障碍；再以即兴演讲（命题或选题）来养成学生的口头表达技巧。训"胆大"＋练"艺高"＝口才——这就是"口才训练课"的基本思路。

（三）以追求活力为灵魂

应试教育的要害在于"教死书、死教书、教书死"，素质教育的灵魂在于"教活书、活教书、教书活"。

教活书：充满活力的教材。教材的活力首先体现于开拓了"无字书"领域：通过《东方时空》课和班会感悟课，把大千世界、百态人生引入语文教学领域。

其次，把现行统编教材的"有字书"加以扩展，以古典和当代诗文精品充实语文教学内容。品诗品文品有字书之美味，悟情悟理悟无字书之文章，此之谓"教活书"。

活教书：充满活力的教法。死教书的典型招法是注入式。注入式的特点是教师照本宣科，学生照抄照背；其要害是视教师为圣人，视学生为容器，彻底抹杀了学生在学习过程中的主观能动性。"注入式"的对立面是"开导式"：品德，由教师诱导自修；知识，由教师引导自学；疑难，由教师开导自悟。教师变"圣人"为"导师"，学生变"容器"为"主人"。

"要给学生一碗水，教师必须有一桶水"——此言固然不错，但究其底里，仍未摆脱"注入式"教学法的樊篱。"教师拥有活泉水，学生才有无穷水"——此言才是"开导式"教学法的真谛。"活泉水"是什么？就是开导学生"会读书"、"乐读书"的金钥匙。以"导"代"灌"，此之谓"活教书"。

教书活：充满活力的人才。"活书"与"活教"，势必收到"教活"的成效：造就知识鲜活、头脑灵活、观念新活、充满活力的创造型人才。

（四）以启迪悟性为脉络

语文的四项基本能力，说到底，取决于思维能力：听力诉诸耳而发诸心，读力诉诸目而发诸心，说力诉诸口而发诸心，写力诉诸手而发诸心。四种能力同源于"心"，可见思维能力是一以贯之的潜在脉络。

应试教育只求考试的急功近利，为此只要考试能得高分，教师便不惜打快拳、走捷径，于是画重点、抄答案、满堂灌、死背书的教法便盛行不衰。

笔者以为，启迪悟性实乃语文素质教育的一根红线。这"悟性"当然不是佛家追求的悟"空"与悟"净"，而是唯物主义的悟"实"和悟"真"。"悟"乃"心"与"吾"的合成：从左往右看，乃"思之吾"也；从右往左看，乃"吾之思"也。"思之吾"，旨在做一个思想者；"吾之思"，旨在做一个创造者。静观当前的语文教学，培养"思之吾"，确属当务之急；培养"吾之思"，尤为急中之急。

综上所述：育人为体，有体则生；训能为肢，有肢则动；求活为魂，有魂则灵；启悟为脉，有脉则活。只有这种生、动、灵、活之人，才可称为体魄健全之人；也只有这种生、动、灵、活之语文，才可称为素质教育之语文。

此之谓我的语文教育与人的发展之统一观。

九、除灰布绿，拯救母语

（一）母语的悲哀

汉语，是我们的母语。可扪心自问，深受母语养育之恩的我们，还有几个配做她问心无愧的孝子？悲哉，母语！

从小学开始，学子们就移情别恋：爱外语远远胜过爱母语。多姿多彩的方块字，被涂抹得七扭八歪，单调简易的外文字母，却写得流畅潇洒；抑扬顿挫的汉语诗文被读得含混不清，"ok""拜拜"的洋腔洋调却说得有滋有味。

屈原、鲁迅的经典不过是语文课堂上的流星，稍纵即逝；英语、日语的补习班从课内到课外，方兴未艾。幸亏还有中考、高考那不菲的分数在诱惑，否则母语早被丢弃在爱情遗忘的角落。——闻道外语春尚好，也拟泛轻舟；只恐汉语舴艋舟，载不动许多愁！

从小学开始，学母语就浅尝辄止：读诗文一目十行，从不含英咀华；写文章信笔涂鸦，何尝咬文嚼字！于是，学《论语》只是背诵默写，学《庄子》只是完成作业，学李白只是寻章摘句，学苏轼只是文白对译。到头来，自以为母语轻车熟路的我们，汉语之皮未得而文化之毛已弃，工具之椟未买而人文之珠亦丢！——寻寻觅觅，冷冷清清，凄凄惨惨戚戚，乍暖还寒时节，最难将息！三杯两盏淡酒，怎敌它晚来风急？雁过也，正伤心，"能有几多"相识！

呜呼哀哉！谁"见"寸草心，"思"报三春晖？中华母语到了最危险的时候，仅以《母语的悲哀》唤醒未泯之良心：

> 不做母语的孝子，必遭母语的抛弃！
> 没有尽孝的良习，难得母语的芳心！

（二）语文教学五种流弊

1. 以图代赏，以画代析

> 语文当求文中画，悲哉流行画代文。
> 喧宾夺主语何在，画蛇添足文丧魂！

多年前，我在参评一个语文课堂教学大赛时，曾经亲身感受过一堂典型的"以画代文"的语文课。教者讲的是朱自清先生的《绿》，可上课伊始连课文都没有读一遍，就开始展示摄影图片：有山绿图，有水绿图，有树绿图，有草绿图……千翠百绿，目不暇接。而随着一幅幅美丽图片的诱惑，不要说学生对文本全然不知，就是我这个教过多遍《绿》且对文本几乎烂熟于胸的听者，脑海里也未曾重现课文的一字半句，尽管在展示图片的同时还声情并茂地播放着名家的课文朗读。我不禁疑惑起来：这究竟是语文课呢，还是摄影作品展览？

最近，我又观摩了一堂极其相似的《沁园春·雪》的赏析课。学生们还没来得及把字面意思弄清楚，教师就迫不及待地展示了一幅又一幅靓丽的雪景图（有的图片与"北国风光"不吻合，反而起了误导作用）。而当教学进行到最后一个环节——学生们一起朗诵课文时，教师又再次展示了雪景图片，可这时学生们的目光正集中在课文上，因此，这时的图片展示就不仅是画蛇添足，而且是喧宾夺主了。整堂课用了大量的时间来欣赏图片，而对《沁园春·雪》的词语赏析，则仅仅体现在教师照本宣科地复述教学参考书中的一些现成结论。不要说那些千锤百炼得来的精当词语没有咀嚼到位，就连"风流"和"风骚"两个极重要、极敏感的词也当成不言而喻的词一带而过。整堂课有图有画，有声有色，就是没有含英咀华，没有咬文嚼字，浮光掠影，华而不实。而严重的问题更在于，这种花哨的"以图代赏，以画代析"的课堂教学大有时髦儿之势！语文课，说一千道一万，无论如何也不能脱离语言和文字。语言和文字，是语文之本，语文之魂。

图画，乃诉诸视觉的艺术；文章，乃诉诸文字的艺术。而文字则是思维的符号，语文教师的职责正是要靠文字的媒介来培养学生的思维力与想象力。而现如今流行的是图画、影视、动漫，在视觉盛宴、感官大餐的狂轰滥炸下，学生们的语言赏析能力日渐下降。值此母语危急存亡之秋，以教语授文为己任的语文教师，绝不该盲目迎合潮流，而应当利用语文课堂教学的阵地倾情尽力地向学生们展示语言文字的美丽和魅力。如果像上述老师那样，把课堂教学舞台拱手让位给图画动漫之类的视觉活动，我们的语文教学恐怕真的要自取灭亡了。

图画动漫，不是不可以在语文教学中使用，比如在介绍作者及时代背景时使用图画或动漫可以拉近时空距离，让学生对陌生人物和事件获得更形象的了解和更深刻的印象。再比如让学生通过看图画、动漫来激发联想，然后把联想的成果诉诸文字，写成文章，这就把以画"代"文变成了以画"助"文。只有那种抛开文本，以图代赏、以画代析的教学，才是喧宾夺主，以图"害"文，最不可取的。

2. 不愤即授，不悱即教

冶性陶情养人生，最赖语文建丰功。

空洞说教不济事，贵在学生自悟中。

人文教育的本质，是通过阅读伟大的文学和哲学作品，去探寻"人之所以为人"的问题，去"探究生命的意义"。具体到课堂教学中就是通过对文本的赏析，来陶冶性情和感悟哲理。但我们决不要忘记，陶冶性情和感悟哲理说到底是学生自己的事情。教材只是媒介，教师只是辅导，学生才是学习的主体。如果只凭教师的空洞说教、机械灌输，落实人文涵养就只能是一句空话。那么发挥学生主体作用的关键就在于让学生自悟：自己动脑，自己感悟，即使自己悟得的想法是错的，也比自己不动脑只等教师灌输"标准答案"好上一百倍。

　　然而，现实的课堂教学状况却是很不理想的：许多老师的许多提问都是伪劣假冒的。所谓伪劣，是指提出的问题或过于浅显或偏离主旨，总之价值不大。所谓假冒，是指教师连连提问，学生匆匆作答，嘴上说是给学生五分钟或十分钟思考，可时间还没到，教师就急于讨论；而讨论尚未充分，教师就急于结论。这样一来，所谓的师生对话或讨论其实还是教师自己唱"单出头"，而不是师生对唱的"二人转"。孔子曰："不愤不启，不悱不发。""愤"，是已思而不明；"悱"，是欲言而不能。"已思"与"欲言"说明学习主体业已发挥了主观能动性；而"不明"与"不能"则说明学习主体的思考还有缺陷，表达还未达标。而学习主体处于半梦半醒之间，恰恰是对问题解答如饥似渴之时，把握火候及时"启发"，才是语文教师的聪明之举。看来我们耳熟能详而又难臻其境的启发式教学，并非狭隘的教学技巧问题，而是远在技巧之上的教学理念问题。"问答式"不等于"启发式"："不愤"即授，"不悱"即教的问答，还是"填鸭式"；只有既"愤"又"悱"后的问答，才是真正的"启发式"。此中关键在于学生的思想机器是否真的调动起来。有些人总以课堂上教师讲述时间的多少来简单区分什么是启发式、什么是注入式，大概未免有些皮相之见。

　　我在课堂教学中经常使用写"一言心得"的方式来调动学生思考，促进学生自悟。"一言心得"务必做到"精诚""精炼""精彩"。精诚，就是要说真情实感的话；精炼，就是要言简意赅绝不拉杂；精彩，就是即使三言两语也要讲究文采。在课堂教学的重点、难点或关键处设下一问，让学生通过写"一言心得"来发表见解，好处多多。首先，"写"比"说"更容易调动学生思考；其次，"写"可以全员参与，而"说"只能少数人活动；最后，"写"东西可以收录起来整理分析，然后做成课件做有的放矢的讲评。

　　例如，在《郑人买履》一课后，让同学们用"一言心得"的方式回答下面问题："宁信度，无自信"在学习生活中的表现。有的同学感悟得很到位：在写作业的过程中，许多同学甚至连题都不读就把教辅书上的答案直接搬了上去，自己根本都不动脑子。他们绝对相信书上的答案，有时即使书上的答案错了，他们也不会怀疑，反而怀疑自己。这就是一种"宁信度，无自信"的表现。而有的同学则偏离了寓言主旨：有些同学只会用老师讲过的那种方法做题，一遇到其他的习题就不会做了，不懂得举一反三，办事不灵活。

对比两者，具体分析，就会使学生真正明白对在哪里错在何处，从而把寓言中的哲理作为精神营养，融入自己的生活乃至生命，潜移默化，久而久之，自会产生可喜的育人功效。

3. 以其昏昏，使人昭昭

> 含英咀华钻文本，精思深悟始知音。
> 园丁入得堂奥处，桃李方能会于心。

最近，听了几节初中和高中的语文课，发现一个普遍现象，就是教师在教授文本时常常出现硬伤。例如在讲季羡林先生的《成功》一文时，作者明明提出了"天资＋勤奋＋机遇＝成功"的中心论点，可教师却硬是把中心论点指定为"勤奋是成功之道"。再如在讲《清塘荷韵》时，尽管开头设计了与《荷塘月色》对比的教学环节，但直到下课教者也没有让学生弄清楚：季文侧重的是"悟理"，而朱文侧重的是"言情"。更为严重的是，在讲《爱莲说》时，教师只是按照参考书的提示，把"莲花"象征的"君子美德"硬灌给学生，而对"不蔓不枝""亭亭净植""可远观而不可亵玩焉"等精彩文字，根本不做入情入理的具体赏析。这正所谓"以其昏昏，使人昭昭"，是绝对要不得的。

对于出现失误的原因，有人解释为"参考书就是这样说的"，有人解释为"百度下载的资料就是这样讲的"，也有人解释为"某某教研员就是这样规定的"，而唯独没有人谈到"我自己"是怎样思考的。这就表明，某些教师在备课时业已习惯于"吃别人嚼过的馍"，自觉或不自觉地丧失了一个教师起码的独立思考能力。

走进文本，是语文教师实施有效教学的第一要务。当然，在走进文本的过程中，教师应该也必须借鉴专家们的思考成果，但借鉴不等于照搬，"备课"不等于"背课"；教师的"沉浸醲郁，含英咀华"，永远应该是走进文本的最主要的途径。如果教者自己都没有真正走进文本，未能与作者达成心灵共鸣，那么无论怎样精心设计教案与教法，最终都必定无法引导学生接受文本的洗礼，获得真切的语言与人文的涵养。

初为人师时，由于自知元气不佳、底气不足，我便采用了"自难式"备课法。

每逢教一篇新课文，我都先一遍又一遍地独立钻研文本，待到深思熟虑之后，便以书面方式独立解答教科书上要求学生回答的习题。解答之后，再拿来教学参考书上的"标准答案"加以对照。刚开始这样做时，对照的结果往往让我心惊肉跳，因为我解答的三道题竟然一道也不对！又过了一段时间，渐渐地有所进步，三道题也可以答对一道了，再过两个学期，就逐渐可以答对两道甚至三道了。而坚持多年以后，才发现原来教学参考书也不是记录绝对真理的圣典，"智者千虑，必有一失"，而我这"愚者千虑"，也"偶有一得"。如此深入备课给我带来的好处有两点：其一，由于对专家们的见解不是死记硬背，而是融会贯通，因而就能够面对课堂上千变万化的学情，左右逢源、触类旁通地自如应对。其二，由于经常开动脑筋，积极思考，便培养了自己的独立鉴赏力和独特教学风格，此可谓在"育人"之中"育己"，一箭双雕，获益甚丰。

　　如今是一个"加速度"的时代，以火车为例，直快，特快，动车，高铁，一个比一个更快。但速度快不一定效率高，这里还有一个质量问题。我们的教学也是一样，只图加速不求增质，同样不能提高教学效率。特别在网络发达的今天，如果不能扬长避短地使用，势必适得其反，变利为害。现将五言歌诀《网络双刃剑》，与同仁共勉：

　　　　网络真方便，点击百科现，
　　　　何须去买书，不用记卡片；
　　　　下载即我有，复印成教案，
　　　　省时又省力，快捷如闪电。
　　　　有利亦有弊，实乃双刃剑。
　　　　学舌代感悟，照搬替思辨；
　　　　备课少精思，授课无独见；
　　　　学者变皮囊，教者唯硬灌；
　　　　电脑控人脑，灵性何展现？
　　　　我辈劳心者，动脑最关键。
　　　　教书悟为贵，授课抄最贱；
　　　　课堂雾里花，课后题海滥；

慎用双刃剑，扬利避其患。

总而言之，千改万改，精心备课不能改；千法万法，吃透文本第一法。

4. 架空语言，流产人文

语文首要在语言，含英咀华莫等闲。
陶情悟理人文事，务必沿波去讨源。

语文界常常热议语文课的"语文味"。我以为，语言是形式，人文是内容；语言是工具，人文是成品。无"工具"，"成品"何以造就？无"成品"，"工具"何用之有？所以"语文味"理所当然的是语言味、文章味、人文味的交融，三者缺一不可。

但在实际的语文教学中，这"三味"处理得并不理想。而最常见的弊病则是：学习语言靠戴帽，学习人文靠口号。韩愈在《进学解》中说："沉浸酿郁，含英咀华。"这"英"与"华"即指语言，这"含"与"咀"，即指深思熟虑。刘勰在《文心雕龙》中说："批文以入情，犹沿波以讨源。"意即拨开文字进入文本的情感世界，就好像沿着河流去探索源头一样。这些名言睿语实在应该成为我们教学语文的金科玉律。

我听过这样一节语文课：教者把《端午日》讲得热热闹闹：首先是通过视频给学生展示了"赛龙舟"的热闹场景；接着便让学生做表演式朗读：有的把红领巾扎在头上当舵手，有的咚咚咚敲打桌子当鼓手，有的双手作频频划动状当水手。然而，整节课却没有认真推敲过一个字，一句话。我不禁大惑不解：教者究竟是不相信母语本身的魅力呢，还是他自己从未领会过母语的魅力？为什么偏偏要大量使用"非母语"手段去教母语呢？我并非一概地反对视频、动漫等教学辅助手段，但切不可忘记：手段只能以宾"衬"主，绝对不可以喧宾"夺"主。语文教学"热闹"的应当是脑子，而不是身子；应当是积极思维，而不是感官刺激。这节课可谓完全与语言绝缘的教学。

再来看看说明文《说"屏"》的课例。这节课的开头和结尾分两批播放了数十座"屏"的照片，有古典的，有现代的，风格各异，美轮美奂。这本来就间接冲淡了

"语言味"和"文章味"。接下来的三个拓展更是直接把"语言味"搞得索然无味：第一个拓展：让学生从词典上"多多益善"地查找带"屏"字的词语，学生找之不足，教师又用课件做了补充，数十个带"屏"的词语脱离文本，闪电般从屏幕上掠过。虽然这是在教语言，可这样"前不见古人"、"后不见来者"的脱离文本的教法，是能训练语感呢，还是能品味词意呢？再退一步讲，纵使对词汇积累有所助益，那么脱离了具体语境的词语还能谈论它的美与不美吗？第二个拓展：让学生从文中找出恰当的词语来修饰"屏"，这个练习似乎与文本有关，但实际上还是在架空语言，因为他拆散了文章的有机体，作孤立的词语组合训练。第三个拓展：用课件展示了六组有关"屏"的古代诗句。《说"屏"》的文本，是由"诗"引出"屏"，可教学的结尾却是由"屏"引出"诗"。那么本文教学的主旨究竟是"诗屏"呢，还是"屏诗"呢？

尽管上述训练都是在语言上绕圈子，但如此处理却仿佛给语言戴上了一个堂皇的高帽儿，然后就在大帽子底下开了小差，最终还是把语言架空了！

既然不能含英咀华地赏析语言，那么人文内涵就难以水到渠成地得以揭示。于是就只有一条路可走：抽象拔高，空喊口号。就是说，语言架空了，人文也就"流产"了。《说"屏"》一课的人文精华，全在"诗意"二字。但听罢此课，依旧"诗意"茫然。不仅是听课者茫然，恐怕还有学生的茫然，当然归根结底还是源自教者未能含英咀华的茫然吧？

5. 要么捧杀，要么打杀

> 酷日炎炎桃李焦，冰霜凛凛蕙兰凋。
>
> 最是春雨生万物，渗土滋根化妖娆。

经常看到这样"满堂喝彩"的文学鉴赏课：只要学生回答问题，不管内容怎样教师都一律报以赞美之辞，不是"好""太好了"，就是"棒""太棒了"。据说这是依据文学鉴赏的主观性，即"一千个读者就有一千个哈姆雷特"的原则而来的。但千万不可忘记：真理哪怕再向前走一小步，那就是谬论。如果鉴赏超出了文学作品本身提供的意境范畴，亦即用主观性超越甚至取代了客观性，那么文学鉴赏就会蜕变为脱离文本的信口雌黄！

钱钟书说："具有文学良心和鉴别力的人像严正的科学家一样，避免泛论、概论这类高帽子、空头大话。"而上述"满堂喝彩"的教法，恰恰刺激了"怪论"和"泛论"的滋生，因而势必导致课堂教学与考场应试的严重脱节：课堂"雾里看花"，课后"题海"泛滥。而"题海"沉浮时，就绝不会"满堂喝彩"，而是苛守"标准"，一丝不苟，锱铢必较了。

还有一种说法，"满堂喝彩"的教学是为了落实"以学生为主体"的教学理念。岂不知学生"主体"与教师"主导"是相辅相成的。若无"主导"，何来"主体"？而"主导"的作用，或在于激励学情，或在于激发灵感，或在于利导以势，或在于诱导以法，那种不作具体点拨，一味表扬的教学，不是疏导，而是"误导"！这种溺爱式的误导，说到底，是教学中的愚民之术，是温柔的杀戮！

郑板桥有言："隔靴搔痒赞何益，入木三分骂亦精。"他老人家的意思是说，艺术鉴赏要实事求是，褒贬中的，不要浮光掠影，泛泛而谈。这句名言正可拿来指导我们的阅读教学。不幸的是，如今恰恰存在着大量简单化的做法：不是空泛的表扬，就是粗暴的批评，换言之，不是温柔的"捧杀"，就是严酷的"打杀"。

一位初一的学子，拿来她的作业（老师让他们模仿冰心体写诗），非要我再给她评论一番。原来老师只丢给了她三个字："太消极！"孩子显然是不服气（或许是搞不懂），要到我这里来讨个说法。于是我战战兢兢地拜读了这首小诗：

真相何寻？

啊啊！
我们伸长了双臂，
拨开云层，直冲天际，
虽然够到了月亮，
却依然触不到真相……
但不必害怕被欺骗，
这世界原本就是建立在假相之上的。

读罢此诗，我的第一反应就是"太消极"的评语未免"太过分"！可我又害怕自己太 out 了，就把小诗交给作者的同龄人试评了一下。于是我就见到了这样一些精彩的评语：

①这首小诗仿照冰心诗特征，写出了她对人生的见解与迷茫，其中可从"却依然触不到真相"来看出。的确，人生就如一场幻梦，谁又知道将何去何从呢？没有人知道答案，或许有一天我们将找到它。

②这首小诗很精致，文题吸引人，比较押韵，前两句想象丰富，但后两句的观点有些不太积极，虽然抨击了社会中造假的现象，但是主要的思想感情应该是鼓励人们对社会生活充满信心，呼吁大家诚实务实，永远不懈地寻找真相，而不是告诉人们：世界是建立在假相上。

③我认为这首诗有优点，但也有缺点。优点是它用诗歌将自己对这个社会的观点说得很清楚，也能够看到一些冰心诗的影子。但我认为这个世界也并非全是骗局，我们的思想应该乐观一些，多想一想充满希望的事。

④诗写得很有画面感，但说"世界是建立在假相之上"，我不同意这种看法。我认为世界是真实的，真相永远都只有一个。真相一定能寻找得到。

⑤我认为他不能说得这么绝对，"所有都是建立在假相上的"。世界是有阴暗的，但也有光明的一面，至少人间确实存在着亲情与友情，这是装不出来的。总之，写出了真相离我们的遥远。但我喜欢乐观，喜欢带着光明、自信与动力的诗，不喜欢这种悲观的。

说实话，这些评语让我十分震撼：虽然有褒有贬，其说不一，但都言之有理。比起那位老师的"太消极"来，实在更令人心服。这位老师的"太消极"究竟是指什么"消极"？学习态度"消极"？显然不是。那么就是思想内容"消极"？难道只有"歌德"才是积极的，而"刺恶"就是消极的？

我以为：这首小诗首先值得赞扬的地方是：她学得了冰心小诗的真髓。用人类"可以够到遥远的月球"来反衬"触不到真相"，很有想象力，也极富画面感，同时增强了"真相难寻"的迷惘。而面对充斥着"假相"的世界，她依然保持着寻找"真相"的渴望，这也并非消极而恰恰是健康，是积极！不过结尾两句有些自相矛盾：既然劝告人们"不必害怕被欺骗"，那就应当给人以信心，可作者却说"世界"

"建立在假相之上",那真相岂不是永不可寻了吗?我想这是她构思尚未精当所致。如果把"不必害怕被欺骗"改成"不必灰心失望";把尾句的"假相"改为"真真假假",就会消除歧义使之变成符合生活真实的哲理。再删掉尾句的"是……的",文句不但更为简洁,而且"上"与前文的"亮"、"相"、"望"又形成了和谐的押韵美。标题则应改为《寻找真相》:

> 啊啊!
> 我们伸长了双臂,
> 拨开云层,直冲天际,
> 虽然够到了月亮,
> 却依然触不到真相……
> 但不必灰心失望,
> 这世界原本就建立在真真假假之上。

一句简单粗暴的评语,不但将一首瑕不掩瑜的小诗打入"冷宫",而且极有可能"枪毙"了一个未来的诗人或哲学家。为人师者,可不慎欤?!

总之,无论"捧杀",还是"打杀",都是为祖国培育花朵的园丁所不当做的呀!

走进课堂

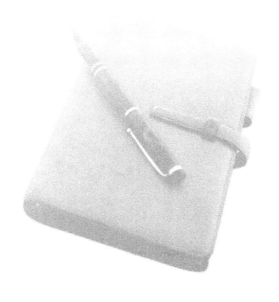

一、绿色散文鉴赏

（一）感悟苏东坡——"语文教育与人的发展"课题验收汇报课纪实

时间：1998 年 11 月 26 日上午 8：40～10：10（2 课时）

地点：吉林市委会议中心

授课班级：吉林毓文中学高三（七）、高三（八）实验班（90 名同学）

听课人：课题验收专家组全体成员，市政府、市教委有关领导以及吉林省各地区语文教研员及教师（1000 余人）。

课堂教学实况

老　师：同学们，近两周来，我们利用 14 课时研究了苏轼的 5 首词、1 首诗、1 篇赋和余秋雨、周国平先生研究苏东坡的文章。今天，我们在这里做作文讲评。我们这次作文，是在大家学习了上述诗文以后自己的感悟，因此，今天讲评既是检查我们的写作水平，又是检验我们前一段时间自己阅读的成果。

这节课的课题就是（边说边板书）"感悟苏东坡"。我们并未见过苏东坡，因为他是 900 多年前的一个杰出人物，但是我们可以通过品其诗，品其文，来达到认识他的目的。（边说边板书）"品诗、品文、品有字书之美味"。"品"，是感性的，而"悟"是理性的，（边说边板书）"悟情，悟理，悟无字书之文章"。《红楼梦》有言："世事洞明皆学问"，（学生应对）"人情练达即文章"。

老　师：我们没有做什么标准化习题，但是我们也有收获，就是因为我们通过"有字书"感悟了"无字书"的真谛。这收获分为两个方面（边说边板书）第一，"艺术"；第二，"人生"。

我们请一些同学读他们的作文，希望在座的同学集中精力听讲，听完之后，用三言五语做短评。第一位读作文的是田园同学。（掌声）

田　园：我的文章标题是《写景通灵——浅谈苏轼写景》。

　　写景状物做到生动逼真已属难能，而苏东坡笔下的景物非但逼真，更能传情寓理，真是灵气十足。

　　古赤壁战场"乱石崩云，惊涛裂岸，卷起千堆雪。"何等雄浑，开阔。若是只讲究逼真，大可说"江涛拍岸，水花飞溅"，但这样就似乎少了几分灵气。"乱""惊"透露出地势险要，仿佛当年的硝烟未散。"崩""裂"更显示了凝聚千古的力量猛烈爆发的威力。这便是东坡笔下的江水——涌动着慷慨豪壮的真性情。

　　"回首向来萧瑟处，归去，也无风雨也无晴。"这句词读来让人觉得蹊跷，非晴则雨，哪能随意更改？"归去"，"一蓑烟雨任平生。"既然东坡已投身于江湖，也就不在乎宦途上是疾风骤雨还是万里晴空了。原来，正是东坡超脱的心态淡化了自然的晴雨。他连晴都不盼望了，风又何惧，雨又何虑？

　　景物的灵性源自东坡的灵性。这位900多年前的大才子不仅把自己的灵性融入了自然，更超越了自然，"唯江上之清风，与山间之明月，耳得之而为声，目遇之而成色。"这里的清风明月就是超越宇宙时空的永恒之美，是东坡心灵因磨难而升华的结晶。一篇《赤壁赋》，不仅咏出天地万物变与不变的哲理，更表现了东坡先生对待人生的达观。清风、明月具有了超然入化的神韵，假赤壁也得以以假胜真、流芳百世。

　　人道东坡词有景、有情、有理，我说这一切都源自他的灵性——一颗敏感而率真的心。

【学生讲评】

　　金　锐：田园同学在文章中说，东坡先生把他的灵性融入自然的灵性中去，我要说，田园同学也将她自己的灵性融入东坡的诗文中去了。

　　梁　远：唐朝柳公权留有一句佳话："吾唯用笔在心，心正则笔正。"我要说：为文在心，心灵则笔灵。田园这篇文章，正是深得为文之心。

　　老　师：关于苏轼的诗词文章，情景交融是我们熟知的，这里又多了一个"理"，而把三者结合起来，田园同学抓住了性情的空灵。我们同学的评价则抓住了关键问题，这就是为文的根本还在于为人，性情不到，就是如何堆砌辞藻也是不行的。

下面请赵明明同学读她的作文（掌声）。

赵明明：我的作文标题是《清江明月自有意——浅谈江月意象在〈前赤壁赋〉中的作用》。

苏轼在《前赤壁赋》中，多处着笔写江、用墨描月，文中佳句，也大半与江月有关。因此，弄清江月意象在文中的作用，对于解读这一千古绝唱神益匪浅。

首先，江之多意、月之多情成就了苏文清旷不俗的意境。文之开篇，即造月出江平、水光接天的妙景。而言皓月清朗，实言心境明澈；言水波不兴，实言心绪从容。在如此平和清雅之夜，浊世遁隐，尘俗不见，苏子携友泛舟饮酒诵诗，其勃勃逸兴不难会得。

继写怨客吹箫吊古。从此，江月又成为一连串怀古情结的发端；正是由稀星明月引出曹孟德其人，也正是由滔滔江水怀想千里舳舻……然岁月流转，世易时移，江月犹在，山川易主，这一切，令兴衰之叹、伤怀之感愈加耐人寻思。读文至此，不由想起唐人张若虚的句子："今人不见古时月，今月曾经照古人。古人今人若流水，共看明月皆如此"。在这无穷之江水、消长之月光面前，转瞬即逝的何止是人的生命?!

于怨客，江之无穷、月之永恒引出了须臾人生的感叹；于苏子，水之不复、月之盈虚却启示了变与不变的哲理——物我皆恒，何羡长江！明月山间意不尽，清风江上韵无穷！何不共适造物之藏？于是，不只吹箫之怨客，即便是读文之我辈亦为这蕴于江月意象中之哲理所动。主客共饮，欢至不觉"东方之既白"；我辈读文，喜至不觉文已煞尾……

纵观全篇，一江一月本是自然之物，却被赋予人之灵性与情致，将拔俗之景、吊古之情、物恒之理更兼苏子旷达乐观的人生态度一并串起，贯穿于全文而绝无斧痕，着实令读者拍案惊奇，叹为观止！

【学生评论】

张　蕾：刘勰说过："披文以入情，沿波以讨源"，赵明明把她的情融入了苏子的文章，所以读懂了它。

方晓庆：我想说的是，有这样一个人用她那诗一样的文采评 900 年前的诗人，那么苏轼在 900 年后也该（九泉）含笑了。

王　麒：赵明明这篇文章本身就是一首诗，她用诗的笔法来写散文，她用了很多整句，使全文具有了诗意的美，而且她引用了《春江花月夜》中的话，通过张若虚的月来解读苏轼所写的月、所写的水，我觉得这一点是很值得我们学习的。

老　师：王麒同学，请不要坐下。我请你再来回答一个问题，据你看，她在文章中引用了多少我们学过的这个单元中别人评论苏轼的原话？

王　麒：我认为她单纯引用的不多，基本都在化用。

老　师：直接引用和化用，是两回事，有本质区别。直接引用是照搬人家的，化用就成了自己的什么？戛戛独造！这就是把书读懂了。"读别人的书，是为了自己有话说"，这不是爱默生说过的名言吗？

李萌赟：我觉得她的文章的可贵之处，就是她没有把苏东坡《前赤壁赋》中的江月单单当成江和月，而是"披文以入情"，抓住了苏轼融入江月中的情感，挖掘出作者融在这篇文章中的灵性。

老　师：下面再请王乐同学读读她的鉴赏文章（掌声）。

王　乐：我的文章的标题是《入之以情，出之以理》。

迄今为止，我对苏东坡诗文的了解仅是他一生创作的九牛一毛，然而一个性格丰满的形象却已大致了然于胸。想他尘世一生经历之百态人情，之所以异于屈原之郁愤难遣，应是得益于他对自然与人生的哲人似的思考。而这种思考又使他的文章诗词闪现出一种非凡的哲理光彩。

比较《离骚》与《前赤壁赋》，从艺术审美价值上说都堪称"千古绝唱"，但二者对读者的人生启迪，却不可同日而语。读罢《离骚》，我们可以看到屈子香兰芳桂的高洁品行，想见国君亲佞远贤的昏庸，读来读去，总是一种难以解脱的怨情。身为读者，在欣赏他"上下求索"的执着的同时，似乎也有了种渴望悲剧的意象，宛然自己就是那忧郁的实体。

而东坡文章则展示了一种跳出苦闷走入旷达的超脱。从慨叹"哀吾生之须臾，羡长江之无穷"的悲观到看破"逝者如斯而未尝往也"，"物与我皆无尽也"的达观，使我们不禁对着满纸文章会心一笑，似乎已然与东坡同舟共饮，共享"江上之清风"与"山间之明月"了。

同是空有报效国家的豪情奇才却难以得志，同是遭到流放或贬谪的际遇，然而一位陷入情事的困扰无法开怀，另一位却在与大自然的契合中走出闭塞的情区进入理想的超脱。应该说，我感动于屈子的执着，更欣赏苏子的旷达。

如果说文采风流固是文章价值，那么"入之以情，出之以理"则更是可遇不可求的文章极境，乃至人生极境。

再看作者在《定风波》小序中写道："沙湖道中遇雨，雨具先去，同行皆狼狈，余独不觉。"这"余独不觉"四字展示了"不以物喜，不以己悲"的超然。人们说苏轼豪迈，但我说应加上定语，这是"真正洒脱"的豪迈，而不同于太白带着怨艾的豪迈。说带着"怨艾"，便从那"安能摧眉折腰事权贵"中看出不遇明主的愤慨，从那"天生我材必有用"中看出"不被用"的埋怨。

虽说性格上太白与屈原迥然，但这怨艾之情谁能说没有七八分的相似？而东坡则走出了这怨艾，把灵魂放纵于自然，走入心灵的宁静、淡泊。于是常人眼中满身泥淖的尴尬被释开了："竹杖芒鞋轻胜马，谁怕？一蓑烟雨任平生！"

摆脱俗事困扰的他，回首从前，很像是老人自笑幼时的童稚，解嘲地自笑华发早生、笑我多情，但这与"白发三千丈，缘愁似个长"不同。从另一首《浣溪沙》便可看出："谁道人生无再少？门前流水尚能西，休将白发唱黄鸡。"白发一如青丝，时光匆匆不减英雄本色，再次印证了《前赤壁赋》里"物与我皆无尽"的人生至味。

人道东坡"自有横槊气概，固是英雄本色"，"自有"与"固是"似乎有天生之意。然而谁也不会生而成熟，没有寒彻骨哪来梅花香？我们看到苏子遭贬谪后的文章才是真正的老道，这是超然物外的情感的成熟，带给文章的则是前无古人的哲理斐然。

【学生评论】

袁国敬：王乐的这篇文章，分别用屈原、李白和苏轼作比较，说明屈原是悲观执着的，而苏轼是超脱的；李白的超脱有一种悲观的色彩，而苏轼的超脱才是好的超脱。但是我觉得她的文章过于夸大那种超脱了，我认为苏轼也悲观，也执着。所以他才能超脱，这一点应该详细写。

老　师：与袁国敬同学观点相同的、不同的，都可以说。

赵　研：我觉得千古以来诗人文人是比较多的，而王乐文章的最大特点就是把苏轼在文学史上的特殊地位提出来了。把苏轼跟屈原、李白对比，主要说屈原没办法取得超脱，李白诗中有那种埋怨。而苏轼呼唤青春，尽管他悲观过，痛苦过，但最重要的是他超脱出来了。这就是他与众不同的地方，也是后人所肯定的地方。

田　园：听了王乐的文章，我明白了一个道理，就是苏轼也许是一只不幸的飞鸿，但是他绝不是苦闷的飞鸿；有了王乐的话，他就更不是一只孤独的飞鸿了。

李　凯：王乐文章最明显的是从苏轼的人生哲理角度谈的。苏轼毕竟是作古之人，所以我们只能从他所写的诗文的字里行间去探索，王乐文章的特色就是提到苏轼的"洒脱的超脱"。但是他也并非全然的洒脱，也有哀婉，这是我与她的文章相比，不同的一点。

老　师：那就把你的文章的特色说说吧！

李　凯：我的文章名叫《霜叶红于二月花》。

　　如果苏轼一生在仕途上扶摇直上，平步青云，那么今天，我们是否仍能欣赏到他作于黄州的诗文呢？我想是不会的。假使有著作传世，也恐怕只是朱熹的理学经典之类罢了。一个人在其春风得意时无论怎样表现他的乐观旷达都是苍白无力的，只有在经受了风刀霜剑的打击后流露出来的达观才货真价实。是谪地黄州造就了一个真实的苏轼，"一道天光"成就了那几篇不朽的诗文。

　　苏轼的达观，在宋代芸芸词人中首屈一指。但要领略他这真性灵，最好去看《念奴娇·赤壁怀古》和前后《赤壁赋》。在品味这些词文时，我们很难看到或根本看不到被贬谪、被流放的罪官的落魄形象，我们想见的却是一世枭雄、横槊赋诗的曹孟德和风流儒雅、"谈笑间，樯橹灰飞烟灭"的周公瑾；我们看不到"在神奇的永恒面前"惶恐"错愕"的俗人，却看到了敢于与天地自然平等对话的雄杰，有时甚至是超然物外、羽化飞升的仙人。

　　在"一年三百六十日，风刀霜剑严相逼"的险境中，苏轼洋溢出了最有底蕴的达观。尽管他时而哀怨凄婉，时而戚戚"愀然"，时而内心也翻起激烈的矛盾的波澜，但好在最终达观排遣了郁闷，超脱取代了羁绊，成为他思想的主流，于是苏轼获得了人生哲理和文学艺术的双丰收。

文学巨匠的成功往往来自与风刀霜剑的搏击、与艰险困顿的斗争和向不公平命运的挑战。也正因为如此，他们的人格才更纯净，斗志才更顽强，价值才更殷实，成就才更辉煌。苏东坡是这样吗？也是，也不是。说他是，是因为他已"在最低处握住"；说他不是，是因为他又"在最高处领略"。前者是执着，后者是超然，二者化一，便是达观。如同经霜的枫叶最是红艳娇媚一样：曾经沧桑的苏东坡已变得进亦喜、退亦喜，无往而不喜了。苏轼之所以伟大，在于他人格的圣洁，而其文学成就则在其次。我学不来他的伟大（因为他的伟大是任何人都学不来的），但却从他那里学来了一点寓有人生哲理的诗味儿，因为在现代生活急流的冲击下，人的命运进退难料，沉浮莫测，这时尤需达观的北斗，指引我生命的征程。

【学生评论】

邵　楠：我继续评王乐的文章。王乐同学聪明的地方在于把苏轼与李白和屈原作对比，这三个人遭遇都比较相同，都是那么爱国而又如此的不得志。而苏轼与二者不同，就是因为他能如周国平先生所说的"与世俗保持一段距离"，他能做一个守望者，所以能处在悲观与执着的此消彼长的平衡中，这正是他做人的了不起之处。

张大淼：我想说一下王乐对比的作用。她通过对比突出了苏轼那种超脱。在文章中连屈原、李白都来为苏轼做衬托，那么苏轼的文高一筹与人高一筹就是显而易见的了。

老　师：关于王乐文章的写法，大家的评论已经说得很清楚了，至于她的见解是对的还是错的，大家可能是"仁者见仁，智者见智"，我们在这里没有必要定答案，因为我们是在探索。但我认为，她的对比很机智，很辩证，她没有通过对比把屈原贬下去，把李白抑下去，而是通过对比，使每个人的个性更加鲜明。所以说这种对比的机智，应该说是很好的。

老　师：下面请陈超同学读他的文章。

陈　超：我的文章的题目是《刚柔相济的苏词》。

　　读苏轼《念奴娇》词，甫一开卷，便觉一股泼墨山水般的豪迈之气袭面而来。
"大江东去，浪淘尽，千古风流人物"，开篇一句，便把浩大气概抒写得淋漓尽致。
无怪乎世人评价苏轼诗文"自有横槊气概"。

　　然而苏轼的魅力并不仅囿于此，一个丰满而完整的人格必然兼容豪迈与婉约两
种气质。身为诗人，苏轼在满腹豪情奔放不羁之中，也必然存在细腻柔婉的一面。
于是，我们不难从他那曲曲黄钟大吕中辨出娓娓韶秀之音。

　　苏轼喜欢描写宏大场景，青壁倚天之庐山，惊涛裂岸之赤壁，仙人居里，白云
深处，及至上穷碧落下黄泉的天上人间，无处不可寄托一缕诗魂，一种深邃的宇宙
意识。而他也从不吝惜以清风明月点缀其间，增加一些温柔颜色。苏轼写雪，绝不
写"胡天八月即飞雪"之狂放，也不写"燕山雪花大如席"之硕大，而是"今年春
浅腊侵年，冰雪被春研"，又或"余杭门外，飞雪似杨花"。即便从"卷起千堆雪"
的磅礴意境中，细细品味，仍可想见巨浪滔天气势中蕴藉的洁白与晶莹，诗人眼光
之独到、心思之细腻，可见一斑。

　　苏轼常写英雄，以英雄自况，其自身也颇具非凡的英雄气概。但苏轼也写美人：
从"自作清歌传皓齿"的歌女，到"冰肌自有仙风"的侍妾，再到"凤箫声断月明
中"的仙子……"遥想公瑾当年，小乔初嫁了，雄姿英发"，丰姿潇洒的周瑜身边，
衬以窈窕佳人。英雄美人，相得益彰。

　　同样地，在我们惊叹于苏轼诗文构筑的世界博大深远之时，几经贬谪的飘零身
世为诗人带来的几许悲凉与无奈，也在字里行间不经意流露出来。谁能说"也无风
雨也无晴"的超脱中不压抑失意的情怀呢？这悲凉与无奈，宛如崇山间环绕的一道
清泉，若隐若现间为陡峭之景增添几分婉曲之意，更显出不带脂粉气的豁达的真实。

　　当然，苏轼毕竟不是秦观，不是柳永，他的婉约只是豪放风味的佐料，譬如绿
叶之于红花，使诗词艺术形象趋于完美。让峻峭的山间拂过一丝清风，深邃的空中
升起一轮明月，横槊的英雄身旁有美人相伴，报国的壮怀里有寂寞长随。缘于此，
我们从中体会到的美，便是刚柔相济的美。

【学生评论】

　　赵盛言：我想从陈超文章的选材来谈一下。陈超文章的最大特点就是标新立异。

我们都知道苏轼的词以豪放见长，但苏轼的婉约词也不胜枚举，丝毫不逊色于豪放之作，仅从我们选学的诗词来看，就可用一句诗来概括他的豪放与婉约的特点：淡妆浓抹总相宜。我的文章也是从这个角度来写的。（学生哄笑）

老　师：注意，你的文章实在不能读，我知道你跟他的文章是一派的。我赞美他就等于赞美你了。时间关系，实在是对不起。谁继续来评陈超的文章？

李　莹：我认为陈超文章的优点之一是角度好。因为他抓住了苏轼刚柔相济的特点，深刻、透彻地分析了苏轼的诗文与人格，把苏词中的宏大场景和清风明月作比较，又把横槊赋诗的英雄和明眸皓齿的美人作比较，最后得出苏轼婉约与豪放兼具的特色。我觉得，写苏词的特色可以从很多方面来写，比如说写苏词的创新、沉浸性情、不假雕饰之美，但陈超选了刚柔相济这一特色，这正是他文章成功的原因之一。

老　师：虽然陈超是从苏词的婉约角度谈的，但毕竟苏词在词坛的地位是以豪放见长的。下面请董微微来读一下她的《缚不住的苏东坡》（掌声）。

董微微：苏东坡词，人谓多不协音律。然居士词横放杰出，自是曲子中缚不住者——晁补之。

世人评东坡词，大都着眼于其气势之慷慨豪迈、精微超旷，推其为豪放之宗。但倘无其词之自由洒脱、夭矫多彩，其昂奋豪情又怎能挥洒得淋漓尽致？

说其词自由洒脱，是指其音律。词曲本不相离，众多词调的格律，千变万化，一字不能随意增减，不能错用四声平仄，因为它是歌唱文学，而这又本是宋词之于唐诗在艺术上的一大突破。但是，代代词人对字声的要求一个比一个严格，以至于为重视协律而不惜改动歌词的地步。这样，过于严格的格律就为词的创作罩上了层层罗网，缩小了词境。然而，"词至东坡，倾荡磊落；如诗如文，如天地奇观；岂与群儿雌声学语较工拙？"（刘辰翁语）。可见苏词音律渐疏，内容却更加丰富，作者的性情抱负更能表现于字里行间，为词的创作道路开启了一扇新的大门。对此，王灼在《碧鸡漫志》中评论说："东坡非醉心音律者，偶尔作歌，指出向上一路，新天下耳目，弄笔者始知自振。"此确非虚言，后世词人如叶梦得、向子諲等以歌词取胜者即为例证。

说其辞夭矫多彩，是指其句法。宋代诗词盛行用典、隐括、集句、和古人韵等法式，苏东坡"胸中有万卷书，笔下无一点尘俗气"，运用起来自然是信手拈来。如词中隐括体就倡自东坡。但陈寅恪先生《论再生缘》说："苟无灵活自由之思想，以运用贯通于其间，即千言万语，尽成堆砌之死句。"所以东坡又绝不受缚于定法，在语言形式方面不拘一格。比如在《水调歌头》（落日绣帘卷）中，苏东坡以散文入词，使词在结构和情节上随着词人的滚滚思潮瞬息变化，大开大合，波澜起伏，令人如见黄河九曲，目不暇接。又如在《沁园春》（孤馆灯青）中，东坡将《论语》《孔子家语》中的语句化入词中，并加以发挥改造，充分地体现了作者善于驾驭词调，善于将诗、文、经、史谱入歌词的本领。另外，尚有大量苏词不用典故，不尚藻绘，令词作自由活泼浑然天成，如《西江月》（世事一场大梦）《南乡子》（回首乱山横）等。

观其词，察其人，无论文势文辞，我们都可发现一个视成规为草芥的缚不住的苏东坡。倘若真的是"文章本天成"，那么天为什么要生苏东坡？怕正是因为生了一个苏东坡，老天的财富才轰然一声大批坠入凡间，为千万世人所共享。

【学生评论】

孙笑非：我想从此文的立意之新上讲一下。苏轼是中国文坛上的一个巨匠，古今评论苏东坡的专家也很多，关于他的风格、写作笔法的超人之处，有许多成型的评论，因此，如果再评就容易落入俗套。但作者却从一个新的角度，从音律、句法的角度来评价苏轼的艺术手法，这就给人耳目一新的感觉。这正是这篇文章的可贵之处。

赵明明：我想说这篇文章的特点就是，以苏轼对词义、词境和词律的突破来显示他为人旷达的胸襟、不拘一格的性格。

卢　铮：我想评论一下李凯的文章，刚才老师略掉了对李凯文章的评论，我觉得很不应该（众笑）。因为我觉得李凯的文章比其他文章更真实，更富有哲理性，说它更真实，是因为苏轼也是个正常的人，也会有人的正常感情，也会悲观，也会执着，而李凯在文中把他鲜明地表现出来。

另外，说它有哲理性，是因为李凯在文章中说苏轼超脱出自于悲观与执着的统一，这正印证了大哲学家周国平的一句话：真正的智慧出自于执着和悲观的动态平衡之中。

老　师：你既然评论了李凯的文章，那么我就问问你，对李凯文章的标题《霜叶红于二月花》你是怎么理解的？

卢　铮：老师，我没太想好。

老　师：你请坐，谁来说一说？

张迎铭：我可以替卢铮解释一下。我觉得李凯文章能紧扣文题，因为文章贯彻一条主线，那就是苏轼在屡遭贬谪风刀霜剑的挫折之后，仍然达观处世，所以叫"霜叶红于二月花"。

另外我想补充一点，这篇文章有很强的现实意义，因为文章说了一个人在受到挫折之后，仍能以旷达处世，是很不容易的。我想说，对我们现在这些高三的马上就要处于人生转折的同学来说，有很大教育意义。如果说苏轼是一颗大北斗，可以指引世人前途的话，我想说李凯的文章是一颗小北斗，可以指引我们高三学生的征程。

老　师：你这个比喻想象很好，但没有小北斗，北斗只有一个。另外，"霜叶红于二月花"，解释仍不到位。谁能解释到位？

何　昕：张迎铭刚才的话很精彩，但是她的话没有解释出李凯文章标题的意思。李凯文章中有一句话我记得很清楚：真正的达观不是在顺境中的达观，而是经历了风刀霜剑后的达观，而李凯文题是"霜叶红于二月花"，"二月花"显然是指人处于顺境中，而"霜叶"正是处于风刀霜剑——人经历挫折之后，这正是应和了李凯文题中的话。

老　师：好，李凯有知音了。我对刚才卢铮强烈要求评论李凯文章，表示赞赏。大家有话可以讲。

以上文章多数是评论艺术的，下面我们要转向对人生的探索。我课前安排了一个节目，请咱们班的歌星为大家唱一曲《潇洒走一回》。

（于慧洋、孙韬两位同学走到黑板前）

老　师：请大家注意，这个歌大家都听过多少遍了，我今天让他俩唱歌不只是为了课间休息，而是让大家思考一下歌词。我以为这首歌也是在探索人生。人生对于每个人来说，只有一次，"潇洒走一回"是一个多么诱惑人的口号！而这首歌词是怎样回答"潇洒走一回"这个问题的呢？

于慧洋、孙韬合唱：天地悠悠，过客匆匆，潮起又潮落。恩恩怨怨，生死白头，几人能看透？红尘滚滚，痴痴情深，聚散总有时。留一半清醒留一半醉，只要梦里有你追随。我拿青春赌明天，你用真情换此生，谁也不知人间几多的忧伤，何不潇洒走一回！

（于慧洋、孙韬二位唱罢欲下场）

老　师：等等，我要来采访这两位歌手。你们既然唱得这么投入，请问（对于慧洋同学）你理解作者是怎样回答这个问题的？说真话！

于慧洋：我虽然不认识这歌词作者。（教师插话："不用认识"。众笑）但我认为他对潇洒人生概念的理解是比较狭隘的。他只是局限于人生情爱和恩仇方面。（教师插话："爱情"不是"情爱"，"情爱"内涵非常广，"爱情"啊，知道吗？）

老　师：他的回答正确不正确？

众　答：正确。

老　师：那么我还要问，人生如果拥有了真正的爱情，是不是潇洒的？（对秦一同学）是不是？

秦　一：是。

（对全体同学）有没有说不是的？（众沉默）到底是不是潇洒？

众　答：是！

老　师：多亏我没有否定，否则我就成了众矢之的了（众笑）。我认为，爱情对人生很重要，只要人类还有亚当夏娃存在，那么爱情就是生活的一个重要主题，也是文艺表现的一个重要主题，是永恒的。但是，如果认为人生潇洒就只在爱情，甚至是"我拿青春赌明天"，把人生当成大赌局，我拿青春押大宝，你拿真情换此生，你我一起拿青春爱情押宝，潇洒不潇洒？潇洒也是小潇洒，真正的人生大潇洒在哪里？让我们一起来探索。

请关佳林同学读作文《品其诗文，悟其为人——鉴赏东坡诗文》。

东坡诗文，名垂千古，细细品味，自成一家；而若我们能够品味东坡他那执着于祖国而不乏超旷的心境，则可得出这样的结论：东坡为人，形诸诗文，更高于诗文。

方其任密州太守之时，正值意气风发之际，豪迈愉悦的心情诉诸笔端，便产生了《江城子·密州出猎》"会挽雕弓如满月，西北望，射天狼"的豪放佳句，充分显示了东坡刚强壮武的英雄本色。相较柳永"衣带渐宽终不悔，为伊消得人憔悴"和"人生自古伤离别，更那堪冷落清秋节"那种香艳软媚的儿女私情，则又更胜一筹，别有一种至大至刚的气概。另外，东坡此词更流露了他立功之心的迫切与爱国之心的执着。

然而，无情的命运与他开了一个黑色的玩笑，贬职后，他所有的报国大梦都碎了——一味地执着禁不起挫折，至刚则易折。幸而他并没有陷入悲观的泥潭，被贬的经历使灵动的他很快就成熟了。他使自己冷静下来，平定那颗因报国无门而焦虑不安的心。慢慢地，他使自己的灵魂浮出肉体，凌空而起，怀着旷达的心胸俯视整个世界——他终于学会了超脱。于是，千古绝唱《念奴娇·赤壁怀古》诞生了。"大江东去，浪淘尽，千古风流人物"一句，气象之雄浑，心胸之开阔，分明展示出东坡超脱的心境。这种超脱既不是与世无争的归隐，也不是放弃报国大志的出世的消沉，而恰恰建立在对祖国更深沉更浓厚的爱之上。这是一种宽容的爱，一种不求占有的爱，一种成熟的爱，一种超脱的爱。且看他在颠沛之中的肺腑之言："吾虽怀坎壈于时，遇事有可尊主泽民者，便忘躯为之，祸福得丧，付与造物。"这才是几经洗练后的苏东坡的英雄本色。他虽几次遭贬，但对祖国的爱丝毫都没有泯灭。这也是一种执着：一种宽容的执着，一种不求占有的执着，一种成熟的执着，一种超旷的执着。

品味东坡之诗文，感悟东坡之为人，更要塑造自己之为人，创新自己之诗文。

老　师：再请金锐同学读作文《无往不适的乐观——我读苏东坡》。

我并不是一个酷爱文学的人，然而第一次接触苏轼的诗文，我就被那一篇篇脍炙人口的作品深深俘虏了。通过近两周来对苏轼诗文的学习以及余秋雨、周国平两位大师对苏轼为人的分析，我开始明白是他作品中的那种无往不适的乐观的生活态度打动了我。其实苏轼本身早已被他自己的文学作品表达无遗了，然而，"一千个读者就有一千个哈姆雷特"，我还是要谈一谈我眼中的苏轼。

早年的苏轼就是一个乐天派。"往者不可谏，来者犹可追"，苏轼深谙这个道理，在《和子由渑池怀旧》中，"往日崎岖还记否，路长人困蹇驴嘶"一句表现出这样的一种精神：往事是不必去过分怀念的，即使是怀念，也无非要鞭策自己奋发向前罢了。对未卜前途怀着无限的憧憬，这就是乐观。

在顺境中保持一种乐观的心态尚且不是一件很容易的事，因而在逆境中仍保持一种乐观的心态就更显得难能可贵。他因不满王安石变法，求外职到密州。但"烈士暮年"尚且"壮心不已"，更何况正处不惑之年的他呢？"会挽雕弓如满月，西北望，射天狼"，一个"会"字，表达出"一定要，一定行"的决心和自信，这就是乐观。后来，他又因写诗"谤讪朝廷"，遭贬至黄州，在"亲朋无一字"的情况下，他似乎也想"乘风归去"，但随后又做出"何似在人间"的结论。能够勇敢面对惨淡的生活，这就是乐观。"丈夫为志，穷且益坚"。在经过一段刻骨铭心的精神历程之后，他开始用平静的心态去观察人生。终于，他弄清了瞬息与永恒的辩证关系。一个能够超然面对生死的人，他又岂能不是一个乐观的人？在顺境中保持一种乐观的心态，勇往直前，这实际上是一种执着；在逆境中保持一种乐观的心态，不向困难低头，就是超脱，苏子有一个智慧的人生。

"历史人物之所以伟大正在于我们可以因他而深刻地感觉到自身的存在"。我不禁想起了自己的心理历程。刚入实验班的我，是一个悲观的我。"学会悟，做个创造性的思考者"，这是赵老师素质教育实验在我心中奏响的最强音。终于，在一次感悟作文中，我勇敢地剖析了自己悲观的原因。老师表扬了我，而且要我在下次班会上读给大家听。当我在众人面前解剖过自己以后，我只觉得讲台上的我已经变成了一个乐观向上的新我。

现在，进亦难退亦难的人生两难处境再也不能困扰我了，我只觉得活得很明白、很痛快。在苏轼乐观精神的感召下，我也要乐观地说上一句："人生，真好！"

老　师：听了这两篇文章后，我想突然袭击地问孙笑非一个问题。（孙笑非站了起来）我在你的文章上写了一个"空"字，请问你是怎样理解我的这个评语的？

孙笑非：老师的评语评得很好（众笑）。我想老师说我作文空，是因为我的文章并没有联系我的实际，没把评价苏轼与自己的人生感悟联系起来。老师的目的是让我们在读懂苏轼的同时，指导自己的人生。可我写作时只顾分析苏轼，忘了剖析自己，我想这是我这次作文失败的地方。

老　师：你说得很对，但还忘了另一方面。你在评价苏轼时，一定别忘了像前面同学那样引诗引文，特别是引用原句，这是我们评价的依据。我已经说过，我们不认识苏东坡，只好依据他的诗文来证明他是怎样一个人。你在评论他的为人时，没有引用诗文；你在谈论他的人生时，没有联系自己。当然，未必都得作自我剖析，一会儿我们会看到有些文章并没有具体说自己如何，只是谈了一种普遍现象，也一样是联系实际。看来，孙笑非同学很有悟性。

下面由张大淼来读文章，大家听一听她与金锐的文章有什么区别。

张大淼：我的文章名叫《一位诗哲》。

提到"苏轼"这个名字，我脑中立即蹦出"诗人"这个词，继而便一股脑地涌出"词人""散文大师"等。那么索性用"诗人"一词作代表吧，因为无论是他的文还是他的人，都充溢着浓厚的诗味。再接着想下去，便想到了他文章的精神了。格律的也好，自由的也好，用周国平先生的话说是"与哲学的完美结合"。这样，我又想冠之以"哲人"之衔。那么，合二为一，就叫他"诗哲"吧。

与其说苏轼写诗作文是在挥笔泼墨，不如说他是在挥洒人生。一篇作品就是一个苏轼的缩影。苏轼一生执着于对美的追求，始终保持着一种审美的眼光去面对万事万物，并从中发掘出独特的美丽，这种执着是广阔的。摆脱世俗的陈规旧俗，冲破禁锢人们灵魂的条条框框，他用一颗旷达的心把这种执着升华为一种深广的爱：爱人、爱生命、爱物、爱自然。这种爱使他面对一次又一次的人世险恶、官场失利、壮志未酬却无人可诉之时，无数次地宽容了这个世界，也从而超脱了自己。于瞬间的失望之后，他依然爱着世界，爱着人生。

他的作品是他哲学化了的生命的写照。一次次看穿生命的短暂，又一次次悟透生命的永恒。在悲观、执着与超脱之中，苏轼走着自己螺旋形的智慧的人生之路。赤壁下，"人间如梦，一樽还酹江月"的解脱；兰溪前，"谁道人生无再少"的自信；出猎时，"会挽雕弓如满月，西北望，射天狼"的豪情壮志；十五赏月时，"但愿人长久，千里共婵娟"的情真理深……哪一篇作品没有苏轼对生命的注解，对人生的彻悟？那是形象化的哲学教科书。他的文字为他的生命做了最精彩的诠释，而他的人格才是这些流传千古的名篇宝作的源头。

如果苏轼始终板着一副哲人的面孔对世间评头论足，那么只能说他很伟大。但伟大得那么遥不可及，疏远了，像一个神。而苏轼毕竟不是神，而是人，一个有血有肉且多情的诗人。他有喜乐，更有哀怒；他可以自信旷达，却也会自卑自负。他之所以成为一个了不起的"人"，正因为他可以从哀怒、自卑、自负的痛苦中超脱出来。他以另一个自己的身份，审视那个陷入人生矛盾、感情旋涡之中的躯体，以一种超乎寻常的冷静豁达，助其突出重围。经过这种思想上的解脱之后，"救"与"获救"的二者合二为一，立于天地之间。这个苏轼随缘自娱，让人艳羡不已。还有谁能像他这样超脱——让执着与悲观如此完美和谐？

"人生到处知何似，应似飞鸿踏雪泥。泥上偶然留指爪，鸿飞哪复计东西。"诗哲如一只鸿雁在时空中飞过。他并没有料想在近十个世纪以后，人们依旧在惊叹于他的诗人品质与哲人风格，而他，是无暇顾及这些"指爪"的。

老　师：大淼，请不要坐下。在听你文章之前，我心中设了一个问题，没想到你的文章中已没有那个问题了。我在你文章中的一个词上画了一个圈，我想抓住它做文章，结果这句话没有了（众笑）。你还记得那个词吗？

张大淼：有一段说，我们也是人。

老　师：你原文就说的我们也是人？不，你说的是面对苏轼，有一种什么？

张大淼：渺小感。

老　师：现在的文章里是不是没了？

张大淼：没了。

老　师：为什么改动？（众笑）

张大淼：因为苏轼不是神，而是人。面对"人"时不应有"渺小感"，而只有面对"神"时才有"渺小感"。

老　师：对！请坐。我们三周之前学了一篇《人间鲁迅》。面对着伟大的鲁迅，我们都不该感到自己的渺小，我们应感到伟大人物使我们深刻意识到了什么？（学生答："自己的存在"。）而我们在自己生存方式的选择中只是应该如何？（学生答："不拒绝他的参与"）金锐同学在文章中把这点说得很明白。我们如果一看到伟大人物自己就"堆"（东北方言，垮了，站不起来了）了，那么我们存在的意义哪去了？历史是人民创造的。英雄尽管伟大，人民也同样伟大。我们在伟大人物面前应意识到自己的存在，吸收伟大人物的精华，来发展我们自己，来做一个"特立独行"的（教师语气故作一顿）

学生答："人"！（哄笑。注：实验班曾学过王小波的《一只特立独行的猪》，老师一问，勾起了大家联想。）

老　师：张大淼的悟性也够高的。我只是在"渺小"上画了个圈，刚才一听，她只是谈"人"，我就知道她自己改过了。下面请秦一同学读她的文章。

秦　一：我的题目是《我读苏轼的执着与超脱》。

整整十几天，诵苏轼的诗，读苏轼的文，我试图从字里行间勾勒出一个从前不为我所了解的、全新的苏轼。

他如孩子一般天真单纯的性格让他显得热情而豪放。他"为报倾城随太守，亲射虎，看孙郎"，他充满自信地喊出："谁道人生无再少？门前流水尚能西，休将白发唱黄鸡"。但是，这种天真单纯是有沧桑和深沉垫底的天真，而不是轻浮的狂躁。这种天真，淳朴而不雕琢，新鲜而不因袭。我们曾无数次地慨叹现代世界的喧嚣烦躁，于是"返璞归真"成了当今的流行词汇之一。可是，许多人在"归真"的道路上走向了两个极端。一是沧桑过了头，冷眼旁观一切身外事物，显得麻木；一是天真过了头，把自己置身于一个纯童话的世界里面，根本不清楚外界的喜怒哀乐、悲欢离合，显得无知。

这两种"归真"都是做作而浅薄的，真正的"归真"应如苏轼那样，时刻保持着对世界独特的新鲜感受。这份感受经过其厚重的生命底蕴的升华而形成对人生的领悟，从而让自己在喧嚣的尘世中真正做到心如止水，从容自若。这种生活，快乐而充实；这种人生，充满美感。苏轼一生便执着于这种美感。但是，在成年人统治的世界里，要执着于这种美感，必须学会超脱。苏轼能够超脱，在于他旷达的胸襟。他曾经辉煌过，光彩照人；他曾经失意过，无人问津。巨大的反差很容易让人绝望，但苏轼没有。他以极其旷达的胸襟接纳了所有的大喜大悲，虽然也曾痛苦、彷徨，但是那份豁达让他最终学会因缘自适，识度明达，走入了"也无风雨也无晴"的境界。正如周国平所说："在人生中还有比成功和幸福更重要的东西，那就是凌驾于一切成败福祸之上的豁达胸怀"。正是这份豁达，让苏轼在最应该悲观的时候仍然能笑得出来。

这份豁达让苏轼与自己身外的遭遇保持了一个距离，他开始自省。这份自省又使他和真实的人生贴得更近，这样，他生命的底蕴越积越厚，他也真正走向了成熟。于是便有了今天我们读到的一篇篇流传千古的绝唱。

苏轼成熟在一个男人最重要的年月，与那些成熟在过了季节的年岁的人相比，他真是好命。我们呢？如果能在18岁读懂苏轼，岂不更是幸运？

【学生评论】

王　麒：首先我从关佳林的文章谈起。她的文章题目没明说，但我认为她也是在写执着与超脱的联系，重点落在"执着"上。金锐的文章从苏轼表现出的乐观精神来谈，最大特点是与自己的实际联系得非常紧密。张大森的文章则深入到苏轼那种执着与超脱的本质是源于"爱"的，而且她用周国平的悲观、执着、超脱三者此消彼长动态平衡的理论，还有金圣叹在批《西厢》中说的那种"本我""非我"之间的关系，来解释了苏轼的执着、超脱的原因，而秦一文章写得最好的地方在于谈到了在"归真"路上的正确方式：悲观、执着与超脱的结合。

我写的文章也是《苏轼的悲观与执着》，我想念一下。

老　师：你别念全文好不好，你把你最精彩的地方念一下。

王　麒：我把苏轼与辛弃疾做了比较，我在文章中分析说：

朋友曾说东坡与稼轩相较，他更喜欢前者，因为在二者共有的执着之外，苏轼更有超脱。我当时正沉浸于辛词中"金戈铁马，气吞万里如虎"的刚劲雄健与"把吴钩看了，栏杆拍遍，无人会，登临意"的愤郁悲壮，所以很是不以为然。然而，近日读了余秋雨和周国平两位先生评论苏轼的文章，又看了些苏轼的作品，这才觉得"痴心不改"虽然可贵，但执着中有超脱却尤为难得。

……苏轼怀才不遇这一点与稼轩颇似，但辛弃疾愤而质问"凭谁问，廉颇老矣，尚能饭否"时，苏轼却悠然平静地吟了一句"一蓑烟雨任平生"，这便是超脱，逆境中达观的态度。痛苦后成熟的标志，或许可称之为涅槃，将官场中浸渍许久的"假我"剥离，炼化，洗净，让潜心释道、钟情山水、恬嬉悠游的"真我"重生。或许焚弃旧我时是痛苦的，但"真我"重生后更是无比愉悦的。当然，也只有"真我"才留得下彪炳千古的诗文。……

但我们很多人竟将苏轼的超脱误解了，每一次失败都用"超脱"来抵挡，然后心安理得地等着下一次失败。可超脱是建立于执着之上，他们却毫不顾及。没有执着就谈超脱，不过是懦弱或懒惰罢了，怎能以此与苏子相提并论？对苏轼这位抱执着而超脱的诗人，我们当然不能忘了"但优游卒岁，且斗樽前"的超脱达观，更不能忘记其意欲"雄姿英发"的执着。这样，才算是诗人的知音吧。

老　师：王麒对许多人的文章都做了评论，至于他自己的文章最精彩的地方，除了苏辛比较外，就是他还论到有人把"超脱"理解成什么？（学生答："回避现实，逃避现实。"）而周先生呢？是在悲观基础上的执着。而那些要逃离尘世的佛家、道家的超脱，并不是我们所应取的。他这也是一种联系实际。

我这里有一篇咱们同学的作文，前面的一页写得很好，后边一页写了这样一段话，请大家听一听："假设苏轼活在当代，他是否还能做到乐观处世，我不敢妄下断言，然而在今天能做乐观处世的人却为数不多。随着商品经济的发展，人们对金钱的追逐更加积极，拜金主义思潮潜滋暗长。'金钱至上'使得许多人利欲熏心、贪得无厌，像苏轼一样自寻其乐、乐观处世的人已实属少见。真不知乐观处世是否还适应这个社会！"（哄笑）

老　师：大家同意这个观点不？

学　生：不同意！

老　师：首先，苏轼假若活在今天，还能乐观起来吗？你们说。

学　生：能！

老　师：应该说，更能！对吧？尽管我们现在是社会主义初级阶段，还有局限性，但比在那个封建时代，他会好过得多，会达观得多，会潇洒得多。再一个，也正因为我们现在处在这样激烈竞争的社会，文明越发展，相对带来一些两难的、二律背反的东西，这时候更需要我们扬弃苏轼精神，古为今用嘛！要不然，他活在900多年前，我们研究他干吗？研究研究咱们同学不也挺好吗？所以，这个同学犯了一个原则错误。感悟了半天，结果苏轼活到今天也不行，我们学他也没啥用，这个时代不需要乐观！我的天！（哄笑）看来，我们在感悟当中，有人认识没到位。（这时，陈光同学边举手边站起来，似乎要求发言）啊，有人要说话，那么陈光你说吧，你先说说为什么你要站起来？

陈　光：因为你刚才读的这个文章结尾是我写的（众笑）。作文发下来，结尾被老师撕下去了，当时确实不知为什么，后来仔细思考，想通了一点。刚才我听了秦一文章，一下子悔悟了（众笑）。

老　师：那你就说说吧。

陈　光：我一下子明白老师撕下结尾、批评我的原因。首先，秦一作文说明了悲观超脱的原因，是因为苏轼有个豁达的胸襟。有了这个豁达的胸襟，不论处在什么样的情况下都会做到超脱，而我却把当代社会这种外因当作人们不能乐观处世的主要原因，这是片面的了。其实一个人能否乐观处世主要在内因，就是他的心理素质，而秦一分析到了这一点。而且她还希望我们每一个18岁的青年都要有一个旷达胸襟，每一个人都能做到乐观处世，所以给我一个很大启迪。我也明白了自己作文的不妥之处（众笑）。

老　师：好！大家给他的态度和悟性鼓掌！（热烈掌声）不过，老师刚才不是"批评"你，而是"开导"。

请张程程读作文《人间苏轼——读苏轼有感》。

燃烧于苏子慷慨狂放的诗文之中的，是那种诗人的浪漫、执着的天性和一颗豪迈、旷达的心灵。初识东坡诗文，我便认定苏子必是整日天仙般乐呵、快活，如来佛祖般大化、超脱，才得这般天仙化人之作。

然而当我走近苏子的生活，我惊愕地看到了几度贬谪的颠沛流离，感到了荒野古道上的风沙袭面，听到了黄州日暮里的惴惴叹息。

我这才知道："但愿人长久，千里共婵娟"那积极奋发的祝愿，"门前流水尚能西，休将白发唱黄鸡"那青春豪爽的宣言，"自其不变者而观之，则物与我皆无尽也"那旷达、超脱的豪情，竟是出自无数个孤寂与凄凉之夜的挣扎！

苏子不是遗世独立的如来佛祖，他是一腔热血、七尺之躯的人间诗人，苏子的豪壮、伟大不在于从未迷惑、彷徨，却在于勇于逆水行舟的信念与坚强。是不可泯灭的生活热情、至死不渝的审美追求，使那颗彷徨、惊恐的心灵摆脱沉郁而重获自由。于是苏子在江风山月间找到了永恒的美感，在苍天大地间找到了生命的本源。你听，那狂放、豪壮的长啸，今犹在耳。苏子之魂，"与天地兮比寿，与日月兮齐光"！

苏子在"幽人独往来"的孤寂、凄凉的老年，尚能唱出"谁道人生无再少，休将白发唱黄鸡"的豪情壮志，正值青春年少、春风得意的我，又怎能任凭韶光飞逝而徒发感伤的哀叹呢?! 我已叹去了高中时代四分之三的万金光阴，再没有一分一秒的时光可供挥霍了。在这仅存的七个半月里，没有叹息，没有哭泣，"会挽雕弓如满月，西北望，射天狼"! 我定会以苏子般的豪壮完成我人生中的第一个冲击。

【学生评论】

朴丹英：以诸君之真情体东坡之质感，以诸君之深刻悟东坡之明哲。我还要强调，这次作文课最重要的一点，就是勿忘化东坡之超脱为诸君之行动。

张伟妍：我想评一下张大淼的文章，她的文章最有特色和深度之处就是把苏轼评为"诗哲"。我觉得，没有一个哲学家的眼光，一个诗人只能是吟风咏月、顾影自怜的浅薄文人；而如果没有诗人的激情和灵性，一个哲学家也只能是一个简单的思维机器。张大淼把苏轼誉为诗哲，就为我们理解苏轼开辟了一个新的角度，也将苏轼的人生提高到一个新的境界，哲学的境界。

于晶媛：我想对张伟妍的观点做一点补充。周国平曾说过："哲学是诗的保护神"，只有在哲学的广阔天地里，诗的精灵才能更自由，更永久地飞翔。从张大淼的文章中可见，说苏轼是一个诗人，不仅仅是因为他能写诗赋词，更因为苏轼有挥之不尽、抹之不去的诗人气质，所以我们说苏轼是诗人。

说苏轼是哲人，并不仅仅是因为他能写出什么"人生到处知何似，应似飞鸿踏雪泥"之类的哲理诗，更因为苏轼有着熔悲观、执着、超脱为一炉的智慧人生观，所以我认为张大淼的文章抓住了苏轼的灵魂，那就是诗哲。

胡　宁：我想谈谈金锐的文章。金锐写的是苏轼无往不适的乐观，但我看出他对乐观进行了两层分析：一种是顺境中的乐观，一种是逆境中的乐观。如果说顺境中的乐观是对未来的执着与憧憬，那么逆境中的乐观则是苏轼饱受仕途坎坷、人世冷暖之后的一种心理上的成熟，还有一种人生态度上的超脱与旷达，所以在逆境中的乐观更高、更难。金锐正是悟到这一点，所以着力用笔墨来深刻剖析苏轼的逆境中的乐观。

田占义：我想说一下张程程的文章。《人间苏轼——读苏轼有感》是把苏轼与我们拉近了，苏轼向我们展示了作为高品位文人的人生智慧，我认为苏轼具有的，我们也应该具有。

关弘雨：课上到这里，我有了一个感悟，明白了老师刚才安排唱歌那个节目的意思。

老　师：那你就说说吧！（众笑）

关弘雨：主要是让我们大家对比两种人生。听完了刚才那种低调的歌词，我有一种感触：天亦悠悠，地亦悠悠，人生恰似梦，梦到醒时醒又梦，有几人能看透？（众大笑）

老　师：你看透没有？

关弘雨：我现在看透了，刚才没看透。

老　师：你说说。

关弘雨：听完同学的发言，我又明白了一种人生，就是既有悲观，又有执着。有悲观垫底的执着，那就是超脱。以一种平常心观察周围的生活，又以一种审美的态度来对待人生。

老　师：给他鼓掌！（热烈掌声）

汤　齐：通过苏东坡的诗文和同学们的文章，我明白了什么叫真正的成熟。正如余秋雨先生所说的："成熟是一种明亮而不刺眼的光辉，一种圆润而不腻耳的音响，一种不再需要对别人察言观色的从容，一种终于停止向周围申诉求告的大气，一种不理会哄闹的微笑，一种洗刷了偏激的淡漠，一种无须声张的厚实，一种并不陡峭的高度。"我想，真正的成熟不是偶尔地暂时地发出一种耀眼的光辉，而在于真正能够达到成熟。

王　乐：我想以上同学发言体现了我们人文主义教育的成果，就是"英雄所见略同"吧！马克思说过："我们之所以看别人伟大，是因为我们趴在地上看人家。"所以，以上同学发言，金锐说苏东坡乐观，大淼说苏东坡超脱，表面上看这是从苏轼的诗文中读出苏轼的品格，实际上，正是代表着读自己：金锐本身就是乐观主义者，大淼本身就是个博爱和超脱的人。所以，我们今天也是在印证您的观点，把您和马克思并驾齐驱了，同时也把我自己并驾齐驱了。（大笑，鼓掌）

老　师：王乐的话真实地印证了爱默生的话，我们读书时要把自己的生活——（众答："当作正文"），把书籍——（众答"当作注解"）好！这才是"活读书"，"读书活"！只要拿起书本就绝对相信（书本）的人，那他永远是侏儒，站不起来！我们在上课中，许多人竟然顿悟，很好！咱们都是在学习、感悟苏东坡精神。我们对他并不是"学习雷锋好榜样"式地看齐，我们是借鉴他。但也有人认为他自己就是苏东坡的化身，这就是李萌赟。请大家听听他的文章！

李萌赟《漂泊者的歌谣》。

日影昏黄，拉长了时间，也拉长了人们沉重的眼皮，分不清黎明与黄昏，我背起行囊，踏上自己漂泊的旅程，前途漫漫，陪伴我的只有苏东坡和他漂泊者的歌谣。

"人生如逆旅，我亦是行人。"茫茫宇宙，有谁不是匆匆的过客呢？曹孟德横槊赋诗，周公瑾火烧赤壁，英雄往事，都已化作虫蠹尘蒙的残简佚编。不要说什么"万事转头空"，未转头时的一切难道就不是虚无缥缈的幻梦吗？既如此，又何必为此生非我所有而怅恨？又何必营营追逐转瞬即逝的浮名？木兰之楫沙棠舟，漂泊者远离尘嚣，于江上之清风与山间之明月中感受物我的永恒。浩浩乎，飘飘乎，漂泊者超然了。

漂泊者不麻木，漂泊者不糊涂，漂泊者心中一点正气浩然四塞。只是，漂泊者深谙人生之有尽而宇宙之无穷，不愿无益追问空惹牢骚一腹，不愿自作多情催生华发满头。闲身未老，何不纵情歌舞，何不诗酒疏狂；人生百年，且待我醉他三万六千场！

漂泊者难免孤独。缺月疏桐，幽人独往，渺若鸿影，寒枝拣尽，只得归宿于荒凉的沙洲，仰望夜空寂寞。此情此景，漂泊者亦会勾起无尽的怅惘，亦会自问："此生飘荡何时歇？""归去来兮，吾归何处？"然而漂泊者终究是漂泊者，超旷爽朗的心胸怎容愚蠢的情感永驻？支颐一想，他便释然了，自答道："此间有什么歇不得处？"吾心既安，又有何处不能为家？即使是僻远的琼州，不也被似雪的杨花搅得不似天涯？

有人说："漂泊者最难看破的便是一'情'字。"不错，但情字千钧，何必看破？漂泊者至性至情，友谊爱情，怎能随手拂去，视若蛛丝？然而漂泊者终究是漂泊者，虽然会有"春与谁同"的怅问，虽然会有"漂然何处"的浩叹，虽然会有"生死茫茫"的感慨，但他相信，人生离合，俱是前缘，世事聚散，已然天定。旧事杳渺难问难寻，执着痴迷徒增烦恼，不若寄风流于天地，放尘心于四海，伴解语之落花与多情之流水，逍遥人世，游戏浮生。

"梦中了了醉中醒，只渊明，是前生"，东坡雪堂，春雨初晴，先生植杖耘耔，慨然而叹，自比渊明。呜呼！东坡东坡，汝以渊明为前生，后人自可以汝为前生，而后人之后人又何尝不能以后人为前生者哉？汝之漂泊尚囿于纸纸谪诏，后人漂泊则可随心去来，后人自胜于汝，而后人之后人又何尝不能胜于后人者哉？

大江浩荡，浪卷千秋。恍惚中，我听见雄浑豪迈的《念奴娇》横空而来："故国神游，多情应笑我，早生华发。人间如梦，一樽还酹江月"，不禁淡然一笑。一阵风起，我乘风而去。

老　师：李荫赟"乘风而去"（众笑），跟谁走了？以苏轼为知音和同志，一起飘然而去！（大笑）

非常高兴，两周内留下这么厚厚的一本教材，老师没讲，大家自悟，写出了如此百花齐放的文章。我把大家的文章说成百花齐放，是因为我想到了我的花季——尽管那是个不开花的季节（众笑），从来没有过这样的见识，写不出这样的文章。就是今天，让我来写，我虽也能费尽九牛二虎之力写出一篇，却比不上大家的感悟与文采。但是，最重要的，我觉得我们做了一件极其有意义的事情。周国平先生在《守望的距离》当中，第114页，说了这样一段话："本真意义上的哲学不是一门学术，也不是一种职业，而是一个向一切探索人生真理的灵魂敞开的精神世界。不论你学问多少，缘何谋生，只要你思考人生，有所彻悟，你就已经在这个世界里悠闲漫游了。"

两周来，到现在为止，我们就是在哲学世界里漫游着，探索着人生的价值。古希腊哲学家说过，"未经省察的人生没有价值"。秦一说得好，我们刚刚18岁就能思考人生。我们也不想过早夸耀我们已经悟透人生，但是，我们在思考！这，就足以提高我们人生的品位了。

（教师走到黑板前）同学们，今天我们的课是以"品诗品文品有字书之美味"开始的，"有字书"，就是我们的"课本"（板书）；"悟情悟理悟无字书之文章"，"无字书"是什么？"人生"！（板书）。那么，"有字书"对"无字书"来说，它是一个"工具"（板书），而"无字书"对"有字书"来说，是什么？（有人答："目的"。）对！是"目的"（板书）。

如果我们读文章、写文章，是为了考试得分，是为了考大学，那么你的"有字书"的读写就实在可怜。如果你是为着人生来读和写，你的读写就有了真正的意义。

这个"为什么"的问题——是"为人生"，还是"为应试"，就是素质教育与应试教育的本质区别所在！

好，我们今天的课就上到这里。下课！同学们再见！

（众）老师再见！

（二）青春做伴读好书，启迪心灵做贵族

——"青春读书课"畅谈书香

【自选教材】

① 大学生在寻找什么【美国·布鲁姆】（略）

② 做一个精神贵族【德国·雅斯贝斯】

做一个精神贵族

大学也是一种学校，但是一种特殊的学校。学生在大学里不仅要学习知识，而且要从教师的教诲中学习研究事物的态度；培养影响一生的科学思维方式。大学生要具有自我负责的观念，并带着批判精神从事学习，因而拥有学习的自由；而大学教师则是以传播科学真理为己任，因此我们有教学的自由。

大学的理想要靠每一位学生和教师来实践，至于大学组织的各种形式则是次要的。如果这种为实现大学理想的活动被消解，那么单凭组织形式是不能挽救大学生生命的，而大学生的生命全在于教师传授给学生新颖的、合乎自身境遇的思想来唤起他们的自我意识。大学生们总是潜心地寻觅这种理想并时刻准备接受它，但当他们从教师那里得不到任何有益的启示时，他们便感到理想的缥缈和希望的破灭而无所适从。如果事实果真如此，那他们就必须经历人生追求真理的痛苦磨难去寻求理想的亮光。

由于众多大学并存的现象，造成了毁灭真正学术的趋势，因为学术研究为了拥有读者，只好投大众之所好，而大众往往只顾及实际的目的、考试以及与此相关的东西。受其影响，研究工作也总限于那些有实际用途的东西上。于是，学术就被限制在可了解、可学习的客体范围内。本来应是生存在永无止境的精神追求中的大学，这时也变成了普通的学校。

　　一般学校要和大学分开，普通学校总是把知识全盘交给学生，而大学则无此义务。大学教育的目的在于，从意志力极强而且具备足够条件的人之中挑选出一些人来受大学教育。实际上，报考大学是一大群高中毕业、具有一定知识的普通人。因此挑选人才的工作要由大学自己来完成。选择的标准在于：具有追求真理的意愿和准备为之而接受任何牺牲的精神以及对精神世界孜孜不倦的追求，但这在事先却无法从将进入大学学习的高中生身上看出来。具有这种天分的人是极少数，无法估计他们是怎样分散在各阶层之中的，但是这种天分可以间接鼓励和引发出来。按照大学的理想，高等学校的教学应首先顾及这部分人。真正的学生会在为精神发展不可少的困难和错误之中，从大学广阔的学术天地里，靠着他的选择和严格的学习找到自己发展的路。

　　真正的大学生能主动地替自己订下学习目标，善于开动脑筋，并且知道工作意味着什么。大学生在交往中成长，但仍保持其个性，他们不是普通人，而是敢拿自己来冒险的个人。这种冒险既是现实的又必须有想象力。同时，这也是一种精神上的升华，每一个人都可以感觉到自己被召唤成为最伟大的人。

　　按照苏格拉底式大学的理想，没有权威，平等的关系也应存在于教授和学生之间，但是和这种关系同时存在的是彼此间严格的要求。在这里到处都存在着自我选择、自我证明的精神贵族。我们共同生活的大前提是，彼此均向对方的最大潜能及理想挑战。悠闲舒适的气氛是我们的敌人。我们对超越我们的事物怀有深切的渴望。

　　对于那些以其生活来要求我们的伟人，我们对他们的爱戴激奋着我们。但是，所有的关系都仍保持着苏格拉底式的方式，没有任何人是不会犯错误的权威，不论面对着何等伟人，独立和自由仍然是真理。这一点点的真理也是实在的内容。精神贵族的意思是每个人对自己严格要求，并非表示高过他人和要求他人。大学里每一位成员、教授及学生的基本意识是，他要努力工作好像被召唤去做最伟大的事业一样，但另一方面则始终承受着不知自己能否成功的压力。因此最好的态度是以这种想法来反省自己，严于律己，同时也不必过分期待得到外界的承认。

　　精神贵族与社会贵族迥然相异，精神贵族是从各阶层中产生的，其本质特征是品德高尚、个体精神的永不衰竭和才华横溢，因此精神贵族都是珍品。而进入大学学习的年轻人便是全国民众中的精神贵族。

　　精神贵族与精神附庸的区别在于：前者会昼夜不停地思考并为此形消体瘦，后者则要求工作与自由时间分开；前者敢冒风险，静听内心细微的声音，并随着它的引导走自己的路，而后者则要别人引导，要别人为他定下学习计划；前者有勇气正视失败，而后者则要求在他努力之后就有成功的保证。

在我看来，全部教育的关键在于选择完美的教育内容和尽可能使学生之"思"不误入歧路，而是导向事物的本源。教育活动关注的是，人的潜力如何最大限度地调动起来并加以实现以及人的内部灵性与可能性如何充分生成，直言之，教育是人的灵魂的教育，而非理智知识和认识的堆集。通过教育使具有天资的人，自己选择决定成为什么样的人以及自己把握安身立命之根。谁要是把自己单纯地局限于学习和认知上，即便他的学习能力非常强，那他的灵魂也是匮乏而不健全的。

[选自《青春读书课·人类的声音》(2)]

【范文及点评】

范文 1 **评大学里的两种贵族**
谢　丹

在当今大学生中，"贵族"不占少数。穿名牌，开汽车，出入高级饭店，追求小资，讲究潇洒。他们中的大多数挥霍无度，过得安闲自在，把这些当成自己炫耀的资本和贵族身份的象征。

这种"贵族"在大学中出现是有其原因的。许多人跨进大学的门槛就自认进了保险箱，将高考长久的压抑一下释放出来，尽情享乐，挥霍光阴，用物质来填充自己的精神，踏入社会后沾染上一些物质贵族的恶习，在好不容易摆脱了父母的看管后更是无度地追求贵族式的物质享受，而进入大学真正应该做的、应该追求的东西却被完完全全地抛到了脑后。这是当代教育的悲哀，是大学的悲哀，是削尖脑袋想要进入大学却不学无术的人的不幸，更是高喊追求物质的口号妄想引领未来"贵族"社会的"中国栋梁"们的不幸。

这样的"贵族"今后也许就会成为社会最底层的"贫民"。他们的心是浮躁的，浮躁的心永远不会探求到知识的深处，可以说他们根本就无暇停下来深入地思考问题，永远等待着教授给他一块木板，在板上最薄的地方打上一个洞，或是在木板上打满洞，而每个洞都是浅浅的一个小坑，甚至将木板轻易地掰成两半扔在一边。知识和能力在木板的小坑上滑过，不留下一丝痕迹，四年的大学生活就这样被白白荒废，精神和思想也没有得到一丝提升。四年后，你也许还会因无度的享乐和无尽的物质追求消磨了当初的锐气和雄心，精神空虚，庸懒散漫，毫无抱负与追求，从而潦倒终生。

而另有一些人，也许他们在大学中过的是馒头加咸菜的平民式的物质生活，也许他们从未计划或在意过今天明天要怎样包装自己，也许他们也从未想过要成为校园中众星捧月的明星；但他们一定在意自己是否把握住了在学校所尽可能获取的知识和能力，激发出自己最大的潜能和最高远的理想。他们一定在意自己能否打造出比教授给的更好的木板并钻透它，他们也一定在意自己是否每一分钟都明确自己真正想要的是什么，能为别人创造出什么，在意自己的目标和方向。他们是大学校园中过着物质贫民生活的精神贵族，是敢拿自己来冒险的个人。他们今后定会成为社会中真正的精神引领者，成为民族的精英，时代的骄子。即便他们依然过着平民式的普通生活，但精神上、知识上、能力上的宝藏却是无穷无尽的，他们依然是精神贵族，满足地享受着自己的幸福。

如果残酷的高考和人人向往的大学生活最终锻造出一群好吃懒做、精神空虚的物质贵族，这不能不说是一种不幸，甚至是一种灾难。然而改变这种不幸不可能单单依靠教育制度的改变，最重要的因素应取决于大学生本身。为了对自身负责，对社会负责，对未来负责，每一个有抱负有思想的大学生，都应当把做精神贵族作为自己永远追求的目标。这样才能实现我们曾经努力拼搏的价值和上大学的意义，否则我们与伸手乞食的乞丐又有何不同呢？

【点评：作者显然不是一个"两耳不闻窗外事，一心只读应试书"的书呆子。她是原来六班的团支部书记，如今学习的是理科，但仍旧十分关注社会人生等问题。她是《北京青年报》的通讯员，经常写一些有关青年热门话题的观察与思考的文章。】

范文 2　　　　　　　　　　我的大学观

王　曦

真幸运，在我还只是个小女孩的时候，便得到了如此美丽的礼物——清华大学附中的录取通知书。不仅仅是因为我将成为梦想中的学校的一员，也因为我将与所有的莘莘学子所向往的学校——清华大学，在距离上又接近了一步，可以真真切切地感受那一份丝毫不被世俗所浸染的"清华境界"。

"清华境界"，说到底就是一种以"自强不息，厚德载物"的精神为代表的人生境界。梅贻琦校长曾提出要培养学生们"知、情、志和谐发展的健全人格"。正是秉承着这样的原则，清华大学作为我国乃至世界的名牌大学，独步于世俗之外。

大学是高等教育的实施场所，也是知识精英的荟萃之地。"学生在大学里不仅要学习知识，而且要从教师的教诲中学习研究事物的态度，培养影响其一生的科学思维方式。"因而大学的教育不同于高中，它是绝对自由的。记得有一个已经上大学的姐姐告诉我，大学生主要的任务不是学习知识，而是培养正确的价值观和人生观。正如雅斯贝尔斯所讲"教育是人的灵魂教育"。"谁要是把自己单纯地局限于学习和认知上，即便他的学习能力非常强，那他的灵魂也是匮乏而不健全的。"他也将不会成为一个精神贵族。蔡元培先生也说过："大学并不是贩卖毕业证书的机关，也不是灌输固定知识的机关，而是研究学理的机关"。大学生活，作为青年人走向社会的过渡阶段，是使其文明开化的唯一途径，所以"对大学岁月的重要性是怎样估计也不过分的。"

然而令人遗憾的是，在市场经济的喧嚣中，越来越多的学校变得商业化，教育也危险地被当成产业来经营。大学的理想和观念对青年的成长和一生都起着很强的示范和指导作用。它引导大学生如何求真求善求美，"告诉他们，有一些问题应该被每一个人思考，但是在日常生活中却没有人问也不可能有答案。"如果过早地把学校变成小社会，我以为，只会让本该朴素的学生过早地变得世故、低俗。如果人人都这样，连大学校园这一块仅有的净土也没有了，哪儿还有"向往中的老师和同学"？哪儿还有"共享友谊的朋友"？又怎样"彼此触及灵魂深处"？谁又会有权"指出卑俗的存在"？虽然我只作为一名高二的学生，但我所追求的大学生活是古朴的，不被世俗羁绊和污染的。我追求的是高雅的大学生活，在那里，我能够体悟学习的真谛所在，能够探索生命的真正价值，能够感受来自灵魂的每一次颤抖，能够景仰超拔世俗的人生风范……

我对大学生活仍然是非常向往的，我相信每一个大学都保留着自己的境界，"只要给予适当的理解，今天的大学仍然是我们这个时代人类社会和友情会聚的场所。"

【点评：作者的向往是真诚的，因而她的思考也是严肃的。她引用了清华大学和北京大学这两所中国的顶尖级的名牌大学校长的名言，可见其思考之深。另外她还引用了我的一个说法：清华境界。她高一时候并不是我的学生，但是她从网上查到了我的清华境界说。我们完全有理由相信：这样的高中生，肯定会成为大学生中的精神贵族！】

范文3　　　　　　　　　**为成为精神贵族做准备**

梁　雨

　　从幼儿园的时候就开始听大人们说"好好学习才能考个好大学，考上好大学才能找到好工作，找到好工作才能过上好日子"。开始我对这句话有疑问，难道考大学仅仅是改善生活的途径么？没有人回答我。但是看着随着学历的高低变化，挣钱的差距也越来越大，我逐渐地接受了这个似乎是真理的观点。

　　我不得不承认，自己就是抱着这种观点度过了没有读过一本名著、没有翻过一本科普书的6年小学生活的。上了初中，学校成天挥舞着"努力学习，建设祖国"的大旗逼着我们"门门优"。还别说，我还真给逼出来了，我那时候考试老考第一，可是直到上了高中我才意识到自己并不明白上大学的意义和目的。

　　上了清华大学附中，地理上距离清华大学如此的近，让我提前接触到大学。读了这篇文章，心灵上与大学又走近了一步，让我提前认识了大学。我看到了大学的需要："具有追求真理的意愿和准备为之而接受任何牺牲的精神以及对精神世界孜孜不倦的追求"的青年。我看到了大学的任务：因为具有上述天分的人太少，"传授给学生新颖的，合乎自身境遇的思想来唤起他们的自我意识"，引发他们的这种天分，使他们"靠着自己的选择和严格的学习找到自己发展的路"。

　　刚刚走进大学的人，也许大多是知识零散而浅显，目标与前途都很迷茫的一帮大人们所谓的"小屁孩儿"。但是走出大学的人，就应该是知识广博而专精，有了一定方向并做好冒险准备的"有志青年"了。大学是我们从幼稚到成熟的走廊，这让我对大学更加充满了向往。而这向往，绝不会是从前想象的那样：结束劳苦的学习生活，进入轻松恋爱生活的保险箱，而该是走进一个"自我选择，自我挑战，努力工作，好像被召唤去做伟大的事业一样"的神圣殿堂，学习做一个精神贵族。这让我感到欣喜而自豪。上大学当然不仅仅是为了改善物质生活，它更重要的目的是获取更大的精神力量，为我们的生活增添高雅的色彩，把我们带上成为精神贵族的高速公路。

我也曾想过学习的意义。爸爸曾经问过我：你就从没想过"为中华崛起而读书"么？我并不否认民族精神是我们努力的一个动力，但是没有经历过封建压迫与战乱的我们，整天说这句话未免有些唱高调。世界在逐渐成为一个整体，民族的界限愈发的模糊，说什么民族精神，甚至什么"拒用日本货"都是十分狭隘的。我想起高一时，一个比我们小 3 岁的同班同学，说他想为全球的水污染和淡水危机努力做些什么。这个小同学现在的化学相当好，这令我很佩服。为了全人类共同的利益而学习，并真正做出努力，这不比整天唱民族主义高调更加高尚么？

我想，现在的我对大学，对成功大学生的标准以及学习的意义也算有了更高一层的认识。那么我现在的学习就更显现出它的意义了——为成为精神贵族做准备。

【点评：深刻的反省，产生明确的目标。但是，为全人类的利益和为民族的利益，二者的关系要处理好。"拒用日货"当然是狭隘的，但是"爱国主义"还是需要的。这好比共产主义的远大理想和现在的社会主义初级阶段的关系。从某种意义上说，"为中华崛起而读书"，就是为全人类的进步而贡献——解决了全世界 1/4 人口的温饱问题，这不是为人类做贡献吗？因此，不是你的父亲唱了高调，而是你唱了高调。】

范文 4　　　　　　　　　**我们在寻找什么**
赵更息

读了这两篇文章重新点燃了我对大学的憧憬。之所以说"重新"，是因为我曾对大学生活感到失望。我还在读高二，但这并不能说明我对大学生活一无所知。我有幸在初二就认识了一个姐姐和一个哥哥，那个时候他们都已是大二的学生，因为他们，大学之于我不再神秘，反而更多的是失望。

他们在两所名校，可却不约而同地告诉我上大一后感到巨大的心理落差，大学生活与心目中所想相差甚远。起初我不理解，但三年多来随他们出入校园，接触了许多哥哥、姐姐，也曾和他们一块儿在大学里上自习，所见所闻多了，渐渐理解这"落差"二字的缘由。

如今的学生为了学习忙碌，从小学开始忙，忙着考个好初中；上了初中更忙，忙着上个好高中；上了高中便没有理由不忙，因为前面所有的忙都是为了进入一所好大学，如果现在不忙，以前岂不白忙？而上大学又是为了什么？会有人告诉你，是为了学好专业知识，找个好工作，将来不愁吃穿。我想问：难道这就是我们的人生目标？这就是我们接受教育的目的？这些人是怎么了？

越来越多的人开始不再这么想，然而仍有太多的人陷入这种卑俗的泥沼无法自拔，所以就会有人在进入大学的同时感到迷惘：如果说以前的全部努力和唯一目标就是上大学，那现在上了大学我要干什么呢？这样的疑问得不到回答，而大学又有充足的时间可供支配，于是他们在无所事事的前提下开始"堕落"，打游戏、看电影、上网灌水、在外游荡，同时一遍遍地喊着"郁闷"。（正是精神空虚的后果。）"他们不能感觉生活中正在缺少什么，不能感觉一种真实的呈现和一种意识扩张的表现之间的区别，不能感觉无聊的伤感和高尚的情操之间的差异"。

再来看看那些为了实现自我升华而走进大学的人，他们"总是潜心地寻觅理想并时刻准备接受它，但当他们从教师那里得不到任何有益的启示时，他们便感到理想的缥缈和希望的破灭而无所适从"，他们"寻求到处可得的启迪，不能辨别什么是精华，什么是糟粕；什么是见识，什么是宣传"，也许还意味着"他们没有办法抵制广为流行的'角色典型'，不知不觉把周围的医生，律师，商人或电视人物的角色表演出来……"他们的生活让我感到沮丧，我害怕变成这样的人。

当我读完这两篇文章，我越发感到这种现象的普遍性，但值得庆幸的是，越来越多的人开始思考探索，而我也重新燃起了对大学生活的憧憬！因为书中描绘出了我们心中理想的大学生活，它足以成为太阳照耀我们的高中生涯，而我们追逐太阳——因为想成为夸父！那是一所神圣的殿堂："它是为了一种自为的东西而存在"，我们朦胧的渴望可以得到反响，也会突然意识到在以往所知晓的世界外还存在更为广阔的天地，从而感受到作为人类的一分子是多么美好；它提供自由探索的空气，保护传统，并蕴涵奇迹；有让我们爱戴并激励我们的楷模，有心中存有共同利益的朋友；我们对超越我们的事物怀有深切的渴望并可以感觉到自己被召唤成为最伟大的人。

我相信，在这样的大学里，我们终将成为精神的贵族！

【点评：没上大学就先失望，比上了大学再失望好。对现实的大学有怀疑，比对现实的大学没有怀疑好。因为失望也可以成为寻找的动力；怀疑也可以成为追求的起点。但是，我要提醒的是：这样完美的大学，在现实中的确是稀有的，真正的理想大学，在自己明确了目标以后的追求之中。】

范文 5　　　　　　　　　　　　　**高墙倒了**

周　元

世界上还存在着另一种高墙，便是大学的高墙。这种墙与平时人们所特指的那种"高墙"有着同样的威严。我自小就生活在大学的高墙下，对大学的每一个角落都了如指掌。对那些可以自由出入图书馆的大学生们，我是很羡慕的。然而不知为何，我总觉得这个美丽的校园似乎缺少一点什么味道。

随着年龄的增大，我忽然发现自己所生活的这所大学是每年全国百万考生所心仪的地方。这事实让我感到不解——这里仅仅是一个世俗的地方：家庭主妇会因和商贩讨价还价而指着鼻子骂人，邻居会因我晚上练琴到九点而狂敲暖气管，大学生们会因年轻的血性而把自行车骑得横冲直撞，甚至教授们也会因学校对某个物质利益没平均分配而气得大吵大闹，如茵的绿草地上时而还会飘扬几面"白色的旗帜"……然而，每到节假日校园里便会挤满前来参观的人流，其中大多数是对它向往的中学生。渐渐地，曾经的不解消失了，我也开始对这所大学的高墙向往了起来，尽管我日夜生活在有形的高墙里，然而只有进入了无形的高墙，我才是一个成功者——无疑，在中国谁要是能进入这所大学无形的高墙，那绝对意味着他走过的 18 年是成功的！尽管我并不清楚到底成功在哪里。也许就是和进入大学的其他学生一样，可以学好一门专业知识，拿到一个名牌大学学历，找到一个好一点的工作吧。

当从师长那里理解了什么是真正意义的大学之后，我便有了一种感觉：高墙倒了！苏格拉底式的大学在现实的大学中已不存在，哪怕如我所生活的这样一所一流的大学，幼时对这所大学的认识并非是完全歪曲的。任何一个表面现象都可以揭示其内部的一部分本质。如今的大学确是一个世俗的地方，不合理的选拔方式加上大规模的扩招普及，使大学成了一个鱼龙混杂的地方。高墙倒了，大学已不再独有培养精神贵族的专利。尽管大学仍然存在，但培养出来的更多的是工匠；我们上大学的动机也未减弱，但大多数人的目的却是可以学好一门专业知识，拿到一个名牌大学学历，找到一个好一点的工作。

高墙倒了，而精神贵族确实是存在的，而且做一个精神贵族已非大学生的专利。任何一个人，从任何时刻开始，都可以成为一个精神贵族。他可以是一个没有进过大学，但拥有精神家园的人；他可以是一个上过大学却并没有成为一个精神贵族，而在某天忽然发现自己本应该成为精神贵族的人……

高墙倒了，不要等到上大学再给自己加封精神贵族，也不要因上大学时没有被自己封为精神贵族而懊悔，更不要认为正在上大学的自己就真的是一个精神贵族。

附言：我丝毫没有贬低大学的意思，因为普及大学这个观念已经在社会中形成了。事实上，我们上大学的确是出于实用的目的。

【点评：作为有幸学习或者居住在清华园里的中学生，能够保持清醒头脑的实在不多。但清醒也有两种：一种是清醒地奋斗，竭力考入这所大学，以图谋个好文凭，将来找个好工作。另一种清醒即是像周元这样：既要努力考上这个名牌大学，又要真正把握她的精髓，走进她的境界深处，成为一个精神贵族。】

范文6　　　　　　做一个精神贵族
贾璐璐

大学也是一种学校，但是一种特殊的学校。每一个大学生都应该是一个精神贵族，敢冒风险，静听内心细微的声音，并随着它的引导走自己的路，会昼夜不停地思考并为此形销骨立。

而现实社会中，大学林立，大学往往投大众所好而赚取更多的钱，大众却往往只注重那些有实际用途的东西，因而本来应是生存在永无止境的精神追求中的大学，也变成了普通的学校。

想想自己，还在为"分"而劳神苦思，形体消瘦，每天只沉浸在"背书、做题"中，自己的脑子里充满着别人的思想，充满着定理、公式，而没有留一丝一毫的空间给自己的理想，从未想过要自我选择，自我挑战，自我证明，就像没有个性、不敢冒险、缺乏自我意识的精神附庸，总想着努力学习就会有个好工作，总依赖于别人的指导监督而不自己开动脑筋。读到这篇文章，使我思想的大门洞开，前方洒满了精神的阳光，真真感受到自己在被召唤成为最伟大的人。

真正的好大学、好老师少之又少。有些老师不与学生产生互动，只是把知识全盘交给学生，只是上完课就拍拍屁股走人；有些学校只是把学术限制在可了解、可学习的范围内，只是注重表面上、实用上的充实。这样，敢拿自己来冒险、充满想象力、对精神世界孜孜不倦追求的真正的大学生们，便会感到理想的缥缈和希望的破灭而无所适从。而我们，何其有幸在清华大学附中学习，何其有幸遇到赵谦翔老师这样的良师益友，传授给我们新颖的合乎境遇的思想，唤起我们心灵的日出。

真正的大学生会在为精神发展不可缺少的困难和错误之中，从大学广阔的学术天地里，靠着他的选择和严格地学习，找到自己发展的路；真正的大学生能主动地替自己定下学习目的，善于开动脑筋，并且知道工作意味着什么。虽然现在的我还不是一个大学生，但我要向着真正的大学生努力，如果等到上了大学，成为大学生，再考虑怎样做一个真正的大学生，那恐怕为时已晚了。

凡是精神贵族都是珍品，都是从各阶层中产生的，其本质特征是品德高尚、个体精神的永不衰竭和才华横溢。精神贵族只是少数人，而我会努力去做那少数人中的一个。

【点评：可贵之处有三：对自己现实学习态度的深刻反省，对绿色语文的由衷喜悦，对精神贵族的不懈追求。】

范文 7　　　　　　　　我会成为一个精神贵族
刘雅蕴

在这里，精神贵族的意思是每个人对自己严格要求，本质特征是品德高尚、个体精神的永不衰竭和才华横溢。而在我的字典里，精神贵族就是：能充分动员精神力量并能驾驭自己的精神向最高贵的理想奔驰而不是让精神失去控制、坠下低俗下贱的深渊中去的人。

我认为，能否充分调动自己的意志，展现出人类无穷的精神力量并驱使精神走向高贵才是最重要的，也就是能否绝对严格地要求自我。至于才华横溢，那是早晚的事，而品德高尚和个体精神的永不衰竭是精神力量爆发的必然结果。像本文说的，这样的人必须具有动员精神力量的天分。他们极善于开动脑筋，以至于他们在很小的时候就能确立自己的高贵理想，继而为自己定下学习目标、计划。他们丝毫用不着家长、老师及社会舆论等自作聪明的教诲与督促。事实上，这些成年人在这方面实在比不上小孩。他们看上去整天玩，不知学习，与没有这种天分的孩子们玩在一块儿，大人那自作聪明的督促声是最让这帮聪明的小人儿讨厌的了，因为他们那使大人们吃惊的、先知般的头脑早已安排好每天的生活、学习和玩耍的比例，这些他们早已胸有成竹。他们难道称不上精神贵族吗？难道非得才华横溢吗？他们的精神力量早已超过许多大学生和成人了。

以上这些都是我的感受。我现在称不上精神贵族，以前也称不上。但我在安排学和玩的计划方面已经可以达到胸有成竹了，不然的话也没有讨厌大人瞎干预的感受。但我在严格要求自己这方面还很不够，经常违背自己对自己说的诺言，毁掉自己的计划，而不能绝对地强制自己履行计划。这缺点始终是我成为精神贵族的一个大坎，不迈过这个坎，我就永远不能成为一个真正的精神贵族。有一本科幻小说中的一个外星种族的精神力量强大到了如果违背诺言就会精神崩溃以致死去的地步。我常想，如果我能以这种严格程度的一万分之一来要求自己，我就会成为最伟大的人。

一个没有这种天分的人，如果受不到正确的教育，他的精神世界会永远是一座死火山。我既然有这个悟性，已经知道了我与精神贵族之间还差些什么，那就严格要求自己吧。火山的爆发是迟早的事，请拭目以待。

【点评：这就是刚才梁雨提到的那个比同班同学小3岁的有志学子。他对自己的学习状况做了全面的分析，既看到了自己的优点又查找到自己的最大缺点，最后满怀信心地请我们拭目以待。"精神贵族"的特权，仅仅在于"严于律己"，他们是那种自省自强的人，而不是那种狂妄自负的人。"物欲世界"的不懈追求，最终将导致个人的腐化堕落；心灵世界的无限追求，最终将提升个人的人格品位：使个人幸福，也给他人幸福。

我是他高一时的班主任，最初开学时他的确有些幼稚，但他历来都很天真，而今年进步更加明显。特别是分班后，一点也不气馁。"青春读书课"上得十分用心，心灵日出蒸蒸日上。对他的成功，我深信不疑！】

范文 8　　　　　　　　　　耕耘精神的田野

王　锦

　　越发快速的生活节奏将我们的心灵越烘越热，何时多了一份浮躁？少了一点冷静？花样年华的我们，是否在渐渐变成一个学习机器？是否已不再能感觉到无聊的伤感和高尚情操之间的差异？是否依然在要求努力之后就一定要成功？是否终日忙得昏天黑地却碌碌无为？是否淡漠了对高尚的崇敬、忘记了对伟大的追寻？是否在不知《十日谈》、奥德修斯、"布兰诗歌"之余，还依旧自我感觉良好？做一个精神贵族，难道仅仅是对大学生们的要求吗？对于无意中荒废的精神田野，还要等多长时间才去播种？

　　子曰："学而不思则罔"，终日埋头于题海，有多少人曾经想过"我是谁？""我从哪里来？""我活着到底为了什么？"我们只追求考卷上的满分，可对于自己的人生价值又何以测量？或许我们缺少一些冒险精神，畏惧攀登理想的巅峰；只能站在山脚下遥望，心中缭绕着畏惧困难与失败的迷雾。一个人追求的目标越高，

革故鼎新，从诗入手

他的才能发展得就越快，对社会的贡献也就越大。如果我们连"追求"都不敢，还谈得上什么成功？面对失败，能否做到坦然？"失败乃成功之母"，说来容易，可又有多少人坦然接受过这位可亲可敬的"母亲"呢？你是昼夜不停地思考疑难并为之形销骨立？还是要求工作与自由的时间分开？对于生活，我们是否真正的投入，从中找到乐趣而废寝忘食？也许这就是伟大与平庸之间的难以逾越的一小步。生活要时刻有紧迫感，不能放松意志，软化心灵。忘记思想中的闲适，时刻打造新的自己。在日常生活中，我们是否"只相信此时此地的事物"？旧的理论与观念是否常常驻足于我们所谓"新的大脑中"赶也赶不走？终日里把"创新"挂在嘴边，但又不曾发现迂腐陈杂的旧货堆满了我们的容身之所，清扫我们的精神小屋已经迫在眉睫。

我们常有"少年维特之烦恼"——不可回避的人生观、价值观等问题，我们该向谁请教？良师的教导会开化我们的一生。此时，书籍凸显出它不可比拟的价值。"读万卷书，行万里路"，书籍可以帮助我们开阔视野，更是我们耕耘精神田野的最佳工具。读书有三到："心到、眼到、口到，三到之中，心到最急"。将读书与思考结合起来，畅游于古今中外，与伟人对话交流，耕耘我们的精神田野，美化提升我们的心灵世界。

【点评：提出了许多问题，这些问题的思考与解决，就是在精神的田野上耕耘。读书，就是我们的最佳工具，就是我们的良师益友。】

讲评总结：

遗憾的是，现在"读书人不读书，教书人也不读书"。许多老师和学生不再读书，那么他们在干什么？他们"两耳不闻窗外事，一心只解应试题"！所以，你们各位就是从应试教育的樊笼里冲杀出来的勇士，你们就是当今中国同龄人中"精神贵族"的先驱，你们完全有资格为此而骄傲，而自豪！

什么理科班，文科班，龙班，实验班，重点班，普通班，我们这一群将组成一个打破班级界限、没有班额限制、只有心灵相通为标志的特殊班级，就叫"精神贵族班"！参加这个班的唯一条件：自觉上好青春读书课，真心向往精神贵族——哪怕他现在距离精神贵族的标准还有十万八千里！

二、绿色诗歌鉴赏

（一）旧体诗习作教学案例

1. 习作指导

马年岁末赠爱子赵旭

赵谦翔

百年罕见雪，北京遇奇寒。南雁携春风，飞来清华园。

赠衣护身暖，馈巾开心甜。欣慰因子孝，珍贵非在钱。

亲子亦弟子，生父施教严。鲜供温室热，屡降北极寒。

幸尔识真爱，自强无怨言。辗转京豫沪，自立在马年。

成人更立业，宿梦终得圆。慈母黄泉下，悲喜泪如泉。

父慈子孝，师严生贤

捕捉动心的瞬间，放大动情的细节，锤炼贴切的词语，运用学过的手法，创作真情的诗篇。

体裁：五言或七言古风。

题材：有强烈进军清华之志的，不妨借清华风物抒怀；此外也不妨写亲子情、朋友情、师生情……

意义：学写旧体诗，有利于养成炼字、炼句，合辙押韵，借景抒情，托物言志，起承转合，布局谋篇的功夫。当然，也是修养身心的好途径。优雅的笑之花，是降低"高血压"的特效药；清澈的泪之泉，是清除心灵污染的洗涤剂；真诚的思之果，是疏通"脑血栓"的万灵丹。让诗歌为我们的生活充实一点人情味儿、艺术味儿，冲淡一点功利味儿、金钱味儿吧！

提高遣词造句、布局谋篇能力的根本之道，是在思想情怀的陶冶中，不是在范文章法的模仿中；是在精雕细刻的锤炼中，不是在天马行空的涂鸦中；是在学生自得其乐的感悟中，不是在老师天花乱坠的灌输中。

2. 自我讲评

范文 1　　　　　　　　　　**情人节有感**

陈　旭

年年此日花价长，岁岁今朝燕飞双。适逢青春正年少，何人不思凤求凰。
莫叹歪瓜无人赏，不羡青果恋爱忙。呼来白云做情侣，伴我闯荡竞技场。

推敲诗句心得

陈　旭

通过这次对古体诗习作的修改，我又一次体会到朱光潜先生所说的"更动了文字，实际上就是更动了思想感情。"

此诗第三联更动最大。原诗意为"可爱又可怜的我没有人欣赏，但没有人欣赏又能怎样呢？""又何妨"本是从苏轼的"何妨吟啸且徐行"化用而来。初读苏轼这首词，对"何妨"一句喜欢得不得了，时时低吟玩味东坡晚年看破世事的洒脱和

"不以物喜，不以己悲"的胸怀。"何妨"二字是何等的气度！于是我便就此二字编出一句"无人采撷又何妨"，以模仿苏轼的胸怀和气度。仅有此句还不顺畅，于是我又编了上句"可怜歪瓜无人赏"，便使诗上下连贯起来。

然而，尽管语言顺畅多了，但通读之后总感觉像是一个脆弱的男孩被无数女孩拒绝无数次后的无奈慨叹！在此走投无路、别无选择之际，突然冒出一句"又何妨"，就更像是苍白的自我安慰。其实这实在不是我的本意啊！"莫叹歪瓜无人赏，不羡青果恋爱忙"才是我的初衷。

由此可见，不能单纯地模仿文字，更不能机械地模仿感情，现成的词句、别人的情感移到自己的诗中不一定好。不以词害义，用自己的手抒自己的情，这才是作诗的真谛。"莫叹""不羡"之后，推出"呼来白云做情侣，伴我闯荡竞技场"两句，也自有一番属于自己的胸怀和气度。

——这便是我的作诗心得。

范文 2   **冬   梅（初稿）**

张 旭

彭泽黄花随秋逝，弥天飞絮压寒城。千般肆虐风卷雪，一枝挺立逞豪雄。
柳骨虬枝托凝冰，梨蕊香魂散严冬。最是一年冬好处，北地风里赏玉容。

冬   梅（修改稿）

张 旭

彭泽黄花随秋逝，弥天飞絮压寒城。千番肆虐摧百草，一枝挺立秀群松。
龙骨虬枝托冰雪，梨蕊香魂傲严冬。最是一年冬好处，朔风狂里赏玉容。

谈   炼 字

张 旭

写诗贵在深意趣，意趣贵在富情理，情理贵在善言辞。所以学诗，已不仅仅是写文章，求"情信"而已，它需要更多的"绝妙好词"。最近我写了几首小诗，都是托物言志类的，都达到了"情信"、意境统一的要求，但是在炼字上，我的语言艺术还很不到家。下面我就以写作《冬梅》为例，谈谈自己对炼字的体会。

在修改稿中，"摧百草""秀群松""龙骨""傲"替换了原有的"风卷雪""逞豪雄""柳骨""散"。可以说，这些改动都对我有很大帮助。这些词语的变化，实际上是诗的主题的变化。"风卷雪"强调的是风雪，而非冬梅；"摧百草"强调的是环境的恶劣，更加突出冬梅的高贵。"逞豪雄"固然有气概，但流于平白；"秀群松"既有气势，又不失实在、文雅。"龙骨"是对冬梅在寒风里"曲而不屈"的赞美；而"柳骨"则其气节尽渐灭矣！国画大师徐悲鸿说过，人不可有傲气，但不可无傲骨。冬梅虽不是人，但它的傲骨却使它成为"岁寒三友"之一，如何能散于严冬？由此观之，写诗不能不注重遣词造句。

朱光潜先生的《咬文嚼字》给我们做了很好的范例。他要求我们对一字一句都要有一丝不肯放松的谨严。这确实是字字箴言。在我们学过的课文中，春秋笔法的"一字见褒贬"最为了得，它可算是炼字的高峰了。杜甫有言："寻章摘句老雕虫"、"语不惊人死不休"。这些事例都告诉我们要注重炼字。

诗化的感情要靠诗化的语言表达，有诗意的诗未必是好诗的原因就在于此。因此，写诗的时候，一定不能忘记炼字，一定要精益求精。

范文3 　　　　　　　　　　**风　烛　吟**
张婉奇

嗖嗖西风陋室穿，幽幽烛火映窗寒。轻烟袅袅光欲灭，中心摇摇人不眠。
纵有烛台固身紧，怎奈旁骛凝神难。萤火微小尚持久，风烛硕大不保全。
人生在世亦如此，心猿意马事成难。学子观此当有悟，功在宁静方寸间。

情景并茂是真境
张婉奇

首先，对比这首诗的初稿和定稿，最大的变化是标题由初稿的"烛光吟"改成了"风烛吟"。虽只一字之差，造境却截然不同。相比之下，"风烛"较之"烛光"更为形象而深刻。"风烛"二字，自然让人联想到风吹之下摇摆不定的烛光，而风烛的晃动，则又象征着人心的恍惚难安，透出了烛光与人心的那份神似！而"烛光"二字则并无此意。

其次，初稿中第四句"中心摇摆影颤颤"原是清一色的描写烛光，但将"影颤颤"三字改为"人不眠"之后，则既描写烛光，更象征人心，将烛光之动与人心之乱融为一体，造境更胜一筹！

再者，初稿原是"虽有烛台紧相连，心驰旁骛神难还。"改为"纵有烛台固身紧，怎奈旁骛凝神难"之后，虽然意思相差无几，但"固身紧"与"凝神难"形成了鲜明的对比，更突出了"紧"和"难"，更突出了风烛之摇动、人心之不定！表情达意甚妙！

这几处文字的改动，既有利于形象地写景，又有利于生动地传情。情景并茂，为原作增添了不少诗意。

范文 4　　　　　　　观雪中松有感
廖树仁

万物凋零风雪中，四望碧绿唯有松。或赞一岁一枯荣，岂敌常年万世青。
学子愿效常青树，荣辱不惊方寸宁。题海狂澜全不惧，会当笑傲六月中。

咬文嚼字之后
廖树仁

这是我第二次写旧体诗。而此次意义更大，因为大约一百天后，我将面临人生的一次重大转折——高考，这首诗将伴我走过学生时代最艰苦的日子。鉴于此，我特别认真地写作了这首诗。

我喜欢"岁寒三友"，尤其喜欢松，因为松是一种精神。孔子曰："岁寒，然后知松柏之后凋也。"松也是一种品格，李白诗曰："为草当作兰，为木当作松。"正值大雪过后不久，触景生情，便作了这首诗。这首诗的初稿把我的心志大体表达出来了，可遣词造句方面还颇为幼稚。我们已经学过朱光潜先生的《咬文嚼字》一文，明白了咬文嚼字的意义不在于简单的粉饰而在于调和思想情感的道理。道理虽懂，可实际做起来，真是很难。

首联原是"顾看"，顾者，看也。"顾看"二字意思重复，显得累赘。老师改成了"四望"，"看"的动作有了，"看的方式"亦有了。

颈联原是"治学应效常青树"。细一揣摩，似乎有劝诫别人的意思。老师将其改为"学子愿效常青树。"意味就变了。既有了明志的意思，也符合我的身份和我真正要表达的意思。

尾联中原句是"滔滔题海砺心胆，只待笑傲六月中。"老师将其改为"题海狂澜全不惧，会当笑傲六月中。"原句中没有豪气，改后"全不惧"三字便足显豪气，显现了自己身处题海的镇定与英勇无畏。"会当"二字，语出杜甫"会当凌绝顶，一览众山小。"用在此处，写出了我的决心和信心；且"会当"一词也文雅。

此次修改旧体诗，是学习朱先生《咬文嚼字》后的一次语言训练，问题虽多，但收获不少。感谢老师的精心指正。

范文5

鲲　鹏（原稿）
金橙橙

少年即怀英雄梦，青春立志奔前程。
惊涛骇浪乘鲲跃，风起云涌驾鹏行。
扶摇千丈上青云，击水万里撼龙宫。
乘风破浪舞天地，清芬挺秀屹岱宗。

16岁自勉（定稿）
金橙橙

儿时即有鸿鹄志，青春整装上征程。
惊涛骇浪乘鲲跃，风起云涌驾鹏行。
扶摇九万上青云，击水三千撼龙宫。
乘风破浪骋天地，清芬挺秀矗岱宗。

创 作 谈

金橙橙

　　这首七言律诗是我创作的第一首旧体诗，我借此来表明自己的远大志向。原稿中许多字词使用不够精当、凝练，表情达意存在问题，经过老师的指点和反复修改才基本成型。首先，原稿的题目就颇为不当。文中虽有"鲲鹏"的意象，但并非句句不离"鲲鹏"，实以此为喻勉励自己，故"16岁自勉"更贴近诗的中心内容。接着，原稿中首句为并列关系，语意重复啰唆，"少年""青春"同义，"怀青春梦"与"立志"同程度，而修改后"儿时""青春"表明时间层次，"有志"与"整装上征程"表明立志与立志后的行动，为递进关系。下句中的"乘""驾"经反复修改后保持原稿，意在强调"我"的主动动作。"千丈""万里"平铺直叙，而"三千""九万"则引用历史典故，以虚数表明极高与极远。原稿的最后两句中"舞"缺乏力度，"屹"偏重状态，而定稿中的"骋""矗"则表现了鲜明的动态意象，显得豪迈有力。

　　通过这次旧体言志诗的创作与修改，我逐渐学会根据诗的结构与思想内容炼字用典，努力营造诗的意境与氛围，用极精练的语言构造形式与内容上的双重完美。

3. 讲评总结

诗

捧剑仆

青鸟衔葡萄，飞上金井栏。

美人恐惊去，不敢卷帘看。

　　一只青翠的鸟儿，衔着一串晶莹碧透的葡萄，飞上金碧辉煌的井栏。青翠的冷色，衬以金黄的暖色，浓淡得宜，给人以静谧秀丽的美感。"美景"中衬以"美人"，写美人又突出天真善良的"美情"——自然美与人格美交相辉映，象征着一种自由幸福的生活理想。

　　作者善于捕捉生活中的美，通过想象的加工，升华为更高更理想的艺术美。这再次证明了罗丹的名言："美是到处都有的。对于我们的眼睛，不是缺少美，而是缺少发现。"

　　这首诗的名字取得好，就叫作"诗"。试想，如此生动的画面，非诗而何？如此鲜活的情感，非诗而何？如此"余音绕梁三日不绝"的韵味，非诗而何？

　　这位诗人的名字叫得奇——"捧剑仆"。无姓无名，只有"捧剑"之业务和"仆人"之身份。但《全唐诗》上记载他"尝以望水眺云为事，遭鞭棰，终不改"。观其痴情苦吟之态，比起《红楼梦》中的"诗疯子"香菱来，也毫不逊色。一男一女，两个粗人，倒成了"诗意地栖居"的最好注解。这再次证明了：诗不仅是一种文学技巧，而且是一种生存方式。它不仅是诗人的，而且是人类的。

2003 年 2 月 20 日晨

（二）学生的创作欲是怎样被激活的
——推荐赵谦翔老师的一节诗歌写作课

全国著名特级教师　赵　明

　　当不少人正在为中学生能不能写诗歌、该不该写诗歌而争论不休的时候，我们在课堂上却看到了令人惊喜的情景……

　　清华大学附中著名特级教师赵谦翔老师在全国中学语文教学研究会"创新写作教学研究与实验"课题组举办的一次写作教学观摩研讨活动中，上了一节诗歌创作指导课。这节课上得别开生面，颇有新意，很值得介绍给大家。

　　铃声响起，赵老师走上讲台。面对陌生的学生，他缓缓道来："今天我要教同学们怎样写诗歌，但我不想从什么是诗歌讲起，让我们先来研究一下什么不是诗歌。"说罢，赵老师在黑板上写了下面四句：

　　　　天地一笼统，井上一窟窿。
　　　　黄狗身上白，白狗身上肿。

然后，赵老师让学生发表意见：这是不是诗？学生有说"是"的，有说"不是"的，但都讲不出多少道理来。在此基础上，老师表明了自己的意见：这不是诗，因为它没有创造出一种意境，没有表现出某种感情。

那么，什么是诗呢？赵老师转身在黑板上又写下四句：

青鸟衔葡萄，飞上金井栏。
美人恐惊去，不敢卷帘看。

学生似乎受到老师的启发，纷纷试探着从意境和情感的角度，来判断这是一首好诗。老师则提升了学生的观点，指出这首诗好就好在细腻地刻画出了美景、美人、美心，既咏物，又咏人，读了不仅让人赏心悦目，而且有很大的想象空间。

"别人的诗写得很好，我们能不能也写出一首诗来呢？"学生有面露难色的，有跃跃欲试的。赵老师在黑板上写下第三首诗：

独坐池塘如虎踞，绿杨荫下养精神。
春来我不先开口，哪个虫儿敢作声？

老师在引导学生对这首咏蛙诗做了细致的赏析之后，特别说明："这是毛泽东13岁时写的一首诗。我们呢？都十六七岁了，不想写一首吗？"学生被老师挑逗得有些心痒痒啦！然而，赵老师并未罢手，又写下第四首诗：

咏 华 山
寇 准

只有天在上，更无山与齐。
举头红日近，俯首白云低。

此诗一出，学生一致叫好。老师不无用心地说："这可是寇准9岁的时候写的呀！"学生惊叹得"啊——"了一声。老师更进一步："大家说，这首诗怎么个好法?"课堂上像开了锅,同学们争先恐后地发言,水准显然比开头提高了好多,竟也能分析得头头是道,蛮有说服力的。

这时候,同学们已经是手痒难耐、火烧火燎了。老师水到渠成地轻轻一转:"怎么样?写一首试试?"课堂上一片宁静,"诗人"们的胸中却涌动着诗的波涛……

5分钟过后,就有人举手要朗诵自己的诗作。八九分钟过后,手已经举起一片。下面是学生当堂写的几首诗:

咏 粉 笔

一生只一根,终得粉碎身。
不为汗青名,留得知识存。

石 间 草

野草生石缝,夏至初长成。
风雨何足惧,枝叶郁葱葱。

鹰

雄翅劲羽搏风霜,利爪金喙称霸王。
管它飞禽与走兽,万里晴空我独翔。

述 志

年轮已二十,不堪为栖架。
愿鞣以为轮,伴君行天下。

……

老师在对学生的创作给予充分的肯定和鼓励之后,又把海德格尔的一句话送给大家:"人类的本质就是,诗意地栖居在大地上。"勉励同学们不仅要学会欣赏诗,还要学习写诗,更要创造诗一样的人生。

回味赵谦翔老师的这一节课,有以下四点值得咀嚼。

第一,反弹琵琶,不同凡响。讲诗歌从"什么不是诗歌"开始,走偏锋,出奇兵，绕道背面，直捣中心，强似虚拟情景的导入新课。教学目标的出现也与众不同，下课前才告诉大家这节课的目标是"欣赏诗歌，创作诗歌"，同学们会心一笑："我们已经达标了。"

第二，逐层推进，结构严谨。前半节课用四首诗来架构，四首诗的选择颇具匠心；目的只有一个，那就是激励学生，唤醒学生。第一首告诉学生什么不是诗；第二首让学生感知什么是诗；第三首向"我也能写诗"过渡；第四首强化写诗的欲望，终于把学生的诗兴激活了。后半节课主要用来写诗和点评，并从语言技巧、情感态度上加以引导。

第三，指导学生写诗，摒弃从知识讲起的传统教法，引导学生走进诗歌，体验诗歌，获得独特感受，品味诗歌的意境，悟得写诗的技巧。老师只在必要时点拨一下，给予必需的知识营养。

第四，中学生能不能或该不该写诗的问题，似乎并无争论的必要和价值。主张学生不能写诗的人，大概主要是从评分标准的难以确定和难以操作上考虑得更多一些。这当然难脱"应试教育"的干系。从诗歌创作的规律来看，人人都有可能成为诗人。人类文学创作的第一种样式就是诗歌，小孩子接受的第一次文学教育也是诗歌。中学生尝试诗歌创作，不仅可行，而且很有必要。这对于全面提高学生的人文素养和精神境界，的确是不可或缺的一课。

我相信，除了赵谦翔老师之外，还有许多老师已经或正在教会他们的学生读诗和写诗，正在和他们的学生一道创造诗意的人生。

(三)《归园田居（其一）·陶渊明》鉴赏

1. 初识田园景物

方宅十余亩，草屋八九间。

榆柳荫后檐，桃李罗堂前。

暧暧远人村，依依墟里烟。

狗吠深巷中，鸡鸣桑树颠。

户庭无尘杂，虚室有余闲。

（1）诵读田园白描诗句。

（2）设问：所有的人都喜欢这样的田园生活吗？

（学生的回答肯定是有"喜欢"也有"不喜欢"，但即使喜欢的同学也会说"此地不宜久居"。）

（3）总结：久居都市的人，可能出于尝鲜，偶尔在此小憩，但绝不会长住于此。久居乡村的人，或因缺乏审美情趣，或因陷于审美疲劳，也会厌倦这种生活。可是陶渊明却能安居于此，并把这平凡的田园景象描写得如此细腻、生动、鲜活，原因何在？只能到他的内心世界中去寻找。

2. 赏析归田心志

> 少无适俗韵，性本爱丘山。
> 误落尘网中，一去三十年。
> 羁鸟恋旧林，池鱼思故渊。
> 开荒南野际，守拙归园田。

（1）流俗是什么？（做官求禄）本性是什么？（热爱自然）

（2）背景简介："误落尘网中，一去三十年"：陶渊明，29岁初次出仕，做江州祭酒，不久回家闲居；五六年后又做幕僚，为时不长。41岁辞去彭泽令，直至63岁去世，再未做官。在"出仕"与"退隐"的矛盾中，他经历了反复激烈的思想斗争，最终发出决绝的呼唤："归去来兮！"

（3）何谓"羁鸟""池鱼"？（困于官场中的诗人）

（4）何谓"旧林""故渊"？（诗人久违了的园田）

（5）教师辩误："守拙"一词，有教材注释说这是陶渊明的"谦虚"说法，其实不妥。我以为"愚拙"，并非诗人自谦，实乃流俗之讥。面对流俗讥讽，仍然"坚守"不变，就带有一种"让别人说去吧，走自己的路"的战斗意味。

（6）总结：正因为陶渊明是逃脱官场、回归园田的，所以他笔下平淡的田园景物便充满了真挚的情感，因此也就有了浓厚的诗意。

3. 回味田园诗意

揣摩陶渊明的心态，在下列五组诗句后面的括号里填写上恰当的四言短语。

（1）方宅十余亩，草屋八九间。

（茅檐草舍远胜××××）

（2）榆柳荫后檐，桃李罗堂前。

（树环花绕远胜××××）

（3）暧暧远人村，依依墟里烟。

（平淡村落远胜××××）

（4）狗吠深巷中，鸡鸣桑树颠。

（鸡鸣狗吠远胜××××）

（5）户庭无尘杂，虚室有余闲。

（清净悠闲远胜××××）

〔参考答案：（1）组：官府高堂；（2）组：前呼后拥；（3）组：繁华闹市；（4）组：车喧马嚣；（5）组：摧眉折腰。〕

正因为对田园充满了真挚的"情感"，所以陶渊明笔下的"田园"才有了盎然"诗意"。

4. 细品深沉喟叹

久在樊笼里，复得返自然。

设问："自然"的含义是什么？

（既含有"田园"的"自然"，也含有"本性"的"自然"。即是说，陶渊明同时返回了他的"物质家园"与"精神家园"）

5. 课堂读写训练

有人认为：陶渊明与我无关；有人认为：陶渊明伴我同行。你对这个问题有什么独到见解？

请用精诚、精练、精彩的"一言心得"写出来。

6. "一言心得"选评

第一组："无关论"

（1）陶渊明对不同的人有不同的影响，不能一概而论。我觉得，他与我无关。我不赞同他面对污浊官场和社会而选择逃避的态度，面对问题应该勇于挑战。

师评：陶渊明逃避污浊官场，固然消极，但这是不能苛求于古人的。其实，他能不与污浊官场同流合污就已经很伟大了。你如能在未来的官场中坚守清廉、服务人民，当然也是伟大的了，但别忘了陶渊明还有许多宝贵的精神遗产值得我们继承。

（2）人各有志，陶渊明不爱官场生活，并不代表官场生活一无是处。人们可以根据自己的喜好选择衣着光鲜或是衣着朴素，当然也可以根据喜好选择生活的方向。现在的社会是一个物质社会。没有金钱没有权力，将很难生存。不能为了追求一种精神上的崇高而放弃美好的物质生活，去平平淡淡地过一辈子。因此，陶渊明与我无关。

师评：只要是正当的，追求金钱和权力无可非议。但是，绝不能以牺牲"崇高的精神"为代价，去获取"美好的物质生活"。流芳百世的陶渊明和遗臭万年的贪官污吏的区别，正在于此！

第二组："同行论"

（1）我认为陶渊明伴我同行。在喧嚣的尘世，我们的心灵总有疲惫之时，那么，何不去看一看十余亩的方宅、八九间的草屋；听一听深巷中的犬吠、桑树颠的鸡鸣；诵一诵陶渊明的"少无适俗韵，性本爱丘山"？这样，我们会得到精神上的休憩与安宁。

（2）我认为陶渊明伴我同行。纵观一个人的成长历程，谁没个失意的时候？久在都市里生活，谁没个烦躁的时候？面对惆怅与烦躁之时，不妨效仿陶渊明，虽做不到他"绚烂之极的平淡"，但享受内心的宁静便也像净化剂一般净化疲惫的心灵，用田园与本性的安恬，漂净尘世的喧嚣。

师评：以上两则有一个共性：都把陶渊明恬淡的本性，当成了医治高速度、快节奏、大压力的现代生活痼疾的良药。时代有别，但人性无二。这正是前代的精神财富可以涵养我们，而我们的精神财富也可以惠泽后世的原因所在。

（3）尽管陶渊明与我们生活在不同时代，但他的心性值得我们学习。就拿如今的社会而言，我们学习的目标都是为了考大学，这与古人的"学而优则仕"就不谋而合了。尽管这是中国教育体制与人文传统理念致使我们产生了这样的心态，但我们自己有没有可能"不折腰"，做自己爱做之事，真正地为自己而学，为自己而活呢？

师评：由陶渊明在官场中的坚守个性，想到了在应试教育下学子的特立独行。这绝对是一种难能可贵的活学活用。

（4）失意时，结伴陶渊明，让心灵归隐自然，回归本真；得意时，莫忘陶渊明，让心灵沉静平和，莫失本真。

师评：一段文质兼美的心得：用和谐的整句和鲜明的对比，表达了对陶渊明真性情的心仪与追求。

（5）要有陶渊明的精神，即敢于追求本性，走自己的独木桥，不与世俗同流合污。即使做不到，也要以其为榜样。所以，我认为陶渊明与我同行。

师评："即使做不到，也要以其为榜样"说得好！正如司马迁在面对古圣先贤时的感慨那样："高山仰止，景行行止。虽不能至，而心向往焉。"像陶渊明那样的人杰古往今来能有几多？只要我们不懈地学习与追求，这就足以使我们的世界变得更加和谐美好。

7. 讲评总结

陶潜的"人性之光"

拒绝沉迷物欲，坚守精神。

拒绝摧眉折腰，坚守人格。

拒绝随波逐流，坚守个性。

我们身处的"多元化"时代，也是个"追星"时髦的时代。有人追"名星"，有人追"官星"，有人追"财星"……明星滚滚，粉丝碌碌，又有几人能坚守自我的"本星"?！孟子曰："贫贱不能移，富贵不能淫，威武不能屈。"胡适复曰："时髦不能赶。"

可以相信，倘若陶潜陷此"追星"大潮，绝对不会迷失自我。请智者与陶渊明同行！

（四）《望岳·杜甫》鉴赏

1. 诵读全诗

明韵脚，识对仗，析体裁

望　岳

杜甫

岱宗夫如何，齐鲁青未了。

造化钟神秀，阴阳割昏晓。

荡胸生层云，决眦入归鸟。

会当凌绝顶，一览众山小。

（1）赏析总结。

尽管全诗为五言八句，而且中间两联对仗，但句中平仄声调未按格律谐调，而且压的是仄声韵（"了""晓""鸟""小"），故历代选本都未归入五言律诗内，而是归入"五言古诗"，也叫"五言古风"或简称"五古"。

（2）重温五律《春夜喜雨》。

随风潜入夜，（平平平仄仄）

润物细无声。（仄仄仄平平）

野径云俱黑，（仄仄平仄仄）

江船火独明。（平平仄平平）

对仗皆合格律，韵脚皆为平声（"声""明"）

2. 重点词语含英咀华

（1）"钟"的味道：钟，汇聚，例如"钟情"。造化把世间"神秀"汇聚于岱宗，可见其神秀至极，无山可比。

（2）"割"与"隔"比较："隔"，使物体之间出现距离；"割"，用刀锋分解物体。既含"隔"之意，又可令人想见山势险峻仿佛刀劈斧削一般。

（3）"会当"词义辨析：本为唐人口语，即"一定要"。有时单用一个"会"字，如杜诗"此生那老蜀，不死会归秦！"。"会当"解为"应当"不妥，"应当"表达的是事物的"合理性"，而"一定要"表达的是追求的"坚定性"。综观全诗主旨还是"一定要"更为恰当。"为人性僻耽佳句，语不惊人死不休"的严谨由此可见。

3. 赏析《望岳》的结构与意象

（1）结构与内容概要。

远望：青葱、广阔；

近望：神秀、高峻；

凝望：深邃、博大。

（2）泰山"意象"的体悟。

①思考填空：

《望岳》中神秀高峻之泰山，既是（　　　）的写照，又是（　　　）的象征。

②讨论总结：

《望岳》中的泰山，既是（真实泰山）的写照，又是（杜甫理想）的象征。正因如此，岱宗才成为富有意味的"意象"，《望岳》才成为真正意义上的"诗"。

（3）尾联"意象"的体悟。

①尾联设问：

"会当凌绝顶，一览众山小"的深层含意是什么？

②写诗背景：

23 岁应试落第，24 岁赋诗言志。

③讨论总结：

发誓实现自己的伟大政治抱负。正因为借山言志，有所寄托，尾联才不单单是一个登山览胜的决心，而是有"意趣"的诗句，成为矢志不渝实现人生理想的一种诗意表达。

4. 读写训练

写一段描述自己真实梦想的话，恰当引用"会当凌绝顶，一览众山小"的诗句。

5. 习作点评

再大的失败，也只是更进一步跨向成功的顶峰；再多的等待，也只是更好地陶冶我的心胸。不管种下的果实（种子）是否开花结果，总有一天，我会登上我人生的顶峰，体会那"会当凌绝顶，一览众山小"的气魄；总有一天，我会以笑容面对我所有走过的路程，看见"待到山花烂漫时，她在丛中笑"的那份坚韧与执着。

师评：第一个毛病是没有描述自己的具体理想；第二个毛病是引用毛泽东的那句咏梅词，并非体现"坚韧与执着"，而是甘做奉献绝不居功的坦荡情怀。

生命在历史长河中随风而逝，哪怕仍是如此，也曾对着文坛丰碑发誓要"会当凌绝顶"，留下一首"一览众山小"的史诗，这是我的梦想。我要用笔描绘出一个属于天下的崭新世界，让心中的笔化作利剑，割裂光明下的黑暗。

师评：看得出来，你的理想是要当一个伟大的作家，杜甫的诗这样引用也未尝不可。但是，用语不太规范："对着文坛丰碑"，似乎应改为"对着文坛"；"属于天下的崭新世界"表意不明，难道还有"不属于天下的"崭新世界？对黑暗，"割裂"不如"刺穿"好。

我的梦想实而不华，只想当一名生物学家。大千世界，无奇不有，那无数种神奇的生物深深吸引着我。徜徉于山林，虽闻婉转的鸟鸣，但却不知这是什么鸟；游走于溪岸，常见彩蝶戏于灌木丛中，却不知这是什么蝶；漫步在旷野，总能见昆虫飞来飞去，嗡嗡声不绝于耳，却不知这是什么虫。对于那妙不可测的大自然，有太多的问题需要我们去探索。"会当凌绝顶，一览众山小"，杜甫实现了豪情壮志，赢得了"诗圣"的尊称，为何我不可以呢？

师评：看得出来，你这个梦不是心血来潮，灵机一动，而是源自爱好，沉淀已久。语言优美，饱含感情，遗憾的是最后一句话会让人误解你也要成杜甫那样的"诗圣"。建议你改为"为何我不可以成为顶尖的生物学家呢？"。

我有一个梦想，就是做一个写手。倒不是说我不想成为一个"作家"，而是因为"作家"更像是一种职业。做一个写手，是以写东西为乐趣的，而不是一种谋生的手段。虽然我不会把写文章当作职业，但我依然会向着鲁迅一样顶天立地真正意义上的作家顶峰攀登。实现"会当凌绝顶，一览众山小"的目标并不重要，而攀登它的过程才是最重要的。

师评：虽然乐当写手，但依然会以鲁迅为顶峰，这是很高远的目标；而实现"目标"并不重要，攀登它的"过程"才是最重要的，这是很深刻的见地。

我的梦想是当一名警察，维护社会治安，为人们服务。为了自己的理想，必须要不断努力，在各方面强化自己，正如杜甫所说"会当凌绝顶"。当我在实现理想后，会成为受万民爱戴的警察，要把有限的生命投入到无限的为人民服务中去，这时便会有一种"一览众山小"的感受了。

师评：想当一个"万民爱戴的警察"，这个理想既平凡又伟大。但引用杜甫的两句诗有些不当，不是说两句不可以分开引用，而是所引诗句的前言和后语，都与诗句不相关。刚说完"在各方面强化自己"，紧接着就说"正如杜甫所说'会当凌绝顶'"，似乎这两句话是同义互解的关系。下文犯了同样的语病：刚说完"把有限的生命投入到无限的为人民服务中"去，紧接着又说"这时便会有一种'一览众山小'的感受了"。

听了赵老师的课，让我有种欲望，也是一种梦想——长大后想当一名教师！他是神圣的，是伟大的，他传授给学生无尽的知识，更多的是做人的道理，告诉你（他们）在人生的路上如何走好每一步。或许，这个梦想对于现在的我来说是有一定的距离，不过我会用这个距离打好基础。正如杜甫的诗句所说"会当凌绝顶，一览众山小"。

师评：把教师工作仅仅当作谋生的饭碗，那算不上人生的绝顶，但如果既教书又育人那就是很神圣的职业，也不愧为人生的绝顶了。遗憾的是引用诗句不恰当，结尾如果保留"正如"，就有些前言不搭后语；如果删掉"正如"，后面就还得补上一句才通顺。

我有什么梦想？我无数次问自己。我不聪明，没有学习数理化的灵气，也没有吟诗作赋的才气，更没有奔驰球场的勇气。但我有一个希望，就是将来一定要为社会贡献自己的一份力量。我不一定像袁隆平那样创造使人类进步的成果，但我可以像地震中的谭千秋那样用自己的身躯保护祖国的未来；我不一定要做一名出人头地的佼佼者，但我可以在自己的岗位上默默奉献；我不一定要"会当凌绝顶，一览众山小"，但我一定要担负起我的责任，做一个有用的人。

师评：做一个为社会有所贡献、为祖国勇于献身的"有用的人"，这也是很可贵的。鲁迅也说过类似的话，大意是说，我们若不能做"宝塔尖"，也不妨做做"泥土"。

生活中的我有着林黛玉似的性格：小心眼儿，斤斤计较，受不得委屈。读过杜甫的《望岳》，再想想自己连被人误解的委屈都承受不起，实在是备感惭愧。年轻的杜甫在经历了科举考试落榜的挫折后，依旧坚守"会当凌绝顶，一览众山小"的壮志，而我受到一点点委屈就哭哭啼啼，实在是太小气了。欣赏《望岳》，我悟出这样一个道理：只有具备"凌绝顶"的"大气"，才能成为"一览众山小"的"大器"。

师评：你的文章别出一格，另有风采。首先，能够通过学《望岳》而反省自己，这就是难能可贵的学习心态。其次，你总结的"只有'大气'方成'大器'"的人生哲理也十分精彩。而"大气"之前修饰以"凌绝顶"；"大器"之前修饰以"一览众山小"，更是引得灵活，用得恰当。

（五）《同儿辈赋未开海棠·元好问》鉴赏

同儿辈赋未开海棠

元好问

枝间新绿一重重，小蕾深藏数点红。

爱惜芳心莫轻吐，且教桃李闹春风。

1. 含英咀华

（1）"儿辈"：不可解作"儿子们"，应该解为"孩子们"。

（2）"赋"：形旁为"贝"，本义是"赋税"，但在此语境中显然是"作诗"意。

（3）"深绿"与"新绿"比较："深绿"之景不是仲春就是暮春，而此诗写的是未开海棠，显然是初春，所以"新绿"更恰当。

（4）"新叶"与"新绿"比较："叶"是概念，"绿"是色彩；前者抽象，后者形象；前者毫无美感，后者悦目赏心。拓展赏析李清照的"绿肥红瘦"和苏轼的"左牵黄，右擎苍"，学生的印象就会更深。

（5）"一重"与"一重重"比较：后者可见绿叶数量更多，恰与后面的"深藏"照应。

（6）"深藏"与"未现"比较："藏"是由明处到暗处，"深藏"与后文的"莫轻吐"相适合；而"现"则是由暗处到明处，而"未现"则与"莫轻吐"相矛盾。

（7）"芳蕊"与"芳心"比较：前者仅仅是说"花蕊"，而后者还能联想到人的美好心灵，这正是双关的妙处。如今在广告词中双关用得极多，例如洗发水广告"无屑（懈）可击"、股票讲座广告"千股（古）风流"、房地产广告"领秀（袖）硅谷"等等。

（8）"莫轻吐"与"切莫吐"比较：前者是说要选择"吐"的时机，不是不吐；后者是无论何时何地都不许吐。

（9）"红杏枝头春意闹"中的"闹"与"闹春风"的"闹"感情色彩有何区别？前者是褒义，表现"红杏"的生机盎然，应该解为"热闹"；后者是贬义，表现"桃李"的放纵和浅薄，应该解为"胡闹"。

2. 感悟"理趣"

诗人通过"未开海棠"，忠告"儿辈"要怎样，不要怎样。

3. 归纳"理趣"

要涵养心灵，不要物欲至上；

要理智清醒，不要盲目冲动；

要珍重春心，不要放纵春情；

要厚积薄发，不要浮躁张扬；

要耐住寂寞，不要急于求成；

要坚守自我，不要随波逐流。

　　这里概括的"理趣"，显然远远超出元好问的初衷或本意，具有极大的现代性。但这也正是创造性鉴赏所必须要领悟和学习的。作者"未必然"，而读者"未必不然"。只要我们的解析没有超出"爱惜芳心莫轻吐，且教桃李闹春风"所提供的意境范畴，那就是正确合理的。

4. 读写训练

　　针对当今青少年的某种弊病写一段话，表达自己的真实想法或做法，并恰当引用"爱惜芳心莫轻吐，且教桃李闹春风"的诗句。

5. 点评习作

　　如今，同学们都太急功近利了，容不得一点点的寂寞。对每一个科目的学习，不在乎自己是否真的把知识全部弄懂了，而是仅仅关注于考试的考点。甚至有好多学生认为自己学习就是为了考试，只要在考试中取得好成绩，将来就一定会有好前途。于是，许多人仅仅学到了一点皮毛，就不再深入研究，过于焦急地学习更多，但他们往往事倍功半。因为他们学新知识的时候，由于没有回顾以前学过的，根基不牢，所以以忘记的比学到的更多。我认为，这种急功近利的学习态度是不对的。我们应当学会在别人像竹篮打水般学习的时候，耐住寂寞。是金子总会发光的。我们如果一步一个脚印地静下心来学习，在别人只知道表面一层的时候，自己再深入一点，往往会得到的更多。"急功"在大多时候并不能得到更多的利；但认真踏实，可能会收获更多。正如元好问所说"爱惜芳心莫轻吐，且教桃李闹春风"。莘莘学子就应像那海棠花蕾在"桃李闹春风"之时，耐住寂寞，积蓄实力。只有耐住"十年寒窗无人问"的寂寞，才能"一举成名天下知"！

　　师评：联系现实的学习生活，对应试教育的"题海战术"做出了一针见血的批评，真是难能可贵！从元好问的诗句引出"要耐住寂寞"的观点，然后又恰当引用了"十年寒窗无人问，一举成名天下知"，既有说服力，又颇具文采。

　　"爱惜芳心莫轻吐，且教桃李闹春风"，元好问的这句诗写出了海棠花蕾的虚心好学，也写出了桃花李花的骄傲张狂，更形成了两者的强烈对比。不得不承认，目前我们的同龄人中确实存在不少爱炫耀张狂的人：有些人取得了一点小小的成绩就自认为天下无敌；有些人侥幸获得较大的荣耀（应改为"一点荣誉"），就不把其他人放在眼里；还有些人甚至自己一点水平都没有，就（"就"应改为"却"）四处讽刺嘲笑打击其他比自己强的人。明明是丑陋的乌鸦，偏偏自认为是高贵的天鹅；明明是破烂的奥拓，偏偏自认为是豪华的奔驰；明明是低贱的小人，偏偏自认为是伟大的英雄。这种人，不仅我看不起，无论何时何地都会遭到人们的鄙视。只因为他们不清楚自己的实力，只因为他们戴着虚伪的面具，只因为他们不懂得谦虚（应该为"真诚"）。连伟大的孔子都知道"三人行，必有我师"，可那些浅薄的桃李，却还在不知羞耻的"闹春风"！

师评：除以上几个词使用的不确切以外，你成功地使用了对比论证和排比修辞，使文章的观点表达得鲜明有力。元好问的诗句也引用得很恰当，很充分。但细细推敲，你的对比点却不够精准而且芜杂。例如你的重点显然是批评"炫耀张狂"，那么它的反面就应该是"深沉低调"；可是文章开头你却把"虚心好学"与"骄傲张狂"对举，不经意间偷换成"谦虚与骄傲"的论题。待到结尾你又分别提到"虚伪"与"谦虚"、"浅薄"与"好学"，这样你的文章就成了面面俱到的多中心。"多中心"就是"无中心"，哪个论点都没有论透彻。

常在学校看到这样的情景：几个同学在一起谈话，有人提起一件事，另一个人立刻窜出来大声说道"我知道，我知道！"然后口若悬河，讲得天花乱坠，殊不知内容根本不着边，引得众人一片哄笑。更有甚者，竟在教室里大喊大叫，一副志得意满唯恐天下不知的样子，更为人所不齿。我很能体会他们的心情，他们太耐不住寂寞，太急功近利，太急于炫耀自己，反而被人耻笑，功没求到，名声倒是臭了不少。

其实，何止是他们哪！忆往昔，多少原本壮志凌云的青年，只因太追求功成名就，反而一生不得志，郁郁而终。更有甚者，因太心急，竟不惜施手段，最后事情败露，不但被逐出官场，反而臭名远扬。在这一点上，元代的元好问就深有体会。他意味深长地为儿辈们留下一句话："爱惜芳心莫轻吐，且教桃李闹春风。"以此来告诫儿孙们不要急功近利，而要脚踏实地，不鸣则已，一鸣惊人，最终实现自己的远大理想。

"低调"，往往是"高度"的别称。所以脚踏实地地做人做事，其实是距离成就大功的最近道路。

师评：本文紧紧扣住"不要急功近利，而要脚踏实地"的论点，"由近及远"地展开论述。"近"说的是日常生活中某些同学的表现,"远"说的是往昔官场上欲速不达的反面例证。最精彩的则是结尾简明深刻的哲理概括:"低调",往往是"高度"的别称。所以脚踏实地地做人做事,其实是距离成就大功的最近道路。

　　曾经有这样一个轰动一时的事件:一名大学生在动物园里用硫酸泼狗熊。他未曾想过这样做的严重后果,可能只是一个突然蹦入脑海的念头,便使他冲动地付诸行动。"爱惜芳心莫轻吐,且教桃李闹春风。"理智和清醒是青少年必不可少的。

　　其实,面对生活中的许多问题,我们都应该理智清醒地思考。站在香味扑鼻的小摊儿前,你应想到那食品是不卫生的,理智地止住口水,悄然离开;与同学发生争执时,你应想到自己也有过失,理智地站在对方角度思考,真诚地道歉;一张苍白的试卷摆在眼前时,你应认真分析失误的原因,理智地改变学习方式和方法。

　　黑暗之中,理智和清醒引领你走向光明;风雨之中,理智和清醒引领你追逐彩虹。

　　师评:这篇短文写得很精彩!一开头便引用轰动事件来提出"理智和清醒是青少年必不可少的"论点,但作者并没有像一般文章那样局限在这一事件上论来论去,而是来了个华丽转身,由此拓展到"生活中的许多问题":饮食问题,人缘问题,考试问题,所选角度既典型又全面。结尾的整句造得更是精彩:"黑暗"与"光明"对举,"风雨"和"彩虹"对举,用以强调作用之大。"理智和清醒引领你"的反复使用,更与开头呼应,再次强化了本文的论点。

　　在当代社会不少青少年中,由于自身对网络的着迷,而陷入了不可挽回的深渊。而家长为了控制住自己的孩子,就不给孩子钱出去上网,而孩子心里只是一心想着网络中的游戏,以至于疯狂的行为填满了他们的脑海,就出去用偷钱抢钱等违法行为来过自己一时的网瘾,白费(改为"毁掉")了自己一生的前途。通过《同儿辈赋未开海棠》这首诗的学习,让("让"字去掉,句子才通顺。)我懂得了"爱惜芳心莫轻吐,且教桃李闹春风"。要理智处理自己的行为,不要因为自己一时的冲动而毁了自己一生的前途呀!

　　师评:论点"要理智,不要冲动"是在文尾出现的,还是在开头出现为好。与上文比较,论证明显有些单薄。

　　"爱惜芳心莫轻吐,且教桃李闹春风",每个人都有属于自己的爱好,不能去盲目随波逐流,没有自己本身的特长。那些所谓潮流时尚,也不过是一场飓风罢了,时间久了，终究会随着人们思想的改变而被吹走的。而到那个时候，或许有人会说你 OUT 了。但是，你仔细想想，一波又一波的潮流时尚，你赶得及吗？一波潮流过去了，很快地，另一波又来了，很快地，又过去了，又来了……就这样反反复复，我想说我看着都累了，你赶着还不累吗？赶潮流追时尚，不过只是外表的改变罢了，就算外表再美，内心不美不也是白搭吗？正所谓"出淤泥而不染"，只要我们做到不与世俗同流合污，不追名逐利，不随波逐流，坚守自己，一切就都美好了。

师评： 细细推敲，"坚守自我与随波逐流"和"洁身自好与同流合污"，还是有区别的。前者是能否"坚守个性"的问题，与个性相对的是共性；后者则是能否"坚守美德"的问题，与美德相对的是"丑德"。前者涵盖的范畴宽，包含了后者在内；后者所含的范围较窄，属于前者的一个子项。而你的文章开头说的是前者，结尾说的就是后者了。

现在的青少年 80％都具有早恋倾向，过早地将底牌暴露了。人生只有一副底牌，万一你恋爱失败，你再怎么追都追不到"第二春"了。"爱惜芳心莫轻吐，且教桃李闹春风"，争取一击成功。底牌只有一副，你越早露，你越要早完蛋，小心光棍一生，到时候你想哭都没处哭去。

因受西方文化的影响，以及当今社会的普遍趋势，为了在来自不同的压力中找出一丝精神上的依赖，从而引发春心过早萌动。"爱惜芳心莫轻吐"，别把心中那份纯真过早丢掉，早熟的桃儿不甜。青少年时代的烂漫善良原本是最为可贵，却因受到莫名的因素（的干扰）而丧失。"且教桃李闹春风"，就算是身边的人全部都迷失了方向，也要务必记住：在任何地方、任何时间段都要保持理智清醒，不可盲目冲动。青春年华稍纵即逝，所以为何非得浪费这大好时光？让他们随波逐流去吧，我一个人安守信仰，做最正确的事，眺望远方。

师评： 早恋本来是少年学子最讳莫如深的话题，但在课堂上却屡屡有人坦陈自己的见解，这足以说明两个问题：其一，元好问这首诗写得真有启迪性；其二，我的这种鉴赏方式也很有教育性。前一篇文章话糙理不糙，后一篇则写得文雅些。元好问的两句诗被作者分开引用，借以形成文章的两个层次。作者绝不早恋的态度表达得斩钉截铁，且富有诗意。这些对早恋的中肯看法，难道不是学生自我教育的一种好方式吗？

6. 讲评总结

小心春天·寄语花季学子

赵谦翔

春天来了，切莫急于穿上春衫，

不知何时，会袭来倒春寒。

春天来了，切莫急于开窗直面，

不知何时，会袭来沙暴满天。

春天来了，切莫一味地狂欢，

花红柳绿中，暗藏着病毒蔓延。

花季学子，千万要小心春天，

一旦开出谎花，必失去硕果满园。

三、绿色文言教学

（一）《春夜宴诸从弟桃李园序·李白》鉴赏

1. 预习作业

（1）精读教材注释，口头翻译课文。

（2）书面简评："及时行乐"是消极的，积极的，还是要具体分析的？

2. 教学目的

（1）当堂熟读成诵。

（2）精思文章"三美"。

（3）感悟"及时行乐"。

3. 教学要点

（1）音乐美（语言）。

诵读提示：

（夫）天地……光阴……。（而）浮……为……？古……良……。（况）阳春……大块……。

会……序……。群……皆……；吾……独……。幽……高……。开……飞……。不……何……？如……罚……。

句式分析：

古人秉烛夜游，良有以也。（纯散句）

如诗不成，罚依金谷酒数。（纯散句）

夫天地者，万物之逆旅也；

光阴者，百代之过客也。（散中有整）

况阳春召我以烟景，

大块假我以文章。（散中有整）

——散起散收，散中有整，整中有散：既整齐和谐，又参差错落，富有音乐美。

（2）结构美（章法）。

标题与行文之间：字字伏笔，句句照应，结尾借"罚依金谷酒数"暗点作"序"，可谓丝丝入扣，天衣无缝。

（3）人性美（主题）。

《古文观止》评曰："末数语，写一觞一咏之乐，与世俗浪游者迥别。"正道出诗人雅会非酗酒之徒可比，寄情于酒，借酒抒怀，他们是一些如海德格尔所说的"诗意地栖居"者，即生活的诗人；同时，因有惠连、康乐之文才，他们又不愧为文学的诗人。——这对身处物欲横流的现代社会中的人们，是特别具有借鉴意义的！

4. 简评"及时行乐"总结

享受人生，这是人类无可非议的追求。如今人类的"秉烛夜游"岂不比古代有过之而无不及？酒吧、歌厅、网吧、夜总会，痛饮狂欢，登峰造极，何消极之有？

然行乐方式毕竟有雅俗之分、美丑之别。切不可自甘庸俗，绝不能沉迷丑陋，而应当追求高雅。再者，享乐只是人生的要义之一，绝对不是人生的全部。行乐之余还要追求人生的最高境界——有所作为。

(二)《项脊轩志·归有光》鉴赏

1. 作者简介

归有光，江苏昆山人，明代散文家，字熙甫，号震川，又号项脊生，是"唐宋八大家"与清代"桐城派"之间的桥梁。其文被誉为"明文第一"，有"今之欧阳修"的赞誉。

2. 重温刘禹锡《陋室铭》

山不在高，有仙则名；水不在深，有龙则灵。斯是陋室，惟吾德馨。苔痕上阶绿，草色入帘青。谈笑有鸿儒，往来无白丁。可以调素琴，阅金经。无丝竹之乱耳，无案牍之劳形。南阳诸葛庐，西蜀子云亭。孔子云："何陋之有？"

刘禹锡借"陋室"彰显什么？

（讨论后总结：借"陋室"以彰"德"）

3. 由此转入本课赏析

（1）归有光借"项脊轩"彰显什么？

（留待全文赏析后再来回答）

（2）赏析①段。

①项脊轩，旧南阁子也。室仅方丈，可容一人居。百年老屋，尘泥渗漉，雨泽下注；每移案，顾视无可置者。又北向，不能得日，日过午已昏。

项脊轩之特点，请以一言蔽之：（答案：败）

（3）赏析②段。

设问：为何室"败"还"可喜"？

②余稍为修葺，使不上漏。前辟四窗，垣墙周庭，以当南日。日影反照，室始洞然。又杂植兰桂竹木于庭，旧时栏楯，亦遂增胜。借书满架，偃仰啸歌，冥然兀坐，万籁有声；而庭阶寂寂，小鸟时来啄食，人至不去。三五之夜，明月半墙，桂影斑驳，风移影动，珊珊可爱。

讨论总结"可喜"之因：

> 轩不上漏，足可安居；
>
> 室始洞然，正宜读书；

> 兰气竹节，桂耀门庭；
>
> 动则啸歌，静可戏鸟；
>
> 明月桂影，赏心悦目；
>
> "败"室已成"雅"居。

（4）赏析③④⑤段。

设问："可悲"何在？

③然余居于此，多可喜，亦多可悲。先是庭中通南北为一。迨诸父异爨，内外多置小门墙，往往而是。东犬西吠，客逾庖而宴，鸡栖于厅。庭中始为篱，已为墙，凡再变矣。

④家有老妪，尝居于此。妪，先大母婢也，乳二世，先妣抚之甚厚。室西连于中闺，先妣尝一至。妪每谓余曰："某所，而母立于兹。"妪又曰："汝姊在吾怀，呱呱而泣；娘以指叩门扉曰：'儿寒乎？欲食乎？'吾从板外相为应答。"语未毕，余泣，妪亦泣。

⑤余自束发读书轩中，一日，大母过余曰："吾儿，久不见若影，何竟日默默在此，大类女郎也？"比去，以手阖门，自语曰："吾家读书久不效，儿之成，则可待乎！"顷之，持一象笏至，曰："此吾祖太常公宣德间执此以朝，他日汝当用之！"瞻顾遗迹，如在昨日，令人长号不自禁。

"可悲"所在：

> 诸父异爨，家族败落；
>
> 慈母不在，欲孝无门；
>
> 祖母励学，厚望未酬。

（5）赏析⑥段。

⑥轩东故尝为厨，人往，从轩前过。余扃牖而居，久之，能以足音辨人。轩凡四遭火，得不焚，殆有神护者。

（6）赏析被删掉的⑦段。

⑦项脊生曰："蜀清守丹穴，利甲天下，其后秦皇帝筑女怀清台；刘玄德与曹操争天下，诸葛孔明起陇中。方二人之昧于一隅也，世何足以知之？余区区处败屋中，方扬眉、瞬目，谓有奇景。人知之者，其谓与坎井之蛙何异？"

（在"极"左余毒未尽时代，删掉此段尚可理解，而在改革开放 30 多年后的今

天，还要删除这段文字，实在不可理解。我不相信当今少年会被"封建毒素"蛊惑，故特意恢复文本原貌）

贞妇蜀清与忠臣孔明之典故：以"自嘲"之笔，表达"自信"与"自尊"。

补注：以上为作者19岁时所作，以下为35岁中举后所写。

（7）赏析⑧⑨段。

⑧余既为此志，后五年，吾妻来归，时至轩中，从余问古事，或凭几学书。吾妻归宁，述诸小妹语曰："闻姊家有阁子，且何谓阁子也？"其后六年，吾妻死，室坏不修。其后二年，余久卧病无聊，乃使人复葺南阁子，其制稍异于前。然自后余多在外，不常居。

⑨庭有枇杷树，吾妻死之年所手植也，今已亭亭如盖矣。

此段"可悲"在于：

> 绿树犹在，贤妻已亡。

（8）总结全文之"可悲"：

> 诸父异爨，家族败落；慈母不在，欲孝无门；
> 祖母励学，厚望未酬；绿树犹在，贤妻已亡。

4. 选读专家鉴赏

一座"室仅方丈，可容一人居"的残破小阁，是多少往事的见证。而这些往事，说来也平平常常，但这平平常常中，又贯注着多少真情！正是这样的真情，使平凡的日常生活闪烁着生命的光辉。

独居陋室，兰竹栽庭，图书插架，玩月听风，歌啸自若，是为喜；览遗迹而忆母亲之挚爱、祖母之期盼，作物是人非之叹，是为悲。谓己扬眉瞬目处败屋中，与坎井之蛙无异，正话反说，孤芳自赏，显气骨之耿介，志既卓尔；补记亡妻与己阁中情投意合之事，慨其手植之树已高大茂盛，兴人生如寄之思，意复惘然。

笔墨自然率真，正如王锡爵作归氏墓志铭所称："无意于感人，而欢愉惨恻之思，溢于言语之外。"

这样的性情文章能不打动人心吗？（庞坚）

5.《陋室铭》与《项脊轩志》对比鉴赏结论

《陋室铭》以"德"馨。

《项脊轩志》因"情"美。

（照应上课伊始之问：《项脊轩志》彰显"真情"）

6. 读写训练

以《项脊轩"赞"》为题，以"山不在高，有仙则名；水不在深，有龙则灵。斯是败室，美在真情"为开头，用整句续写下文，长短皆宜。

7.《项脊轩"赞"》点评

清高雅致，置于中庭；兰桂竹木，以寄吾情。

师评：从形式上看，似乎是整句，押韵也好。但"清高雅致"抽象之情趣，如何"置于中庭"？此为败笔。

居此可喜，珊珊可爱；居此可悲，厚望不待；惘然真情，亘古犹在。

师评：排比句造得很好："可爱""可悲""真情"，都扣在"情"字上，中心突出。"爱""待""在"都押仄声韵，很动听。"亘古犹在"更是对真情的讴歌。

竹菊为吾生，冷月为吾照；吾与书为友，吾与妻相伴。权贵亦可假，此情诚可真。

师评：第一组整句渲染环境，第二组整句记叙生活，第三组整句赞美真情。但第三组整句若改为"权势诚可贵，真情价更高"或许更好。

轩阁兴废，世事变迁；回忆往事，犹在昨天；怀才不遇，感慨万千；悲欢离合，字里行间。

师评：此段文字很精彩，但观其角度，似乎是《项脊轩"赞"》的结尾。就是说，如果作者再能增写前文就更好了。

寂寂枇杷树，月光映桂影。束发轩中读，自嘲窥奇景。执笏思昨泣，不自禁。作志当酬厚望，数载成得功名。鉴古今，云："何败之有？"

师评：全篇很精彩，唯第五句以散句打破了句式的和谐。结尾模仿《陋室铭》以"何败之有"煞尾，最为精彩。

兰桂植于庭，小鸟时来食。偃仰啸歌，冥然兀坐。无犬吠之乱耳，无异爨之劳形。南阳诸葛庐，西蜀子云亭。孔子云："何败之有？"

师评：最具创造性的句子是"无犬吠之乱耳，无异爨之劳形"，不过"劳形"一词稍有瑕疵，若改为"劳神"也许更好。结尾"何败之有"本是精彩之笔，但此言加给孔子恐不合适，"圣人语录"还是尊重历史，不要生造为好。

植兰桂竹木，心境愈益真。庭院显清影，姗姗益动人。诸父始异爨，每日倍加增。家本衰落至，无可得官名。祖母加厚望，实乃愧对然。又几年之后，中举名可回。兴家燃清灶，后又得吾妻。双双恩情在，鸳鸯欲双飞；无奈妻离后，室坏亦不修。后回南阁子，有何破败言？

师评：虽全文皆用五言，但大多非为整句，因为上下句结构不同。且文中用词多有不妥，例如"心境愈益真"与"植兰桂竹木"有何必然联系？"每日倍加增"说分家岂不过于夸张？"无奈妻离后"似乎不是妻子亡故，倒像是妻子被休。

修百年老屋，读满架积书；植兰桂竹木，享明月桂影。忆先是往事，伤厚望未酬；思贞女孔明，表自尊自信。先吾妻至轩，今枇杷如盖；居破败居室，品人间真情。

师评：五言整句，宛如古风，倘能锤炼，必可更精。"思贞女孔明"会使人误解孔明是贞女，若改为"思贞女忠臣"，即可明确所思对象为"贞女"和"忠臣"；"先吾妻至轩"宜改为"昔吾妻至轩"；"居破败居室，品人间真情"宜改为"居破败轩阁，享人间真情"。

修葺不上漏，垣墙使洞然。杂植竹桂兰，架借书已满。啸歌冥然坐，小鸟把食啄。明月桂间照，败屋情自高。诸父异爨，篱再为墙。老妪语之，默然泣下。大母之望，至今未酬。蜀清寡妇守丹穴，陇中孔明以智绝。坎底之蛙凭谁问，一朝折桂富贵登。幸得妻，志相投。难耐造化与人游，今见枇杷亦伤情。

师评：全篇杂用三言、四言、五言、七言整句，既有整齐之美，又有错落之致；更有"明月桂间照，败屋情自高""蜀清寡妇守丹穴，陇中孔明以智绝。坎底之蛙凭谁问，一朝折桂富贵登"等诸多精彩句子。结尾"难耐造化与人游，今见枇杷亦伤情"若改为"怎奈造化弄人愁，枇杷如盖思悠悠"似更好。此外，"篱再为墙"中的"再"应改为"复"，因为"再"是两次或第二次。原文中说"凡再变矣"是指"为篱"和"为墙"共变了两次，如果变成"再为墙"，那就变成"两次变成墙"，总共变三次了。

明月桂影映墙，兰桂竹木于庭。断墙犬吠鸡鸣，家族败落异形。慈母门扉紧扣暖语，老妪身影模糊泪音。大母默无声息激励，抚先祖温润象笏志定。耳中贤妻燕声轻语，犹见庭中绿树亭亭。念情深至此，岂动人一鸣！

师评： 立意很好，造句欠精。"兰桂竹木于庭"中的"于"应改为"植"；"断墙犬吠鸡鸣"中的"断"应改为"隔"；尾句"岂动人一鸣"不知所云；"大母默无声息激励，抚先祖温润象笏志定"中，前句八言，后句九言，非整句。试改中间六句，仅供参考：慈母扣扉温暖心语，老妪隔门清晰身影。大母自语殷切寄望，先祖象笏坚定志成。耳畔贤妻燕语不再，庭中枇杷如盖亭亭。

老妪怀旧，历历在心；叩门温暖，痛失至亲。传世象笏，策吾笃行；壮志未酬，悲不自禁。蜀清孔明，耀世之星；何时可掇，积愤难平。犹忆庭前，缠绵温情；天不作美，阴阳断灵。世事依旧，人已凋零。

师评： 全文宛如一首优美的四言诗。其中"何时可掇"拟改为"坎井之蛙"更好；"世事依旧"拟改为"庭树依旧"更宜。小疵既除，玉章更佳。

尘泥渗漉，雨泽下注。稍为修葺，使不上漏。垣墙当日，室始洞然。植兰桂竹，偃仰啸歌。风移影动，珊珊可爱。诸父异爨，家族没落。慈母不在，欲孝无门。祖母励学，厚望未酬。绿树犹在，贤妻已亡。忆其往昔，黯然神伤。回首此情，已是枉然。天若有情天亦老，人间最美是真情。

师评： 前文一律四言，结尾用七言酣畅抒情。文中"诸父异爨，家族没落。慈母不在，欲孝无门。祖母励学，厚望未酬。绿树犹在，贤妻已亡"八句，正是本节鉴赏课总结之语，而此生恰当引用，可谓善学者也！"风移影动"句略觉晦涩，虽是引用原文，但原文此前有"明月半墙，桂影斑驳"铺垫，而孤立引用则表意不明，故改为"月夜桂影"也许更好。

斑驳有桂影，竹木长在庭。胸藏万卷书，偃仰啸歌狂。内外置小门，拆篱改为墙。老妪念慈母，相与泪纵横。大母持象笏，勉吾早功成。至今不得志，思之甚怆然。轩中谈诗书，其乐何融融。只有绿树在，人是物已非。可怜项脊轩，可喜亦可怜。

师评： 全文皆用五言，韵脚共换了四个：庭，狂，横，非。语言功底相当不错。"至今不得志，思之甚怆然"没有押上"横"韵，建议把"甚怆然"改成"动心旌"。尾句"可怜"改为"可叹"更好，因为文言里"可怜"常常是"可爱"的意思，如果做"令人怜悯"之意解，又似乎把作者复杂的感情说浅薄了。

鸟雀觅在阶，兰桂错于庭。风移影亦动，光入室自明。有动人之美景，有泣人之真情。能胜潇湘馆，堪比醉翁亭。虽是败室，但有真情。

师评：整句严谨，韵律和谐，加以烘托，主题鲜明。除却瑕疵，精品更精：鸟雀"食"在阶，兰桂错于庭。风移影亦动，光入"轩"自明。有动人之美景，"含"泣人之真情。能胜潇湘馆，堪比醉翁亭。虽"为"败室，"贵"有真情。

8. 点评总结

《项脊轩"赞"》

赵谦翔

山不在高，有仙则名；水不在深，有龙则灵。斯是败室，美在真情。借书满架，兰桂植庭；偃仰啸歌，小鸟多情；慈母春晖，时时心萦；祖母寄语，耳畔长鸣；琴瑟相和，贤妻夭终，绿盖亭亭，感物伤情。才华胜蜀清，文章超孔明。万世皆仰陋室德；千古钟情项脊生。赵子云："何败之有?"

2010 年 12 月 10 日下午于成都双流中学

（三）《爱莲说·周敦颐》鉴赏

爱 莲 说

周敦颐

水陆草木之花，可爱者甚蕃。晋陶渊明独爱菊；自李唐来，世人甚爱牡丹；予独爱莲之出淤泥而不染，濯清涟而不妖，中通外直，不蔓不枝，香远益清，亭亭净植，可远观而不可亵玩焉。

予谓菊，花之隐逸者也；牡丹，花之富贵者也；莲，花之君子者也。噫！菊之爱，陶后鲜有闻；莲之爱，同予者何人? 牡丹之爱，宜乎众矣！

1. 作者简介

周敦颐（1017～1073），字茂叔，宋朝哲学家。《爱莲说》为作者在南康（今江西省星子县）任职时所写。这期间，他曾亲自率领属下在府衙一侧挖池种莲，名曰"爱莲池"。

2. 诵读训练

按照散句和骈句分组朗读课文：

散句：水陆草木之花，可爱者甚蕃。晋陶渊明独爱菊。自李唐来，世人甚爱牡丹。予独爱莲之……

　　骈句：出淤泥而不染，濯清涟而不妖，中通外直，不蔓不枝，香远益清，亭亭净植。

　　散句：可远观而不可亵玩焉。

　　骈句：（予谓）菊，花之隐逸者也；

　　　　　牡丹，花之富贵者也；

　　　　　莲，花之君子者也。

　　散句：噫！

　　骈句：菊之爱，陶后鲜有闻。

　　　　　莲之爱，同予者何人？

　　　　　牡丹之爱，宜乎众矣！

3. 品味托莲言志

（1）讨论总结：

①出淤泥而不染──→洁身自好；

②濯清涟而不妖──→廉洁质朴；

③中通外直──→通达正直；

④不蔓不枝──→不结党营私、不趋炎附势；

⑤香远益清──→美名远扬；

⑥亭亭净植──→廉洁端庄；

⑦可远观而不可亵玩焉──→令人敬畏。

（2）总结手法：

托莲言志，莲花与美德水乳交融。

4. 赏析菊花、牡丹寓意

菊，隐逸者：逃脱官场，洁身自好。

莲，君子者：直面官场，特立独行。

牡丹，富贵者：为富不仁，做官营私。

5. 欣赏《牡丹之歌》，明确当今牡丹的寓意

啊，牡丹！百花丛中最鲜艳。

啊，牡丹，众香国里最壮观。

有人说你娇媚，娇媚的生命哪有这样丰满？

有人说你富贵，哪知道你曾历尽贫寒！

……

冰封大地的时候，你正孕育着生机一片；

春风吹来的时候，你把美丽献给人间。

……

牡丹的寓意：虽依旧是"富贵"，但那是艰苦奋斗得来的，也是造福于社会的。

6. 体会结尾含义

菊之爱，陶后鲜有闻。莲之爱，同予者何人？牡丹之爱，宜乎众矣！

——让别人说去吧，走自己的路！（意大利·但丁）

7. 读写训练

以《假如周敦颐生活在当代》为题，写《一言心得》。

8.《一言心得》讲评

假如周敦颐生活在当代，他一定是一个追求荣华富贵的人，因为现在通达事理、行为端正、具有莲花品德的人实在是太少太少。他不会是一个大贪官，也不会像以前那样做一个名副其实的君子，只会做一个收点小贿赂的人，因为，现在一点污点都没有的人太少了，他几乎不能控制自己结党营私、追求荣华富贵，他会写一篇《爱牡丹说》。再说，现在有车有船有飞机，为何不能乘坐交通工具"亵玩"莲花？科技的发展既然破坏了莲花的美好君子品格，也一定会破坏古代清官的美好品格，使他们变得像牡丹一样追求荣华富贵。如果他的出身再好一点，交往能力再强一点，我相信，他会成为牡丹的，毕竟人人都有这种心理，这就是我的想法。

师评：此文的最大失误在于：把早已盖棺论定的周敦颐写成了背叛《爱莲说》的小人！由于当今追求荣华富贵的人太多，于是，周敦颐也竟然蜕化成"牡丹"。其次，又拿一己之心猜度周敦颐以及所有世人。诚然，世人绝不会都成为"莲花"，但世人也绝不会都成为"牡丹"。无论何时何地，总会有人坚守

"莲花"、鄙弃"牡丹"的，这就是社会永不会被恶势力阻止、人类总能够不断走向光明的原因。

假如周敦颐生活在当代，他还是一个正人君子吗？他还爱莲花吗？他还洁身自好吗？他还纯洁质朴吗？他还令人敬畏、不容轻侮吗？在这个官场黑暗的世界里，我想还是会的，只是处境太差，谁让黑暗的气息已经弥散到各地。如果这样，还能惠泽久远吗？也许可以吧，希望可以吧，现在的社会太需要这样的人了。也许不可以，因为这社会过于黑暗了。

师评：我们要用历史的眼光、发展的眼光来看待社会。如今的社会比封建社会还黑暗吗？如今的社会不管还存在怎样的弊端，怎样丑恶的现象，毕竟是新中国成立以来最为光明、最为进步的时期。而且社会再怎么发展，也永远不会发展到一个完美无缺的社会，光明与黑暗永远是相比较而存在，相斗争而发展的。

假如周敦颐生活在当代，他也许是劳动人民的好领导。君子不与世俗同流合污，洁身自好是众人都应该学习的。但毕竟现实是残酷的，权力与地位以及金钱的震撼伤人于无形。这种美好品德在现今已渐成"花瓶"。虽说"大隐隐于朝"，但高洁傲岸的品行会让他无法适应当代的生活。他的大隐只在于他的坚守而不在于他的成功。周敦颐同学自白：还是活在古代好！！！

师评：对当今时代的认识未免太悲观。也许因为我们耳闻目睹屡屡发生的假恶丑事件，让我们忘却了人类社会的发展规律。要我看，假如周敦颐生活在当代，他一定会由衷地感叹：还是活在今天的中国好！

假如周敦颐生活在当代，按他的性格，他不趋炎附势，他出淤泥而不染，通达正直，但是在现在的生活中已无法立足，他只会是一个穷老百姓，穷穷穷……

师评：我们现在的社会真的已经到了"有德必穷"的地步了吗？当然还远远没有！但据说，一个8岁的孩子在回答如何赚钱的问题时竟然写道：抢银行、放高利贷、做小姐。这让我们不得不意识到，某些人已经到了赚钱不择手段的地步。在他们的眼里，"无德致富"也不是不可行的。这对我们所有的人都应该是振聋发聩的警钟：不成为造福社会的"人才"，就会变成祸国殃民的"兽才"！

周敦颐主张洁身自好，在追求功名利禄的人当中但不为他们的恶习所沾染，这是可贵的品德。但是，现代社会要求大家都要有高尚的品德，所以假如周敦颐生活在现实社会，我希望他不但能不为名利所动，还能劝阻旁人的功名热，免去私心，多一份对他人的奉献，真正做到"大家好，才是真的好"！

　　师评："大家好才是真的好"的广告语引用得好。你的意思是让周敦颐"一花引来万花开"，但我想这是必然的，所以应当把"希望"他改为"相信"他。

　　假如周敦颐生活在当代，他的思想，他的品格，仍会被大众所接受，因为真理是永恒的。

　　但或许现在世风太过流俗，对于他的理念，人人心中皆有，人人做时全无。

　　但仍会影响许多人，因为他以自己的言行成功地塑造了一个杰出榜样，他会成为人们心中的最伟大者。

　　假如周敦颐生活在当代，我想他不仅能当文学大师，还能是哲学家。当我们都在为富贵拼搏的时候，我们有可能碰壁，也会为世事所痛苦，但他能帮助我们走出阴影，让我们学习莲花，出淤泥而不染。

　　师评：《爱莲说》的价值就在于给我们以精神上的提醒：君子爱财，取之有道；好人求官，取之以德。

9.《一言心得》讲评结束语

假如周敦颐生活在当代

赵谦翔

　　假如周敦颐生活在当代，也许他会做学生，但他绝不会成为追星的"钢丝"，乃至毁灭了自己的人生价值；假如周敦颐生活在当代，也许他会做教师，但他绝不会只抓"升学率"，不抓"成人率"，把学生异化成可悲的考试机器；假如周敦颐生活在当代，也许他会做公务员，但他绝不会搜刮民脂民膏，成为百姓的眼中钉、肉中刺；假如周敦颐生活在当代，也许他会做老板，但他绝不会好话说尽，坏事做绝，造假售伪，坑害百姓；假如周敦颐生活在当代，也许他只是一个普通公民，但他绝不会唯利是图、为非作歹，成为污染社会的垃圾。让周敦颐死而复生虽不现实，但他不朽的人格，却可以永远激励包括我们在内的后人，在文明的大道上前行！

　　熟读，精思，让《爱莲说》走进我们的生命！

四、绿色作文教学

（一）感悟时世——《东方时空》观后感

范例 1　　　　　　　《墨舞》自序

张程程

东方一片古老的土地上，深邃的文化、古朴的韵律酿就了一个幽深的神潭，沧桑的岁月将它封冻。

而一缕现代的春光——《东方时空》，却破开这封冻百年的坚冰，使原本沉静的潭水在流动中显现生命的美感，焕发时代的气息。

我被应试封冻的心，一直苦苦追寻的正是这缕解冻的春光，于是我加快了脚步，奔向这魅力无穷的乐土。在这里，我获得了新生，热血在我胸中涌动，竞争在我眼前跳跃，命运在我手中把握！

我压抑不住心中的狂喜，于是，以大地为纸，潭水为墨，手脚为笔，舞蹈在天地之间，如同一种痴醉，更似一种疯狂——形诸文章，而高于文章。

《东方时空》，现代的春光！你在我的精神里折叠，成为我的知觉；在我的心灵里沉淀，成为我的灵魂；在我的笔下流露，成为我的墨宝；在我的双脚下狂舞，成为我前进的动力。

范例 2　　　　　　　《求索集》自序

王　乐

第一次写序，而且是自序，心中不免有点儿颤巍巍的窃喜。动笔前，我惶惶然翻开《朝花夕拾》的《小引》，恭恭敬敬地拜读，这才知道全不是那么回事——依然是鲁迅先生"自己的"文章。看来"文章无定式",却是个定式了。

我这文集是"悟"出来的,但既不悟"空",也不悟"净",而是感悟切实的人生。虽然浅薄,却是点点滴滴的积累,实实在在的收获。若问这"悟"的由来,那就要从班主任赵谦翔老师匪夷所思的解"悟"说起。

"悟者,思之吾也,吾之思也。思之吾者,旨在做一个思想者;吾之思者,旨在求一种创造性"。一个"悟"字被他解得如此出神入化,真是神来之思。而我也因他的点化而心领神会,进入了感悟《东方时空》的妙境,开始了人生之旅的求索。

记得小时候在花园里,我曾偷偷地趴在松软的土地上细心地看花,疑惑过"花儿为什么这样红?"坐在自家的窗台上,看屋后巴掌大的一块地,想搞清向日葵向阳开花的奥妙。又曾在课堂上问老师:"你这样年轻,干吗叫'老'师啊?"于是引发了一阵哄堂大笑,连老师也笑出了眼泪……尽管儿时的思考是幼稚的,但从中亦可窥见"思之吾"乐于思考的几分呆气。至于"吾之思"——我的与众不同而又言之成理的新见解,想来想去,似乎除了一些做错的题还算是"创见",就再也忆不起有什么"戛戛独造"了。

而现在不同了,虽然应试的题目依旧不得不做,古今中外哲人的规范依旧要遵循,但我毕竟有了感悟的机遇——幸遇良师。在《东方时空》的启发下,我探求前人未尽的思想,汲取"东方之子"醇美的人生精华,感悟生命自身的美丽,寻找现实与理想似离又合的契合点……

"路漫漫其修远兮,吾将上下而求索"!

范例 3   **东方之子,我离你还有多远**

李 楠

总以为,东方之子离我们并没有想象中的那么远,比如一直都很崇拜的杨致远,他不过是半路辍学创办了"雅虎",不久便一举成名的。于是浅薄无知的我,便盲目地迷信着有朝一日,自己也会像那些"网络英雄"一样,一夜之间成为名利双收的暴发户。是的,他们都在 28~35 岁间,我却只有 17 岁,机会更多,概率更大。

这便是我的少年轻狂。我一直迷信着年轻就是最大的财富,年轻人是无所不能的。于是我"理直气壮"地饱食终日，不思进取。课上不动脑思考，更别提发言了；课后不认真预习、复习，作业往往是"大题化小，小题化了"，眼睁睁地看着时间在放任自流中溜走，竟还安慰自己说："没关系！我还年轻，时间多多，机会多多呢！"

结果可想而知。当"满江红"的试卷堆在桌子上时，泪水顷刻间决堤而下。过去所有的春风得意与凌云壮志，瞬间被眼前惨败的现实击得粉碎。我在心里狠狠地咒骂自己：幼稚啊！可悲啊！你这"造梦"的青年。要明白，你与东方之子的差距又岂止十万八千里啊！

那段日子是灰色的，心情也是灰色的。直至看了东方之子杨致远的专访，才一语惊醒梦中人。以前，我只看到了他的雅虎网是世界五大网络之一，他本人的身价高达 30.5 亿美元，却忽略了他作为一个年轻人创业付出的艰辛和冒险；我只注意到了他在《财富》杂志《Fortune》全球 40 岁以下最富有的明星评比中名列第 6，而且是最年轻的——不满 30 岁，却忽略了他之所以会有这样的排名恰恰是因为真正"年轻"有为的人实在是凤毛麟角；我只将他的书反复把玩，却忽略了他满是艰辛的成功之路……如此说来，"年轻"本身实在不是什么"巨大的财富"，真正宝贵的是那些上进青年出类拔萃的精神与能力。比如杨致远创业初期为了筹集资金奔波于各大财团所具备的那份超人的勇气、能力与毅力；为维持日常开销而进行风险投资的那种冒险精神；为迎战竞争劲敌努力完善自身而付出的智慧与辛劳……正因为他们做了别人不敢想的事，付出了百倍于别人的汗水，才获得了远远高于别人的如此巨大的成功！

此时，我才真正感悟到，只有好好学习他们这种精神，不断充实和完善自己，并全力为自己的理想拼搏，我与东方之子的距离，才不再是遥不可及！

范例 4　　　　　　　　　**"后生可畏"吗？**

程一聪

杨致远，一个年轻的企业家，一个"自古英雄出少年"的典型。今年刚满 30 岁的他，带着只有 5 岁的"雅虎互联网"出现在世界经济盛会——《财富》全球论坛的会场，引起了全世界的瞩目。

"后生可畏嘛，我也怕更年轻的人。"面对记者惊羡的目光，杨致远如此道出一位成功者的心声。

"后生可畏"一句耳熟能详的古语引发了我许许多多关于年轻的思考。杨致远很年轻，但他在现代社会人才济济、竞争激烈的险恶条件下却能够把握机会，一举成功，那么，这是否就能说明"后生可畏"了呢？真的是所有的后生都可畏吗？相比之下，我们这些比杨致远更占优势的后生，为什么还在应试教育的束缚下摸、爬、滚、打，寂寂无闻？整天机械而又乐此不疲地做那鲁迅笔下的"两脚书橱"？这难道不是我们莫大的悲哀吗？

的确，我们很年轻。我们有思考的时间、尝试的精力、拼搏的体力，我们也有勃勃的雄心、美好的理想、本色的青春……可是，仅仅有这些，我们就能成为一个令人敬畏的成功者了吗？当然不能。尽管在生理上我们占有绝对的优势，但我们仍然"一无所有"。因为我们在心理上还远没有成熟：没有充足的内需力和扎实的基本功，没有杨致远企业家式的远见卓识，没有"向着目标不言悔，向着困难不言退"的勇气和力量！在明白了这一切之后，我们才会懂得：像我们这样只空有幻想的"后生"，是永远不会让人感到"可畏"的！因为我们只是绣花枕头，徒有冠冕堂皇的外表罢了！

在审视了自己的缺陷之后，我在想：到底怎样才能成为一个真正可畏的后生呢？也许，杨致远的另一句话为我们揭示了关键：年轻人就该敢做敢闯！想成功必须冒险，哪怕最终两手空空也不在乎！杨致远告诉我们："后生可畏"这个光荣的称谓，只属于那些勇于冒险，挑战传统，探索未来的人。而我们这些只把年轻当作资本储存起来，总在轻轻松松庸庸碌碌中度过每一天的人，是永远也不会成为真正的成功者的！

年轻人，请不要再躺在"后生可畏"的赞扬声中睡大觉了！

（二）感悟亲情——话题作文《学会自立》

[激情导语]   自立吧，我可爱的弟子们
                                     赵谦翔

从二道江到石井沟，

从东大滩到冯家屯，
我迈进了 57 位弟子的家门，
我拜访了 57 位弟子的双亲。
我可爱的弟子们啊，
你们可知道，
这 60 多天的仆仆风尘，
这 50 多家的目睹耳闻，
使我得出了怎样一个动心的结论？
57 对父母，
不管年轻年老，不管为官为民，
每一位都是爱子如命，
每一位都是勤勤恳恳：
清晨，儿女还在酣睡，
慈母早已起身，
精心精意地调剂饭菜，
只怕儿女的眉头皱起愁云。
严父本想唤醒爱子，
内心却翻腾着激烈的矛盾：
既怕打扰了爱子的睡眠，
又怕浪费了晨读的光阴。
可敬的严父，像忠诚守时的报晓鸡；
可亲的慈母，像任劳任怨的女仆人。
而我那做儿女的弟子们啊，
却似乎习以为常，
倒有些麻木不仁。
只要学校收钱，
再清贫的父母也会慷慨解囊；
只要孩子买书，
再懒惰的父母也会踏遍书店的大门；

只要孩子端起书，
再劳累的父母也不肯让孩子洗洗手帕；
只要孩子拿起笔，
再辛苦的父母也不肯让孩子为家务分神。
而那些可亲可敬的父母们啊，
却还在反复地检讨自身。
我常常听到这样的叹息：
嗨，都怨我们文化低，
连孩子的学习都辅导不了。
我常常听到这样的慨叹：
唉，都怪我们记性差，
当年学过的只剩些薄雾残云。
我见过这样一位父亲，
为了辅导女儿学习，
年近四十还去攻读夜大。
我见过这样一位母亲，
英语一窍不通，
却一次次来校请教，
帮助儿子补习英语的法门。
我可爱的弟子们啊，
你们可曾理解，
父母已成为两头点燃的蜡烛：
一头点燃，照亮了工作，
一头点燃，照亮了你们。
他们在加倍地煎熬着心血，
他们在加速地毁灭着自身。
你们可曾见到：
烛落泪时母泪落；
你们可曾听到：

烛心燃时父呻吟；
你们可曾反思：
习以为常是多么无情无义；
你们可曾自省：
麻木不仁是怎样违背天伦。
学会爱吧，我可爱的弟子们，
学会爱吧，可怜天下父母心！
享受父母的爱，却从不想到反哺，
我不相信他是一个真正的人。
享受老师的爱，却从不想到回敬，
我不相信他是一个纯粹的人。
索取朋友的爱，却从不想到答谢，
我不相信他是一个高尚的人。
获得集体的爱，却从不想到回报，
我不相信他会成为爱国的人。
学会爱吧，这是做人之本；
学会爱吧，这是报国之根。
——这就是我得出的动心的结论。
我可爱的弟子们啊，
请你良心发现，请你扪心自问：
你是否吃得好却不觉甜，
穿得暖却不觉温，
得到爱却不领情，
享着福却忘了恩？
我可爱的弟子们啊，
请别再呼唤"妈妈，再爱我一次！"
请你真诚地对父母说：
让我也来爱一爱你们！
清晨，让闹钟把自己早早叫醒，

放爸爸到户外去练练气功；
夜晚，让妈妈陪爸爸看看电视，
也该让二老放松放松。
上学时，专心听讲，埋头用功，
纵然不能科科优秀，
也要使成绩逐步上升。
放学后，玩要玩得适可而止，
学要学得雷厉风行。
达材成德是自己的事，
父母包办情理难容！
妈妈不放心，
就让她看看你的自强规划；
爸爸不放心，
就给他讲讲最近的成功。
自醒吧，良知未泯的弟子；
自尊吧，难以长大的儿童；
自强吧，九十年代的娇子；
自立吧，父母心中的龙凤。
用你自学自治的行动，
超越儿童的心理；
用你自胜自强的举措，
证明你业已长成；
用你坚定不移的自信，
创造一个自救的上帝；
用你顽强自立的成果，
重新调整爱的天平！
我可爱的弟子们啊，
昂起你的头，挺起你的胸，
迈开你真正自立的步伐，

奉献你回报父母的赤诚！

【班会感悟】

感悟 1

再也不当坐轿人
杨晓寒

今天的班会上，班主任给我们朗诵了一首他写的长诗，题为《自立吧，我可爱的弟子们》。老师那一句句饱含真情的诗，如一颗颗子弹猛烈地射穿了我的心，让我一阵阵惭愧，一阵阵痛悔。

诗中这段话深深地烙在我的心中：父母已成为两头点燃的蜡烛：一头点燃照亮了工作，一头点燃，照亮了你们。他们在加倍地煎熬着心血，他们在加速地毁灭着自身。

然而，从前的我，却对父母的这种鞠躬尽瘁的奉献一直习以为常、麻木不仁。如今，当我被老师的诗唤醒之后，重新审视父母，我觉得他们更像泰山上抬滑竿的挑夫，而且是两名不索报酬的挑夫。他们一个躬身在前，一个挺腰在后，抬着躺在滑竿上的我，步履蹒跚地向学习的泰山顶峰攀登。我渴，他们递上泉水；我饿，他们奉上美食；我冷，他们脱下衣服给我穿。而他们，只是抬着我不停地攀着、登着……而我呢？尽管只是悠闲地仰在轿上轻松地看书学习，却依然连连喟叹行路难！竟然从未想过关心关心抬轿的两位"挑夫"，体谅体谅他们的辛苦，给予他们些许安慰！这是何等的不知廉耻啊！

幸亏有了这次班会，有了这首诗，迫使我有生以来头一次低下了高昂的头，去仔细看一看两位辛苦而可怜的"挑夫"……哎，我曾以为，我与赵老师所说的那种"以自己为圆心、以自私为半径圈划世界"的人毫不相干，如今看来，我又何尝不是他们队伍中的一员呢？

老师在诗中说得好："习以为常是多么无情无义，麻木不仁是怎样违背天伦！"我不想做一个这样的堕落青年，我要自胜、自强、自立！从今以后，清晨，我再不需要父母拖起；深夜，再不需要他们伴读；渴了、饿了，再不"妈""爸"地叫唤；衣服脏了，再不一抛了事；写作业前，再不要他们催促；看书时，再不要他们监管……

总之，我要走下轿来，用自己的双手去披荆斩棘，用自己的双脚去踏平坎坷，再也不当坐轿人！否则，我便不能成为一个有理想、有头脑、肯奋斗的 21 世纪新青年！

感悟 2　　　　　　　　　　　　　**母亲节的礼物**
　　　　　　　　　　　　　　刘　晶

新的一天总是那样无理地破门而入，甚至在你熟睡的时候。来不及过多回首昨天，又要匆匆踏上今天的征程。但是，在母亲节这个特殊的日子里，我却情不自禁地停下来，回忆。

记得去年的这个时候，我忘记了这个一年中唯一属于母亲的节日。于是，记忆里便永远地刻下了同学询问送什么礼物给母亲时，自己无言以对的尴尬、懊悔和自责；更忘不了那天的电视节目中，主持人的一句"母亲节里，您收到了什么礼物"引起母亲的失落和久久的沉默。当时心中便暗暗发誓：明年的母亲节，一定要送母亲一份惊喜，作为粗心的女儿对母亲的补偿。

时钟的指针转了又转，终于盼到了今年的母亲节。怀着去年那个持续至今的愿望，我出了门。节日里的花店，顾客盈门，生意红火。眼前的这家，玻璃橱窗上贴着红色海报：一束康乃馨，送给母亲温馨与祝福。我不觉怦然心动。透过橱窗，我惊喜地发现，花瓶中那一张张绽放的笑脸，正是被誉为"母亲之花"的康乃馨。锯齿形的花瓣密密层层地排列，好似一张张彩云制成的棉被，覆盖着花蕊中酣卧的"婴儿"。那花瓣上竟还沾着露珠呢！含露的康乃馨就像身着彩衣的仙女，刚从雾气迷蒙的仙境飞来。啊！襁褓里婴儿熟睡的小脸，雾霭中仙女婀娜的舞姿，这是何等温馨、浪漫的画面！我真应该送母亲一束康乃馨。我想，普通人的生活也应有浪漫的点缀，那么，今天，就让我把一份浪漫和节日里温馨的祝福一同送给自己的母亲——一个过着平凡生活的普通人吧！

这样想着，我便要抬脚进门，可是理智立即压制了冲动，刚伸出的脚又被抽了回来。我想起情人节的玫瑰卖到十几元一枝，那么母亲节的康乃馨也一定身价百倍了。我下意识地摸摸兜，里面几张纸币懒洋洋地躺在角落里，它们显得那么单薄。炎炎烈日下，我站在花店门口，犹豫着，看着人们匆匆地走过来，又手捧着鲜花匆匆地离去。我不想买花了，即便是手捧鲜花送给妈妈，我们也都不会感到欢愉，因为那鲜花毕竟显得奢侈，而伪作轻松得来的浪漫，其实并不浪漫。

主意已定，我便返身回家。一路上，狠毒的太阳向我喷着火舌，真渴望马上能吃到冰凉解渴的雪糕。对！雪糕！此时的妈妈也一定想吃雪糕解暑！于是，我立刻跑到雪糕店，买了一种叫"冰凉茶"的雪糕，并以最快的速度跑上了楼。开门的正是刚下班的妈妈，我把雪糕向前一递，说："妈，这是送给您的母亲节礼物。"母亲显得异常激动和兴奋，她微笑着望着我，用颤巍巍的声音对我说："谢谢！"我发现妈妈的眼里闪动着亮晶晶的泪花。那晚，我吃到了母亲最拿手的"红烧鸡块"；那晚，我看见妈妈把微笑带入了梦乡。

事后，我从同学那里得知，那天的康乃馨是 3 元一枝，事实上我能负担得起。但我很庆幸自己放弃了鲜花，选择了雪糕。因为，我已知道，浪漫无须苛求，尤其是在母亲面前。母爱并不等价于一大束康乃馨或是其他贵重礼品，一块雪糕也并不表示对母爱的轻视和低估。那块雪糕，就是最好的礼物，因为里面有我的真诚。

这个母亲节，没有给母亲带来浪漫，但是，许多年后，当满头银丝的母亲回忆起当年女儿的礼物时，当已是中年的我向恰如当年的自己那般年轻的孩子讲述这段故事时，我们所感受到的，一定是浪漫。

感悟 3   妈妈的手
                              李京效

妈妈的手很美，修长的手指，如玉的肤色，如绵的柔软，给我无尽的快慰。小时候，在妈妈的爱抚下进入梦乡是我的最爱……妈妈的手很巧，每逢春节，我都会穿上一件上面绣着小天鹅或是小黄鸭的毛衣，人人都夸我漂亮。

上学了，我家离学校很远，要带饭盒。妈妈担心我厌食，就每天变着花样为我做菜，每次打开饭盒，都有一份惊喜在心头。妈妈最拿手的是豆芽凉菜，廉价的豆芽经妈妈的双手精心调制，竟成了绝顶美味的佳肴！瞧一眼，晶莹的粉丝衬着洁白的豆芽，再加上点儿红辣椒的点缀，煞是好看；尝一口，香、辣、酸、甜，既爽口又开胃。

然而，妈妈那双漂亮、勤劳的双手，随着我的长大却变得越来越难看了。近于枯黄的颜色取代了过去那亮丽的肤色；开裂、粗糙、干燥，简直就像老树皮。于是，我不再欣赏妈妈的手。从前，妈妈的手伸过来，我会撒娇地依偎在妈妈的怀里。如今，妈妈要来摸我的脸蛋，我就会推开，嚷着："别碰我，疼！"妈妈总是尴尬地笑着说："妈妈老了，手总是干巴巴的。""人家的妈妈怎么不呢？"我赌气地说。妈妈默默无语。

这样的日子过了好久，直到一天深夜，它才结束。

我最爱吃琵琶虾，味美、肉多。那天，爸爸买了好多，我很高兴，但一见那扎人的"铠甲"便感到头痛，没说什么，便去睡了。夜里一觉醒来，我发觉厨房的灯还亮着，便起身出去关灯。然而，出现在眼前的一幕却使我惊呆了：昏暗的灯光下，妈妈正用她那已经开裂的双手剥琵琶虾，桌上的虾皮已堆了许多。每当触及那尖锐的硬刺，妈妈的手都会下意识地缩回来，放到嘴边吹吹，然后再剥，一只又一只……我突然觉得那刺不仅扎在妈妈的手上，也扎在我的心上，我的心在一滴滴地淌血。"妈妈！"我已满眼泪花。"噢，我给你剥点儿琵琶虾，明天带盒饭，你快去睡吧。"妈妈一边剥着一边说。

可我怎能睡得着呢？妈妈的手所以变成这样，都是为我操劳的呀！因为剥过太多的琵琶虾，所以开裂；因为洗过太多的衣服，所以变得干燥；因为干过太多的脏活，所以变得黯淡。而我却这样无情，用冷漠来伤害妈妈的心……

我爱妈妈的手，它记录了我的成长历程，并时时告诫我：勿忘母爱，勿忘报恩！

感悟 4   **白菜岁月**
李 赢

童年时，我过着公主般的生活：裙子是缀亮片的，毛衣是纯羊毛的，洋娃娃是会哭会笑的，电子琴是按钮最多的，腊肠和饺子是我的日常主食，水果罐头是从不离口的……今天，这些也许已很平常，但在 80 年代初，却是很让别的孩子惊羡的了。

然而当我上小学时，爸爸赔了钱，带着家里所有的积蓄到外地重整旗鼓，把一个一穷二白的家留给了妈妈。从此，我们开始了清贫的生活。

为了养家，妈妈把我和 3 岁的弟弟交给姥姥带，自己到食品厂汽水车间做女工。

她每天黎明出发，天黑才回家。一个月下来，她憔悴了许多，满手是伤，还得了胃病。那时我们还小，只知爸爸出远门，妈妈要上班，却全然不知生活的危机，更不知妈妈的辛苦。因为她每天即使再累，回家也仍笑容满面，装作很轻松。

直到第四个月，妈妈终于撑不下去了，硬着头皮把我和弟弟从不入口的白菜端上饭桌，我看着满桌只有炒白菜，哭着问："妈妈，为什么吃这破东西，为什么不给我们吃腊肠？"妈妈终于忍不住，抱着我哭了起来，呜咽地说："孩子，你应该学会吃苦了，你要学着坚强一点儿！"我第一次看见妈妈哭，惊慌失措。以后的日子，我再也不敢问了，尽管我根本不懂她的话。

年底的那天，我陪妈妈去加班。那天晚上，我才真正知道妈妈的辛苦。在那个满地是水的车间里，妈妈咬着牙扯起一个个麻袋，摞起一人半高的麻袋墙。在冷得哈气成霜的大屋里，大粒的汗珠顺着妈妈瘦削的脸不住地滚落。我想帮她，却没力气。我蹲到墙角，第一次为心疼妈妈而大哭。从此，我不但不讨厌白菜，而且还喜欢吃了——因为在那时，爱吃白菜就能让妈妈高兴。

这样又熬了一年，爸爸回来了。他没有白走，带回了钱，带回了我那久别重逢的腊肠，从此，我们告别了清贫。然而那段艰苦的"白菜岁月"却怎么也忘不掉。在那段日子里，我学了坚强，学会了吃苦，更懂得了母爱。

感悟5   回头吧，浪子
李 哲

下午暴雪忽临，气温骤降。放学后，我发现妈妈捧着大衣站在门口等着接我回家。

好久没和妈妈一起骑车了，突然有一种感觉：她怎么那么慢。第三次催她快点之后，我开始皱眉。在她摔倒之后，我不禁嘟哝起来："怎么那么笨，连车都骑不稳！"我看不到她的表情，只听她在喃喃地说："是啊，人老了，不中用了，连车都骑不稳了。老了呀！"当时我竟没去扶她，甚至都没去问她伤没伤着。回到家后，与妈妈一同吃饭，在桌上相对而坐，才发现她竟憔悴得如晚秋的树叶了。

天啊，我怎么这么冷酷！我怎么能对那个倾其一生给我的人这么冷酷？是啊，妈妈现在是老了，她已不是那个能把我高高抛起，再稳稳接回怀里的妈妈了；她已

不是那个半夜起来，一口气背我跑到几里外的医院的妈妈了；她已不是那个风雨无阻，天天骑车带我上学、放学的妈妈了。是啊，她真的老了，不知不觉，我都比她高半头了。儿子长大，母亲衰老，这是大自然定下的规则，但可悲而又可怕的是，她在我心目中的地位也随之衰老了。

随着年龄的增长，我开始刚愎自用，不再尊重母训；随着年龄的增长，我开始桀骜不驯，逆反心理日强；随着年龄的增长，我开始觉得妈妈太唠叨，太啰唆，太能操心。于是，我甚至开始厌恶她——人老，心也老了。真烦！

真正的清醒，总是在极度糊涂之后的。现在回想起童年的岁月，我是多么地爱我的妈妈呀！3岁我已会唱《世上只有妈妈好》，6岁我已知道"好孩子要孝敬父母"，9岁我已能诵"谁言寸草心，报得三春晖"。而今天，"饱读诗书"的我竟然对母亲那么冷漠！而母亲对我的爱却一如既往，有增无减。这只能有一种解释——我变得无情无义了。我好怕，好怕自己会变成那种令众人唾骂的、不知该叫什么的"生物"。

妈妈才刚过"不惑"之年，我就已嫌她老，那10年、20年、30年之后，面对一个满口无牙、行动不便、生活不能自理的老太婆，我会做些什么？我真的不敢再想了！

滴水之恩，尚当涌泉相报；对于沙漠里的一眼清泉，我又怎能自己喝足后就将其埋葬呢？擦干头上的冷汗，长吁一口气，自我庆贺一下：现在觉悟还不晚，浪子回头金不换。

趁现在我还是我，赶快把这份难得的清醒记录下来。但愿在10年、20年、30年后，倘我真的堕落到与狗彘称兄道弟之时，这篇文章仍能将我那奄奄一息的"人"的良知再一次唤醒。

感悟6　　　　　　　　　　打蚊子
谭　海

夏天打蚊子是家常便饭。然而细细体悟起来，其中也颇有文章。

我的打法与父母大相径庭。我信奉"人不犯我，我不犯人"。只有当成群的蚊子如歼击机般在我耳边频频"轰鸣"时，我才用手"天马行空"般凭空乱挥一气。蚊子赶跑了，我便"大功告成"了。

父母却全然不是这样。他们不是被动防守，而是主动出击，进行全方位搜寻，上上下下，旮旮旯旯，一旦发现"目标"，便一起出动，围追堵截。有时为了一只蚊子，竟会半夜起床奋战，颇有"不破楼兰终不还"之势。

如此差异我却从未考虑过。直到有一天，我扶着父亲站在一把颤颤巍巍的椅子上。父亲粗糙的大手重重地拍向一只"高高在上"的蚊子，嘴里愤愤地说："看你再咬我儿子！"一刹那，这话好像一道金色的阳光，剑一样穿透乌云，使我烟雾迷蒙的心宇豁然开朗——原来这一切都是为了我！

于是，许多日常琐事如连锁反应一般出现在我的脑海中，我终于明白了：为什么父母即使再乏再累再困，也天天照常守时地起床，轻轻把我摇醒？为什么父母总是费尽心思地翻新菜肴，却又乐此不疲？为什么他们经常在翻看我的书本时慨叹自己不高的学历，进而深深自责？为什么我书房门上用以遮住"隔门之眼"的白纸上总会出现几个不太明显的小孔，屡次贴住，又屡次出现？还有，为什么父母给予我民主，却又总偷偷地翻看我的日记和信件，并且常常为一个电话"盘问"半天？……

从前，我对这些事抱有的态度是烦、怨，甚至是恨，但如今看来，在我的身边，方方面面、点点滴滴，到处都有父母真诚的爱呀！

——从打蚊子这件微不足道的小事，我懂得了今后该如何为人之子了……

（三）感悟清华——话题作文《走进清华境界》

【自选教材】

教材 1   清华大学校训"自强不息，厚德载物"的由来

"自强不息、厚德载物"八字来源于《周易》"乾""坤"二卦的卦辞："……天行健，君子以自强不息……地势坤，君子以厚德载物。"1914 年冬，梁启超（字任公）先生来校讲演，讲题为《君子》，即以此二卦辞为中心内容激励清华学子发愤图强：

"乾象言君子自励犹天之运行不息，不得有一曝十寒之弊……且学者立志，尤须坚忍强毅，虽遇颠沛流离，不屈不挠；若或见利而进，知难而退，非大有为者之事，何足取焉。人之生世，犹舟之航于海，顺风逆风，因时而异。如必风顺而后扬帆，登岸无日矣！"

······

"坤象言君子接物，度量宽厚犹大地之博，无所不载。君子责己甚厚，责人甚轻。孔子曰：'躬自厚而薄责于人'。盖唯有容人之量，处世接物，坦然焉无所芥蒂，然后得以膺重任······当其名高任重，气度雍容，望之俨然，即之温然，此其所以为厚也，此其所以为君子也。"

接着，梁先生又引申勉励清华学生说："清华学子，荟中西之鸿儒，集四方之俊秀，为师为友，相磋相磨，他年遨游海外，吸收新文明，改良我社会，促进我政治，所谓君子人者，非清华学子，行将焉属？虽然，君子之德风，小人之德草，今日之清华学子，将来即为社会之表率，语、默、作、止，皆为国民所仿效，设或不慎坏习惯之传行，急如暴雨，则大事偾矣。深愿及此时机，崇德修学，勉为真君子，异日出膺大任，足以挽既倒之狂澜，作中流之砥柱，则民国幸甚矣！"

这次讲演以后，学校即以此八字为校训，作图制徽，永久流传。1917年修建大礼堂即以巨徽嵌于正额，以壮观瞻，而广流传。

——选自《清华园风物志》

教材2　　　　清华大学国学大师王国维的"三个境界说"

古今之成大事业、大学问者，必经过三种之境界："昨夜西风凋碧树，独上高楼，望尽天涯路。"此第一境也。"衣带渐宽终不悔，为伊消得人憔悴。"此第二境也。"众里寻他千百度，蓦然回首，那人却在，灯火阑珊处。"此第三境也。

——选自《人间词话》

【感悟清华】
感悟1　　　　　　可触可摸的精神财富
邓　瑶

对清华大学附中的学生来说，蕴藏着极为丰富的人文资源的清华大学，可以称得上是一笔无穷无尽的精神财富。

　　每天从清华大学的校园中走过，都是一种耳濡目染的熏陶。老师曾带领我们游览过清华大学校园：王国维先生的纪念碑，朱自清笔下的荷塘，还有著名的"闻亭"。这其实是在启发我们思考这些名人，感悟"自强不息，厚德载物"的清华精神。从文物古迹中品读这座大学悠久的历史，心动笔随，写出自己的真实感受，这岂不是一举两得的美事吗？这比任何"纸上谈兵"的灌输都更吸引人，比任何苦口婆心的说教都更有效，因为那不是别人将体会硬塞进你脑子的，你得到的是视觉，听觉，嗅觉，触觉综合起来的感觉，它真切可触，不再遥不可及。它立刻会使你产生急于走进这所神圣殿堂的心愿、吟诗作文的欲望和为此而努力奋斗的信念。

衣带渐宽，无怨无悔

　　在初识安眠在清华园里的王静安先生后，我更对他所提出的人生创业的三个境界有了深入的了解。表面看来是写爱情的诗，其实蕴涵着极为深刻的人生哲理："独上高楼"耐住寂寞，使我一次次克制住自己躁动不安的心；"衣带渐宽终不悔"，更时时激励着我为理想而奋斗；而"众里寻她千百度"之后的那种"偶然"与"必然"的精彩碰撞，更一直吸引着我的整个身心！如果没有在清华园里"触摸"大师王国维，我的心灵不会如此深沉。

清华园里实在有太多的人文资源，这是我们得天独厚的可触可摸的财富。开源引流的语文教学，使我们的笔下重新流淌着鲜活的心灵"天籁之音"！

感悟2　　　　　　　　　**走近清华，走进清华**

张大明

从我考进清华大学附中那一刻起，我就感到：自己离清华大学又近了一步。但这只是距离上的靠近，清华的骄人事迹、思想内涵，在我的脑海里仍是一片空白。直到这次参观清华大学校史展，才让我的脑海中除了装进了清华崭新的教学楼、优美的校园风景外，更记住了一个个震耳的名字，体会到了他们的精神。

梁启超先生为清华题的校训"自强不息，厚德载物"，无疑激励着一代又一代的清华人奋斗拼搏。在文学上，钱钟书、曹禺、季羡林、吴晗，一个个耳熟能详的名字赫然印在清华校友录上；在科技上，王淦昌、赵九章、钱学森等"两弹一星"元勋也是清华学子。以前也曾听过许多人称赞清华，看到过许多文章赞美清华，但都无法在我脑海中拼接成一个有血有肉、有灵魂的清华，那只是些干巴巴的文字。如今，没有了赞美词，只是一些名字，一点点介绍，就强烈地震撼了我。

"两弹一星"元勋，多么令人羡慕的荣誉。可有谁想过，这些清华学子，为了国家强大，隐姓埋名，在荒无人烟的戈壁上，在极其落后的条件下，创造出了神话。没有"自强不息"鼓舞他们，奇迹就不会发生；没有"厚德载物"感染他们，又怎能将个人利益置之度外？

我以前也憧憬过成为清华的一分子，但那就像愚昧人渴望文明，不过是本能，是不含思考的。而现在，我则想"自强不息，厚德载物"就是自己未来的校训，希望能在它的熏陶下，不仅使自己的知识充实，更让自己的思想品德站在前沿。今天，我已"走近"清华；明天，我将尽全力"走进"清华。

感悟3　　　　　　　**你能耐住寂寞吗——创业的思考**

钱翰丰

你想成就一番大事业，想为人生添上辉煌的一笔吗？如果回答是肯定的，那你就应该首先问一下自己："我能耐住寂寞吗?"

你能在别人尽情享乐的时候一个人坐在台灯下埋头苦读吗?你能在别人敬酒划拳、纵情放歌的时候视而不见、听而不闻吗?如今的我终于已稍稍明白"坐禅"的含义了。"坐禅"不是打瞌睡,也不是休息,而是思考。他们思考佛经上的话,思考人生,甚至思考宇宙和未来。如果不能耐住寂寞,能有达摩面壁十年而终成佛的事吗?

如果你在研究学问,你能看着官场之人呼风唤雨而面不改色吗?你能看着下海之人财源滚滚而目不斜视吗?你能耐得住你清苦的书斋生活吗?记得古代有两人一起做学问。一天忽然听到门外热闹非凡,原来是某人升了官。其中一人马上跑出门去看热闹,而另一人却纹丝不动,继续苦读。结果,仍苦读的那个人后来成了一位大学问家,而另一个人,仍是凡夫俗子。还记得读过一个故事。说有两个人一块儿锄地,其中一人忽然锄出一大块金砖,但他却跟没看见一样,继续锄着地。另一个人想拿,又不敢,就问他:"你为什么不拿这金砖呢?"他回答道:"我是来锄地的,不是来拾金砖的,你要就拿去好了。"于是那人拿着金砖就跑了。初读的时候觉得有点荒唐,但现在一想,作者的苦心才被体会到了:要做成一件事就必须耐得住寂寞,切不可被别的诱惑搅乱了方寸。

不光做学问,立志在官场或商海中有所作为的人,都应忍受得住创业过程中的寂寞。愿每个胸怀大志的人,都能在寂寞过后登上令人羡慕的领奖台。

感悟 4　　　　　　　　　　　　　**静 夜 思**
孟繁骏

就着台灯刺眼的光,我仔细翻阅上高中以来五次大考的成绩单。心跳就像那上下起伏的分数图像一样动荡不安:从写出精彩的自我反省的文章《蜕变》,到今天学习成绩的大幅度下跌,我究竟是"蜕变"了,还是"退化"了?!我究竟是在进军清华大学的大道上前进,还是蒙着双眼在野地里游荡?!我陷入了痛苦的反思……

曾几何时,我对自己是多么的自信:好像我就是迈克·乔丹,飞身灌篮是我的拿手本领;好像我就是《逍遥游》中的大鹏,扶摇直上九万里是我的本能;好像我就是盖世奇才,清华大学、北京大学的录取通知书不过是手到擒来……我如在梦中一样痴呆地等待着成功的眷顾,浑不知自己已像一条无帆无舵的破船,搁浅在浅滩之上。而如今面对着可怜的成绩，我仿佛跌下万丈深谷，抬头仰望高高耸立的山崖，我的心在剧痛中挣扎："重新爬上去吗？……算了！这谷中自有清泉鲜果，绝无案牍劳形，悠悠然逍遥一世岂不快哉？"

于是，我向一片安逸的林泉爬去。这时，我的心腾地一下跳出胸膛，对着我厉声责问道："想一走了之吗？！想逃避责任吗？！想一辈子苟活于此吗？！你怎么面对呕心沥血的老师？！怎么面对鞠躬尽瘁的父母？！怎么面对掩面叹息的祖国？！"它冷冷地盯着我，鄙夷的目光刺得我如坐针毡。"不过，如果你真想窝在这里苟延残喘，我也不再强求。我自会去投奔一个真正的男子汉大丈夫！祝你在此早日修得'无己、无功、无名'的境界！哈哈哈……"这嘲笑声穿透我的耳膜，刺得我全身剧痛，也刺得我大彻大悟。我重新站起身来，抖掉身上的疲惫，抓住荆棘，踏着山石，继续向山崖上攀去。

山，远望时如此渺小，攀登时方知高大；路，在地图上不过咫尺之短，踏在脚下才知漫漫无尽。终于，我找到了久寻不见了的动力，那就是：把自己置于泰山旁，还原出自己的渺小；把自己置于太阳旁，映衬出自己的灰暗。以古今中外的伟人为明鉴，反思自己的鄙陋；与进军清华大学的标兵相比较，发现自己的差距。他们就像悬梁之绳，刺股之锥，激我奋发，催我前进。

关上台灯，我钻进舒适的被窝。渐渐地，我睡去了，但我的心将永远醒着。

（四）感悟高三——话题作文《高三的色彩》

【"灰色作文"点评】

高三的色彩

人都说年轻是最快乐的，我看未必。在我心中，反倒老了才快乐。正像我们现在，生存在高中三年这个水深火热的地方：上，上不得；下，下不得，又有什么快乐？

【"水深火热"可谓全篇纲领，全文紧紧围绕这四个字展开。作者布局谋篇颇有功力，但遗憾的是，立意却在"敌视高三"。"水深火热"的断语未免危言耸听。追求快乐，无可非议；但如果在花季一味享乐，放弃了学习，正所谓"少壮不努力，

老大徒伤悲"，将来则何乐之有？】

进入高三后，家长、老师总要说的一句话："孩子，上高三就要扒一层皮"，难道我们生活在旧社会吗？非要受地主"周扒皮"的对待？咳，苦也，累也，心痛也。其实我们还不如那些佃农，他们可以反抗，可以"群起而攻之"，可我们又能怎样呢？一天一天挨着过吧，前途一片灰暗！

【作者竟然用旧社会穷孩子受地主"周扒皮"虐待的典故，来阐述新社会有幸坐在课堂里读书的孩子们的"水深火热"，这真是天大的荒诞逻辑！当年创作"周扒皮"故事的人，恰恰是切身经受过"周扒皮"剥削之苦的、没有上学机会的穷孩子高玉宝，他代表了整整一个时代的呼唤是"我要读书"，而如今某些养尊处优的新少爷、新小姐们呼唤的却是"要我读书"？难道这些人真的要"群起而攻之"地"反抗"，要回到没有书读的旧社会去吗？不，绝不是这样的。我猜想，他们不过是只想要新社会物质生活的"福"，却不想要新社会学习生活的"苦"罢了。我常常想，官僚有腐败的，商人也有腐败的，难道学生就没有腐败的吗？】

高三有没有好的呢？当然有，唯一好的地方，自然是这段生活只有9个月，9个月后，自然是天高任鸟飞，海阔凭鱼跃了，那时自然可以看到自由蓝天的真正的颜色，这正好像1949年2月那样——就快解放了！

【"解放"之后去干什么？"天高任鸟飞"，你能"飞"到哪里去？"海阔凭鱼跃"，你能"跃"到哪里去？难道你能逃脱我们生活的这个世界吗？难道你能逃脱即将到来的独立生存吗？难道你不知道你如今的潇洒生活，是你的父母在用他们的肩膀扛着沉重的生活闸门，给你换来的？你以为他们能养活你到老？如果说这样话的是3岁的孩子，我们说他是天真；如果是三年级的小学生，我们说他是幼稚；如今高中三年级的学生仍然说出这种话来，我们只能说他是无知，可笑的无知！可悲的无知！】

然而，这绝不仅仅是这位作者一个人的想法。与此共鸣的大有人在。请看同类的言论："高三的黑夜里只有三颗明亮的星：一颗是运动会，一颗是元旦联欢，一颗是明年五一的春游。"再请看："今天的努力是为了明天的辉煌——其实这是句空话，实际是，今天的努力是为了高考后的好好玩。"】

高三的学习自然紧张，所以每个人都显得有些神经质。一本本五颜六色的教科书、练习册，说实话，也只有这些，才真正是多彩的。除此以外，高三只是一片黑暗。像把一个孩子关在黑屋子中，外界的一切都在引诱着他。而他呢？只有努力地在黑屋中寻找打开门的钥匙。经过 10 年的等待，他快要找到了！咳！10 年啊，起初还很平和，怎么越往后越烦躁了呢？

【"越往后越烦躁"是因为你越往后越"迷失了学习的方向"。享受与快乐，固然是人生的要义之一，但不要忘记，享受与快乐的前提是"生存"，而人类文明发展至今，学习成了生存的首要条件；此外，还不要忘记："人生的最高境界是有所作为"（恩格斯语）。固然，现在是"全国上下一片玩儿，不分大人和小孩儿。"但既然选择了这条升学之路，你就应该为自己而感到幸福、感到自豪，你就不能心猿意马，你更不能南辕北辙，你绝不能奢望鱼和熊掌二者可以得兼！】

等待！等待！等待着那一天的到来。那一天后，才能真正地从黑暗中出来，凭着自己的意志去生活。

【"凭着自己的意志生活"？什么"意志"？自由自在的"意志"？那除非上天，与七仙女相伴；或者去桃花源，与陶渊明为伍。只可惜七仙女是个神话故事，而桃花源本来就是一个虚幻的乌托邦。】

咳！烦啊！烦啊！黎明前的时光，是最黑暗的；可惜！可惜！秦始皇已不在啊！

【如果有人不明白这句话的潜台词，那么请看另一位同学的注解吧："薇薇幻想着自己就是秦始皇，能把老师们都坑了（坑，是动词，埋到坑里的意思），然而现实的残酷让薇薇的生活变成了极其简单的模式：早晨迟到—上课睡觉—晚上熬夜（写早晨迟到的 1500 字检查）。"原来，呼唤始皇是为了"坑"掉老师，如此这般岂不是"本是同根生，相煎何太急？"你学生受罪，我们老师也一样受苦啊！学生苦，顶多三年；老师苦，终生不息！"文化大革命"时学生批斗老师、甚至残害老师的情景让我至今心有余悸；看来，如果再发生文化大革命，不用学生来斗，我干脆先自我了结算了，省得被学生折磨致死。嗨！给这样的学生当老师，岂不令我毛骨悚然？】

生活，生活，高三的生活，尽是白色、黑色、蓝色——试卷的颜色和油笔的颜色。也只有这三种色彩，才能最准确的代表高三的生活。也许是对生活已经木然，虽说有几种颜色相伴，看得多了，反倒觉得像是无色，生活在无色的真空中——发疯！发疯！

怪不得前辈学子们总要在这最后时刻设立倒计时牌，我想它一方面告诫我们：还有××天就要高考了；而另一方面，自然是：要有信心，还有××天就要自由了。

咳……也许这也是人生不可缺少的一个环节，也许造物主就是要通过这一环节告诉我们：要珍视往后的生活，这叫先苦后甜。

【"苦尽甘来"，这话不假。但必须是真正自觉地吃过"苦"，才能自然地有"甘"来。像你这样怕苦、叫苦、厌苦，只会苦上加苦，是绝对不会有甘来的。】

咳……罢了，罢了，数着日子继续过吧……

【总评】语言生动，扣题谨严，抒情透彻，不乏文采。但是好的文章应当形神兼美，所谓"文质彬彬，然后君子。"你只是把写作当成发泄牢骚的"出气筒"，岂不知作文更应当成为完善人生的"健身器"。换个思路，换种心态，重新审视你的高三生活，你的文章将会焕发出迷人的色彩！

【"绿色作文"赏析】

感悟黑色高三

金橙橙

过去常常听人埋怨和诅咒："黑色的高三！"如今，自己身坐在高三的教室里，面对从早到晚浩瀚无边的题海、大大小小接踵而来的考试，我终于感受到了高三的"黑色"；但这"黑色"，绝非令人窒息的恐惧，也绝非暗无天日的绝望，恰恰相反，它代表着镇定和从容，预示着光明和希望，这才是黑色高三的本质！

我以为，所有的色彩混合在一起就形成了黑色，因此黑色正是色彩的极致，仿佛武功中"无招胜有招"的最高境界，任何其他的颜色在它面前都显得苍白无力。黑色具有摄人心魄的震撼力，它代表着成熟与稳重、清醒与冷静。这浓重的黑，足以遮住躁动的红、颓丧的灰、轻浮的绿、戏谑的黄和空虚的白，它是12年寒窗积淀下来的一份沉甸甸的希望，它是身经百战积累而成的一种从容。

在经历了许许多多的成功与失败，洒下点点滴滴的汗水与泪水后，高三给了我一种踏实平稳的心态，让我沉着冷静地面对生活和学习。面对纷至沓来的诱惑，我少了些心猿意马的浮躁；面对堆积如山的习题，我少了些贪多求快的忙乱。理智的黑色盖过感性的花花绿绿，还心灵一片平静纯粹的天空。

高三是一段黑色的夜路，我必须耐得住这夜路的孤独与清苦，直到走进黎明的曙光中。闪烁的霓虹尽管灿烂，却永远无法给我带来真正的光明。黎明前是最黑暗的，但也只因为这黑暗才愈发显出光明的珍贵。我们的青春会因为有这样一页黑色的记忆而无憾无悔——正是它，使我们在挑战人生的苦难中练就了坚强。

黑夜给了我一双黑色的眼睛，我将用它去寻找光明！

【总评】面对同样的黑色高三，有人痛恨诅咒，有人深情讴歌；有人否定一切，有人辩证分析；有人在黑暗中绝望挣扎，有人在黑夜里奔向光明。为什么会有如此不同的感受？显然是主观意识不同造成的。"态度"诗化了"高三"，"观念"美化了"黑色"，这不是主观唯心主义，而是人所特有的主观能动性对高三生活的折射。遗憾的是，有些同学的主观能动性，却只在享乐的时候发挥得淋漓尽致，而在学习的时候却消失得无影无踪。作者的学习成绩始终在全年级名列前茅，这篇深刻的文章难道不正道出了她成功的真谛吗？

【"一言心得"点评】

1. 在黎明前的黑暗中，搏击未来，努力！！

2. 在黑暗的背后，我站出来，荷枪冲向阵地。

3. 付出过，就不后悔！继续努力学习……

4. 革命尚未成功，写作仍需努力。

5. 压力变动力。

【由"诅咒"黑色到"挑战"黑色，这是人生观的转变。】

6. 高三还是多彩的，还是有希望的！谢谢老师的谆谆教诲。

7. 将高三"写"成彩色的看似虚假，但我一定把我的高三"过"成彩色的！

8. 虽然现在我的高三是黑色的，但我希望将来我的高三生活会是橙红色的，就像那初升的太阳。

9. 我对高三的看法改变了。高三可以是多姿多彩的，只要我们努力去做，梦想就会实现！

10. 我会努力——为我自己，让高三的生活充满色彩。

【由"怀疑"彩色到"开创"彩色，这是人生境界的升华。】

11. 思想有所触动，态度也有所改变。

12. 嗯，我承认我的思想阴暗到一定的程度了；嗯，一下子改不太可能；嗯，慢慢改吧……

13. 忠言逆耳，自省自察。

14. 金玉良言，永记脑海。

【"君子之过也，犹日月之食焉。过也，人皆见之；及其更也，人皆仰之。"小人之过也，犹眉目之污也。过也，人皆见之；及其文也，人皆恶之。】

15. 以正常心态对待高三生活，要对自己充满信心。

16. 人的思想决定一切，高三究竟怎样，那得看你如何对待它。

17. 听了这堂作文课，我真正领悟到高三拼的是心态！心态从容才是顺利通过这道难关最坚实的基础。

18. 作文得好好写，没文采确实不行，思想更得端正。

19. 通过老师精彩的点评，不仅在作文上，而且在做人上也收获不少。

【灵魂独具人之本，行尸走肉枉为人。灵感本自灵魂生，华词丽藻灰色文。】

20. 以前常不交作文，周记也不交，说实话，因为懒；还觉得从前的老师不合"口味"。今天我一定补上以前所有没写的作文。还有，我作文水平不高，常常没"笔神"，希望以后能提高。

【一步实际行动，胜过一打纲领。】

21. 故国神游，情景几近一致；旧梦重温，感慨大不相同。

【注：此生是从重点班淘汰的，故有此言。于是，我点评到：故人重逢，往事依稀再现；士别三日，更当刮目相看。】

22. 我以我血荐考场，我以我血荐生活，我以我血荐人生！

【此方为热血男儿，远胜过帅哥靓女！】

23. 生命诚可贵，爱情价更高。若为学习故，二者皆可抛。

【今为学习故，二者暂且抛。他日功成际，双双价更高。】

24. 高三来了，我不怕，因为有您在；高三走时，我留恋，只因恩师别。

【诗意高三，苦中有乐；真情倘在，天涯比邻。】

25. 老师，你真的很棒！

【四班，你真的很好！】

"一言心得"点评，在全班同学的热烈掌声和欢呼声中结束。

（五）认识自我——命题作文《自画像》

习作 1　　　　　　　　　　　　自 画 像

陆羽皓

　　我的童年是在清华大学附小度过的。那时候我整天疯玩，什么也不懂，只记得小学一二年级时十分调皮，不爱学习，成绩也在班中倒数。随后承蒙父母"教导"，学习开始逐渐进步，但还是经常犯错误（忘事，忘写作业，业余时间偷偷玩电脑游戏），平均一个月就要写一次检查。后来唯一值得庆幸的就是在父母的百般逼迫下，考上了清华大学附中的重点班，小学生活就这样糊里糊涂地过去了。

　　初一期中考试的时候，我的分数在年级排七十多名（年级将近 400 名学生）。我从此开始有些沾沾自喜，疯玩也没有限度了，结果期末考试成绩极差，面临"降级"的危险。然而，我却为自己找了许多冠冕堂皇的借口，并对基础知识的学习失去兴趣。我变得更加内向，不爱与人说话，经常独自沉思。

　　初二了，或许是班主任赵老师的原因，我开始猛看课外书，起初基本上是以中外名著为主，后来渐渐偏离了轨道，用同班同学疯狂学习的时间开始胡乱看一些杂书，并因此接触了一些科普读物，开始对自然科学产生了浓厚的兴趣。我当时的自控能力也很差，一天到晚只是和同龄人一样绞尽脑汁想着怎样骗过父母，多玩一会儿电脑游戏，成绩始终在班级中下游徘徊。幸而我在重点班，有着良师益友的提醒，丢三落四的毛病有所好转，成绩也不差，还被保送进了清华大学附中高中部。

　　初三的时候，随着年龄的增长，见闻的增多，许多事情在瞬间改变，我开始对一些人类行为学的深奥理论产生了兴趣，并有了自己的见解。这些课堂之外的知识和见解，有许多是成年人也未必理解的，于是我曾一度有了一种超越同龄人的自负感。这种自负感夹杂着叛逆心理，在一段时间内促成了我对某些权威的蔑视：父母的言语，我不屑一听；试卷中不顺眼的阅读文章，我不屑一答。这种心态对我的学习影响极大，直到现在还未完全根除。

　　过了半年，我才终于意识到了自己的狂妄、自控能力差以及许许多多的毛病，并平生第一次认真地发自内心地做了自我检讨。在这一年中，我逐渐发现了社会上的许多问题，并经常对我遇到的许多问题进行深入的思考。这使我意识到，原来人类社会还面临着那么多的危机，还有那么多的漏洞需要补救！而我作为人类的一员，不应该整日沉迷于个人利益的追逐中，而应该另有建树。我的确是这样想的，只不过这"建树"任重而道远。我终于确信：自己的近期目标不应是胡思乱想，而应是指向基础学习的。从这以后，我变得更虚心了，并开始努力学习。可惜为时已晚，我还是没有考进"龙班"。

初中3年结束了。当我重新审视自己，发现自己可怕的幼稚和无知，后悔自己浪费时间时，花季年华已经逝去，只有目标还矗立在眼前——当然，追求还远没有结束。

我没有什么波澜壮阔的经历，只不过我这长远目标不是个人利益之争，而是着眼于整个人类的发展罢了。但我相信，为这与众不同的目标，我会以与众不同的态度挑战自我。虽没有从群英之中脱颖而出的气魄，但至少不会再虚度光阴了。

【点评】
回头浪子金不换——评陆羽皓的《自画像》
赵谦翔

"整天疯玩"，"没有限度地疯玩"，"自控能力很差"，"绞尽脑汁想着怎样骗过父母，多玩一会儿电脑游戏"……以至于"考试成绩极差"，"面临'降级'的危险"——这难道不是某些青少年学子走过的浪荡之路吗？

然而，值得钦佩的是，这篇《自画像》的作者没有沿着这条浪荡之路继续走下去，他及时地觉醒了："我终于意识到了自己的狂妄、自控能力差以及许许多多的毛病，并平生第一次认真地发自内心地做了自我检讨。"——这是多么可贵的自我反省啊！

"这种自负感夹杂着叛逆心理，在一段时间内促成了我对某些权威的蔑视：父母的言语，我不屑一听；试卷中不顺眼的阅读文章，我不屑一答。这种心态对我的学习影响极大，直到现在还未完全根除。"——这是多么深刻的自我解剖啊！正是这种自觉地悔过，坚定地自新，使他成为回头浪子。

且慢，还有更值得钦佩的："我开始对一些人类行为学的深奥理论产生了兴趣，并有了自己的见解。"——学习课本之外的"行为学的深奥理论"，这可以说是自我实施的素质教育！学习之余，还有了自己的见解，这正是悟性高的表现！

"我意识到，原来人类社会还面临着那么多的危机，还有那么多的漏洞需要补救！而我作为人类的一员，不应该整日沉迷于个人利益的追逐中，而应该有所建树。"——原来是嬉戏无度的顽童，如今想成为人类社会危机的"补天者"！

"我确信：自己的近期目标不应是胡思乱想，而应是指向基础学习的。从这以后，我变得更虚心了，并开始努力学习。"——这就叫作"既高瞻远瞩，又脚踏实地"！这样的浪子多么难能可贵！

再请听他那最值得钦佩的铿锵誓言："为这与众不同的目标，我会以与众不同的态度挑战自我"——这句话很值得玩味。"目标"是决定"态度"的。目标"与众不同"，态度自然会"与众不同"；有些人目标"远大"，态度"卑微"，正说明他的目标是"虚假"的。显然，态度是检验目标的试金石。

此外，"挑战自我"，这话也说到了点子上。庄子曰："自胜则强。"在公平竞争的原则下，你只能"战胜自己"，而不能去"战胜他人"。只有战胜自己的弱点、缺点、错误，才能使自己越来越完善，越来越强大。而战胜了自己，才有可能战胜他人。这样挑战自我的浪子，当然是千金难买，万金难求了！

不过，作者的观点也有不妥之处。"可惜为时已晚，我还是没有考进'龙班'"。其实，这正是一种"误解"。没进"龙班"就不能成才了？进了"龙班"就进了成才的"保险箱"？如今，普通班的同学还在羡慕"重点班"，可身在"重点班"的学子果真个个是人才苗子？有人仰慕清华大学，难道考进清华大学的就个个都是精英？实际上，有的人正是因为进了重点班才洋洋自得，停滞不前；有的人正是因为进了清华大学，才忘乎所以，乃至不能毕业。事实证明：确保成才的关键只有两条：第一，发自内心的远大志向；第二，矢志不渝地艰苦奋斗。有了这两条，即使条件不好，也可逆境发愤，终成奇才；一旦条件具备，便可扶摇直上，开创辉煌。

祝愿所有的回头浪子，坚定方向，自胜自强，开创无悔的人生！

习作 2　　　　　　　　　　　　坏学生自述
周　元

自上学起，我成绩就一直不拔尖，自由散漫，几乎天下的坏事都有我一份儿。

好学生我肯定是当不上，姑且自称坏学生吧。

情书风波——早恋的坏学生

说来可笑，我竟打小学五年级起就喜欢上了一个女孩子（请注意是我喜欢她，并不是她喜欢我，事实上她一直只把我当作普通朋友）！她长得不甚漂亮，可是每当我见到她时，总有一种怪怪的感觉，好像上辈子就认识她似的。想想那时候我的胆子也太大了，居然当着年级组长的面将一封被别人称做"情书"的东西交到她手中。其实里面真的没写什么东西，只是说想和她做朋友云云。结果可想而知，没过几天，N（N大于等于3）个老师"传唤"了我，喷了我一脸的唾沫星子。哎……

然而，老师们的唾沫似乎费得有些冤枉了——他们并没有将我那"不纯洁"的心灵洗刷干净——当然他们也不可能洗刷得干净。

但要郑重声明的是，"早恋"并没有影响我的学习。

老师的对头——逆反的坏学生

也许是因为固执的性格，我多次与老师们发生摩擦。

五年级的时候，教我数学的是一位同我一样姓周的中年女教师。有一次，在自习课上，她将判过的试卷发了下来，我看到试卷上有个鲜红的叉子印在了一道我认为正确的题上（那道题要求用简便方法解答，等式经过变形之后可以运用高斯求和，而我用了另外一种更为简便的方法），看到因为这道题减去了我5分，我心在流血呀（君尝闻"分分分，学生的命根"乎？）于是我"义愤填膺"地冲了上去，要求老师不要"革"我的"命"……学生毕竟是学生，能"全身而退"就不错了，只有写检查的份儿。

还有一次，教育部部长陈至立宣布给中小学生"减负"。正在我们兴奋地高唱《没有共产党就没有新中国》时，老师们召开了年级大会，总的精神就是——减负等于加正（当然他们没敢这样明说），并且在会议终止前责令我们每个人写一篇对"减负"的认识。好，写就写！牛脾气再次爆发——第二天早晨，一份"反文"交到了老师手中。我不光抨击了"应试＋填鸭"式的教育，更对老师们所谓的"减负"冷嘲热讽。唉呦！这回我可惨了，全年级的老师再一次"会审"了我……

进入初中以后，我并没有因前车之鉴而改过自新。就在初三第一学期的第二个星期三，牛脾气再次发作。那天有无数的作业，就在最后一堂课上，语文老师又留了一篇作文，并且"落井下石"，要求我们第二天就交。呜呼！这咋得了？那又将是一个不眠之夜。于是身为语文科代表的我同班长一起将老师围住，要求晚一天交，老师就是不允，当时我的脑子已经被一天的学习冲晕了，冲着老师说道："国家法律规定，我们应该有休息的时间！"冲突愈演愈烈，围上来的老师和同学也越来越多，同学没人敢说话，老师肯定帮老师……唉，最后还不是"赔了夫人又折兵"。

初中以后，我还是我——坏学生。她的生日在13日，爱屋及乌，为此我喜欢上了这个被别人看作极为不吉利的数字。每年她过生日的时候我都要送她礼物。记得初一那次，我实在不知道应该送什么好，就买来彩纸，自己叠了一瓶子的纸鹤送给她。为了证明这些不是买来的，我在叠之前在每一张纸的背面都写了一句祝福的话。我没有打算告诉她这个秘密。然而两天之后，我就听到我在她班的"细作"（我们不在一个班上）对我说她把纸鹤全都打开了，当时我的第一反应是激动，但马上又转为担心——担心因为她打开了，那些祝福的话就不能实现了。

我的感情也随着我思想的成熟起着微妙的变化——本来我是非常希望她喜欢我的，看到她和别的男孩子在一起说说笑笑我就吃"醋"。从初二开始，那些变得无所谓了。我心中只知道自己喜欢她，只希望她能够快乐。当我再听见别人说她和别的男孩子有什么"是非"之类的话，只是一笑而过，"是"又如何，"非"又如何？朋友们总埋怨我"不主动"，其实是我不想主动。我变成了个十足的"惰性元素"，我不愿像那些"活泼金属"似的整天"氧化""还原"。

迷恋网吧——罪恶的坏学生

如果说前两条是思想品德败坏，那么这条就是影响学习成绩的了。

不知道从什么时候开始，我们年级爆发了一场网吧风暴。我虽然算不上这场风暴的主导者，但我的确比大众的行动早得多。

由于爸妈禁止我玩游戏，所以游戏对我有一种特殊的魅力。好像是初一的暑假，我闲着无聊，就邀上一个同学，第一次进入那个罪恶而充满魅力的地方。很快，我便熟悉了那里的一切。于是，我堕落了——不是"堕落天使"，我根本就不是天使。甚至有的时候为了上网连午饭也省了，这样的局面一直持续了 9 个月，直到第二年的五月初我才真正地戒掉了这个"毒瘾"。说来也巧，就在我下决心不去网吧后没多久，发生了"蓝极速"网吧火灾事件。想想都有些后怕。

坏学生侥幸上了清华大学附中，又侥幸进了重点班，真不知道是哪辈子修来的福。

后　记

说实话，昨天的我肯定不敢相信自己会写出这样一篇东西来。我写作的意图就如同我的性子一样怪异。

这段文字里的内容都是我精心挑选的。第一小篇，最使我刻骨铭心；第二小篇，最体现我个性；第三小篇，是我有生以来最为懊悔的事情。

文字里的很多事情是从前不为人知的（包括我父母），我也搞不清是什么给了我这么大的勇气，让它们跃然纸上，接受阳光的考验。应该是我的牛脾气？但不全是。我不得不为赵老师这敲开心灵之门的本事而倾倒，很大程度上，我是听了赵老师的《我的四幅自画像》和他对"绿色作文"的诠释后才决定写这些的。（哎呀赵老师真是屈才了，要是去公安局审讯那些不肯招供的犯人肯定错不了！）请赵老师不要吝惜墨水，多赐一些教诲。

墨水虽然不能洗掉污点，但却可以让污点变成美丽的图画。

【点评】　　　　我为"坏学生"叫好——评《坏学生自述》
赵谦翔

"早恋的坏学生"——多么纯真！如果亚当夏娃的互相吸引有过错，那过错只能归之于上帝，与我们尚未成年的学生有何相干？更何况这个坏学生的情感，"发乎情，止乎礼"，既算不得黄色的"色情"，又算不得粉色的"艳情"，何必大惊小怪？何必大加挞伐？要我看，这样的情感，极纯洁，极宝贵，当属于绿色的"春情"！为师者只应因势利导，岂可如封建时代的伪道学之流"存天理，灭人欲"乎？

　　"逆反的坏学生"——多么棱角！解题方法与老师不同便遭"死刑"，为什么不逆反？不逆反那才是病入膏肓！虚假的"减负"为什么不逆反？不逆反那才是朽木不可雕！作文而让学生恨之入骨，为什么不抗议？不抗议那才是麻木不仁！如果所有的学生都把这种个性和棱角丧失了，那我们的接班人岂不可悲？我们的未来岂不可悲？我们的民族岂不可悲？

　　"罪恶的坏学生"——多么可贵！迷上网吧不能自拔，这无疑是犯了可怕的错误，但是有多少人像这位学子那样痛改前非、悔过自新呢？难道不是至今还有不少人在偷偷迷着、恋着吗？世界上根本没有没犯过错误的人。君子改过，人皆仰之。获得了免疫力的人，肯定会比未走过弯路的人要成熟得多，也成功得多！浪子回头金不换！

　　觉醒的坏学生——多么真诚！"我不得不为赵老师这敲开心灵之门的本事而倾倒，很大程度上，我是听了赵老师的《我的四幅自画像》和他对'绿色作文'的诠释后才决定写这些的。"这话说得不为不对，也不为全对。我这叩击心灵的方法并非只对周元一个人实行，我是面对着两个班 100 个人实行的呀！可是在我同样的叩击下，心灵之门訇然洞开的有多少人呢？麻木不仁者，有之；虚假应付者，有之；拒绝交心者，有之；言行不一者，有之。而像周元同学这样以心换心、肝胆相照的有多少人呢？真诚的情愫如清风朗月，令我为之动心，为之动容，更令我欣然动笔，为之点评，为之叫好，为之呐喊助威！

　　周元，好样的"坏学生"！

　　【作文讲评课"一言心得"选录】

　　陈　搏：读了几篇自画像，我感到了同学们都非常有思想，有理想，尤其是陆羽浩，思想高尚、理想伟大。我也有同感，只是还未上升到他的高度。我会以为人类做贡献为理想，激励我前进。

　　冯雪辰：这两堂作文课，不只是教作文，更是教我做人。看了同学们的自画像，我顿然醒悟，再也不能吃饱混天黑了！我要树立更长远的目标。

　　谢　丹：学作文，更学做人，自画像讲评让我对一些同学有了更深的了解。记住了作文一定要有自己的特点、特色，受益良多。

　　许田恬：我意识到自己以前的目标是多么幼稚和肤浅，我不会再沉迷于个人利益的追逐和物质上的追求了。同学们的理想使我不再迷茫，现在我终于下定决心去做一个对国家和社会有用的人。

　　臧广智：我总是认为每篇作文的章法应该都差不多，没想到同一题目文章会有这么多不同的特色。可能这就是绿色作文。只要能围绕文章的主要内容，抒发出自己的真情实感就行，不要有固定的格式和章法的要求。

　　杨　帆：读了他们的自画像，我觉得写文章重在真实，要写得有特色。角度新颖会让读者耳目一新，朴实无华会使人产生共鸣，优美的文章让人读着舒服，纯真的文章容易打动人，深刻的文章留给人以深思。

　　罗　迪：对于"绿色作文"的定义，在以前我感受不深，只是觉得新鲜，但在今天听了几名同学的作文后，我真正觉悟了。我下决心以后要写绿色作文，在真实的基础上使文章出彩，写出自己的个性。

　　秦　晗：为什么我不敢说真话呢？从前，我怀着真挚的感情向老师捧上我的心时，那不屑一顾的表情无情地将我的希望砸碎，我只有委屈地将碎片拾起，重新拼凑一个并不完整的梦想……可如今，还犹豫什么呢？一个全身上下焕发着朝气，有着全新理念的老师就在我的面前，等待着我们去叩开心门。我要脱胎换骨，我要重生！

　　岳　鑫：要写绿色作文，要先学会做人。人做不好，办的不是人事，说的不是人话，写出来的更不是人写的文章。

　　刘雅蕴：山外有山，人外有人。虽然这次我写得不错，但比我写得好的人还很多，我得更加努力！

　　邹　磊：我被每一幅自画像深深震撼，虽然他们的风格是各异的：新颖、朴实、深刻、优美、纯真等。但有一点是共同的——真实。我又一次深刻地认识到这是"绿色作文"的主旨。有真实感的文章才能感染读者。

　　徐可禹：文章写得好，评论写得妙。

（六）探讨人生——关于"书中自有黄金屋，书中自有颜如玉"的争鸣

　　"书中自有黄金屋，书中自有颜如玉"这是中国古代最著名的劝学格言。前些年，南方某地有一位中学语文老师就曾在他所教的班级内明召大号"读书就是为了挣大钱，娶美女"，其说法不过是这一格言的白话翻版而已。请以《"黄金屋、颜如

玉"之我见》为题，谈谈你对这个问题的真实看法。也可以针对下面这位同学难能可贵的真情自白，发表自己的见解。

黄金屋?! 颜如玉?!

书中自有黄金屋，书中自有颜如玉。这话只要有点文化的人都知道。它的本意我想应是激励学子读书，但古往今来的很多人把得到金钱和美女定为一生唯一的目标，此大谬也。

现在是个言论自由的时代，有很多人曾把这话批得体无完肤，这种自以为清高的极端分子亦不正确。我还是一个无收入者，但已充分体验到了"钱不是万能的，但没有钱是万万不能的。"然而，我对钱的认识远远不及我对美女的认识。

常言道："红颜祸水。"这也许是那些人最锋利的一把匕首，况且此类的典故还真不少。有春秋的西施，三国的貂蝉，唐代的杨玉环……本来我也以为那种"爱江山更爱美人"的男人是可鄙的。但是，当我看见了贾静雯（台湾著名影星，绝色美女）时，我一下就明白了古往今来多少男子汉为何为红颜而豁出一切了。美女我见过不少，可只有贾静雯她一个令我从骨子里开始激情澎湃。为了她我死都不在乎，更何况是"江山"呢？如果你没有我的这种感觉，那是因为你没有碰上一个真正令你动心的女人；如果你内心里以为我是一个被美色冲昏头脑的失足少年，对不起，你不是个男人，至少不是个标准的男人。你居然嘲笑一个男人的爱，不可原谅！你可知道我看见静雯时心中的感觉？痛啊！我恨我为何没早生10年！悔啊！我们今生注定不能在一起啦！天啊！如果不是老天爷你诚心让缘分把我捉弄，我也不会爱得那么心痛。"这就是爱么？"我问自己。"这是！"这是我这一生中最深最真的第一次也许也是最后一次爱。如果我是那些大英雄，我也会向他们一样的义无反顾！不能和自己心爱的人在一起，活着还有何意义？而我这铭心刻骨之爱，也只能寄思念于梦境，托无奈于悲风了。

说到底，追求颜如玉亦不过是追求美，这对美的追求总没错吧！再说深点，对美的追求是一种精神追求，对钱的追求亦不过是物质追求。综合二者来看，追求它们无非是追求更好的生活，何错之有？但是，我们应正确地认识到不应只注重追求这二者，甚至为了它们而不惜牺牲他人的利益。我个人以为，在合适的范围内追求黄金屋和颜如玉完全正确。毕竟社会的任何一个个体都有追求个人幸福的权利。

争鸣文章 1

> 富家不用买良田，书中自有千钟粟。
> 安居不用架高楼，书中自有黄金屋。
> 娶妻莫恨无良媒，书中自有颜如玉。
> 出门莫恨无人随，书中车马多如簇。
> 男儿欲遂平生志，五经勤向窗前读。

此诗乃宋真宗所赋，题为《励学篇》，告诉了我们读书的好处，其中最著名的两句常常被人们拿来鼓励学子读书。

当然，读书也不必完全讳言"功利"。读书可以增强我们的谋生能力，使我们的生活更加富有，使社会的物质文明更加繁荣。如果我们总是把读书说成是很超然、很脱俗的事，只会给人以言不由衷、故作清高之感。

但这毕竟是中国古代专制政治和科举制度下产生的文化，读书人一旦金榜题名，自然就有了功名利禄；而一旦失败，自然百无一用。流传了几千年的古训积淀在国民的心中，饱受经济文化普遍落后之苦的农民，绝大多数对此依然奉若神明，并以此为教子箴言。子女也以"光宗耀祖"为己任，拼命死读书，以求出人头地，鲜有"吾将上下而求索"的真理追求或"大庇天下寒士俱欢颜"的高尚情操，也同"正心、修身、齐家、治国、平天下"的儒家训条相悖。

南方某地的一位中学老师教育学生们"读书就是为了挣大钱，娶美女"，这种"读书论"混淆了"可以"与"为了"的区别，把"事实判断"与"价值判断"混为一谈。如果说读书可以"挣大钱、娶美女"，虽然反例不胜枚举，但也确实有不少人做到了这一点，所以这样说基本上还是成立的。该老师说是"为了"就大有问题了。这明显是在说读书无用，因为如果不读书也可以达到这样的目的，照其逻辑显然就不必读书了。

不否认功利名誉是读书的极大动力，但这个动力好比"兴奋剂"，足以使读书成为"异化劳动"而走上邪路。一旦动机是邪恶的，那么，读书就成了助纣为虐的事情，好比为一把宝剑涂上了毒药。

"十年寒窗无人问"难道为的只是"一举成名天下知"？读书的目的难道为的只是"黄金屋"与"颜如玉"？如果"书中自有黄金屋，书中自有颜如玉"真的堂而皇之地成为莘莘学子的读书目的和人生追求，这说明理想、信仰、责任、使命乃至美好、高贵、圣洁等人文价值正在他们的精神世界中消解。这样一来，会是我们民族和国家的福吗？

（屈　楚）

争鸣文章2

我觉得"书中自有黄金屋，书中自有颜如玉"这句话说得非常有道理。它就和"不积跬步，无以至千里；不积小流，无以成江海"，"锲而不舍，金石可镂"等千古名句一样，是十分难得的劝学格言。

"黄金屋"就代表着钱财，"颜如玉"就代表着佳人，两者综合，此句意思可简译为：好好读书能带给我们富足而幸福的生活。的确，穷学生读书，不就为了有朝一日能依靠自己的知识改变自己的命运吗？况且十载寒窗，苦啊！它要求你必须耐得住寂寞，受得了委屈，经得起磨炼，扛得住打击。在苦的时候，以苦尽甘来后的幸福场景激励学子读书，必定能说进学子心坎，引起学子共鸣，效果肯定不错。

但是，如果说用"黄金屋、颜如玉"作为劝学格言，是对症下药、抓住关键的话，那用它概括学习读书的目的和作用就不太合适了，至少说是不够完善的。比如，现在很多人已经参加工作多年了，有房、有车，有着很不错的收入和幸福的家庭。按照"黄金屋、颜如玉"的标准来看，应该是把书里该有的都拿到手了。可他们中的一些人在工作一段时间后，还是要辞职或请假去上学、读书——现在人们称之为"充电"。我不禁要问：这是不是证明了书中还有别的什么？如果有的话，那又是什么呢？或许是为了追逐日新月异的时代步伐？或许是为了实现自己儿童时代的梦想？或许是为了更新的知识、更高的技术、更美的艺术、更深刻的哲理、更高层次的文化？又或许他们并没有想这么多，仅仅是为了找到读书的那种神圣的感觉。

但不论如何，书中绝不仅仅有"黄金屋、颜如玉"。除此之外，书里说不定还有更重要的东西——对了，乐趣！既然书能给予我们乐趣，那还有什么是书给不了我们的？有了乐趣，我们就会在好奇心的驱使下，去发现并得到我们想要的一切。

哦！天啊！难道书里有一切吗？

（张钟秀）

争鸣文章 3

我认为《黄金屋?！颜如玉?！》的作者很勇敢。他一定"是个男人，是个标准的男人"。为什么说他是个标准的男人呢？

第一，他不与"古往今来的很多人"同流合污。他把"把得到金钱和美女定为一生唯一的目标"称为"大谬"。其实，我也是这么想的，真是不谋而合。

第二，他有自知之明。他还体验到了"钱不是万能的，但没有钱是万万不能的"。也许他曾经被人抢劫，或者曾经到"只有钞票没有食物，只有金条没有被褥"的荒岛上体验过"生活"，所以他才会有这种认识。而我呢，要钱没有，要命一条。所以没有这种体会。

第三，他敢承认自己的思想。他敢爱敢恨，这是最重要的。这说明作者的情商高啊！谁能比？也许你很不理解他，或是误解他，认为他"小小年纪就谈情说爱，简直是不良少年"。其实你错了，是你的脑筋不会急转弯了。因为作者不是在谈情说爱，而是"爱美之心，人皆有之"，是在追求美。只不过这"美"不在他自己身边，而且还很遥远呢。

作者有一句话说得对："对美的追求是一种精神追求，对钱的追求不过是物质追求"。其实，追求"黄金屋"和"颜如玉"要有个度。完全不追求，那成唐僧了。当然我没说唐僧不好，只是他的"职业"限制了他，他其实也有他的追求——取经。相反，过于追求，就成猪八戒了，那时可就"猪八戒照镜子，里外都不是人"了。总之，对于"黄金屋"与"颜如玉"，是不追求不好，过于追求也不对。

谨之！慎之！

（韩清龙）

争鸣文章 4

听说有位语文老师把"书中自有黄金屋，书中自有颜如玉"翻译成"读书就是为了挣大钱、娶美女"，我虽然不敢苟同，但也不得不承认他有他的道理。弗洛伊德在其《精神分析引论新编》里"将本能分为两大类，相当于人类的两大需求——即饥（对于饥有两种解释，即生存本能和死本能，表面上看是对立的，其本质是统一的，在此不做详细论证，试想一下细胞死亡的积极意义）和爱。"所以说这位语文老师的话虽然土，却道中了人类的本性。

尽管如此，我还是要搅和搅和我的认识。自古以来，读书是一件雅事，就连和珅这样富可敌国的封建大地主也要捉摸着给自己加一个"大学士"的头衔，难道读书只是为了挣大钱、娶美女么？其实"书中自有黄金屋，书中自有颜如玉"这句话不错，但对不同的人，"黄金屋、颜如玉"的内涵恐怕是不同的。说到底，"黄金屋、颜如玉"代表的是一种人生的目标。对有些人，"黄金屋、颜如玉"可能就是金钱、美女；而对另一些人，"黄金屋、颜如玉"可能就意味着人类进入文明时代以后形成的独立于"性"与"生存"之外的第三种欲望——精神生活。真正拥有这些精神生活的人把这种生活目标表达出来，并竭力使其美好，便成了"黄金屋、颜如玉"了。当然，根据弗洛伊德的理论，对精神生活的渴望只能是"意识的"或者"前意识的"，而不能进入"潜意识"领域，因此不能成为本能——至少现在不能。不过随着文明的发展，这种对精神生活的渴望与追求在"前意识"或"意识"领域里已经可以独立于"性"与"生存"而存在了。

"书中自有黄金屋，书中自有颜如玉。"这一名句流传了千古，仁者见仁，智者见智，公理婆理都是理。每个人都试图根据自己的认识来解释其中的道理。只要是从书中找到自己的"黄金屋、颜如玉"，也就不枉学此名言了。

（周　元）

争鸣文章 5

"书中自有黄金屋，书中自有颜如玉"，众所周知，这是我国古代著名的劝学格言。而"读书就是为了挣大钱，娶美女"这种说法正如赵老师所说"不过是这一格言的白话翻版而已"，这是封建制度下的产物。在那"万般皆下品，唯有读书高"的社会里，"黄金屋、颜如玉"成了读书人的追求，读书成了谋取功利的敲门砖。

我想，在如今的社会中，这句话的含义有必要改变一下，深入一些。打个比方，读书求学好比跋山涉水跨越巅峰，而"黄金屋、颜如玉"之类的不过是跋山涉水过程中的金丝雀、野草花，为你漫长艰辛的旅途增添一抹亮色，偶尔打个盹儿，停下来欣赏一下周围的风景，不失为一种缓解之举，从而激励你向更远的地方前进，攀登人生的高峰……而按那位老师的意思，跋山涉水历尽艰辛不过是为了捉到金丝雀、采摘野草花，面对前面的险山危岩，不想跨过，对于别有洞天的山那侧，更是毫无兴趣、毫不关心……前者为了自己的精神追求，永不停息、奋斗不止，因而读书是他追求理想的必经之路。而后者呢？没有什么理想，只沉醉于物质追求，放弃了升华自己精神的追求，可以说是误入歧途，因而读书不过是他追求物质享受的必要手段。这种人即使读再多的书，心理也不健全。如果他不能幡然醒悟，还会危害他人和社会。那位老师的"谆谆教导"纯粹是误人子弟！虽然某些处在叛逆期的学生也许会很佩服他，认为"老师实在，敢说真话"。但是，他的"勇敢"会给学生带来什么影响？我想只能培养一些高智商、低品德的庸才！

显然，"黄金屋、颜如玉"是不用去刻意追求的。读书说到底是为了追求自己的理想，寻求一种精神上的满足，灵魂上的升华，而不仅仅是物质上的满足！

（范一凡）

争鸣文章6

人在社会中生存，生活的物质基础不可或缺。从古代到现代，人们对美好生活的追求一直没有间断过。而追求幸福最稳妥的方式便是"读好书，中状元，做大官"，延续到现在，就是要好好学习，考大学，找份好工作。从这个意义上讲，古语"书中自有黄金屋，书中自有颜如玉"与现在的"读书就是为了挣大钱、娶美女"是一样的。人们树立这样的目标，无非是想号召学子们勤奋读书，增加学习动力。对很多人来说，"挣大钱，娶美女"便是人生的幸福，这无可厚非，每个人都有追求自己幸福的权利。但我觉得，人生的幸福，应该不仅表现为拥有金钱和美女；读书，也并不只是为了"挣大钱，娶美女"，因为，在金钱与美女之外，读书还能为我们带来更高的追求、更大的快乐和更多的幸福。

曾有一位心理学家，经过多年调查研究，总结出人类生活不同阶段的五种需要。这五种需要，从第一级到第五级，由下至上排列成金字塔形状，分别是：生理需要、安全需要、归属与爱的需要、尊重的需要和自我实现的需要。可见，在现实生活中，还是存在高于物质追求的精神追求的。

对精神生活的追求，不是"假清高"，这是人的生活、心灵达到一定境界后的必然追求。海伦·凯勒的奋斗故事是人们耳熟能详的，身为一个残疾人，她更有权利去追求自己的幸福。然而，她学习、上大学却不是为了"黄金屋、颜如玉"，她终生未嫁，奔波演讲所得收入都捐赠给残疾人，并建立了残疾人基金会。她的追求，为更多的残疾人争取了幸福，同时，她也实现了自己的人生价值。她的行动告诉我们：读书可以是为了更高的追求，这不是"假清高"，也不是不能实现的。

也许读书不一定能带给我们"黄金屋、颜如玉"，但我们可以通过读书做一个精神贵族，实现自我的价值。这，才是最高级的幸福。

（赵　斌）

【作文讲评"一言心得"集锦】

1. 理想有伟大与平庸之别

※理想有伟大与平庸之别。由此可见，"少年立志"何其重要！

※我们应自觉地去获取走出"黄金屋"、超越"颜如玉"的气魄。

※我深切体会到自身浅薄，自愧不如，也下决心要在今后提升自己。原来精神的贫瘠才是最可怕的贫困。

※这种高境界的人虽然是少数，却是代表着前进的方向。一味随波逐流不去思考而苟同于"大多数"，是挺稳妥的，也挺可悲的。

※"庸人"为了"黄金屋、颜如玉"而读书，"凡人"为了丰富视野而读书，"哲人"为了提高思想境界而读书。我们绝不能做俗人，也不能满足于凡人，而要追求哲人的境界。

※听到同学们的独到见解，我对学习有了新的领悟。我们不能把"黄金屋、颜如玉"当成自己的最终目标，而应该不断拼搏奋斗，追求自己的理想，寻求精神上的满足，最终实现自我价值，这样的人生才是多彩的，有意义的。

2. 好文章从何而来

※一篇好文章必有一种深刻的内涵，它源自作者的思想和灵魂。

※写作文一直是我的一个弱项。或无词可用，或无话可说，或无例可举，或无灵感可言。可是，写作真的有这么难吗？无非是要投入感情，要入境。

※读到别人的作文，心头为之一震。相比之下，我的作文却像是个小学生的作文，让我羞愧难当。现在我才发现，只有多读书才能丰富视野，提高水平。

※总认为在物质上追求最好的，就什么都有了，总认为这样才是最实际、最真实的生活，可还是时常感到自己生活在半空中：内心的强烈不安，心灵生活的孤寂，精神家园的荒芜……一切一切都使人恐惧，原来读书是拯救这一切的最佳途径！……

3. 争鸣的作文方式好

※这次作文讲评课，以一种大家互相沟通的方式让我更清楚了自己文章的缺陷，也见识了同学们不同的见解，自己一时想不到的东西也被激发出来了，拓宽了自己的思路。借他人之眼看世界，借他人之笔拓思路，确实是很棒的方式。

※文字的交流，思想的碰撞。一个人也许只有一种见解，很多人聚在一起，交流不同见解，那么对于一个话题，我便有了许许多多不同方面、不同层次的理解，我便"富有"了。

※这堂作文课，使我对周围这群充满朝气的同龄人又多了些许认识。我为他们有着那样精彩的语言、深刻的思想、高尚的理想而折服，同时也为与之共处一室而庆幸。庆幸我是他们中的一员，庆幸自己能时时聆听他们智慧的心声与前进的脚步声。这无时无刻不在激励我，感动我，震撼我，更警醒着我大步向前，时刻紧追他们的脚步啊！

※我觉得，在课堂上用这样一种形式交流，是我们莫大的幸福！

【教师讲评总结】

我们选择了一个谁也不能回避的话题：上学读书究竟是为了什么。说到底，也就是人活一世究竟是为了什么？这是一次敞开心胸、畅所欲言的作文课，也是一次师生合作探究人生的作文课。

通过探讨，许多同学突破了原来的狭隘眼界，发现在"黄金屋、颜如玉"之外，还有更高尚、更远大的追求，当然仍有一些同学在迷惘中彷徨，还有一些同学固守着对"物质生活"的痴迷。但无论如何，这次作文毕竟引起了全体同学的认真思索，这本身就是件好事，因为它有利于医治"跟着感觉走"、缺乏理性思考的"脑膜炎"。哲学家说过："未经省察的人生是没有意义的"。我们这次作文就是对人生的一次积极省察。

作为老师，我已不必再来做什么总结，因为已经有很多好文章向我们昭示了什么是明智，什么是深刻，什么是高尚。相形之下，我们也就明白了什么是愚昧，什么是肤浅，什么是卑俗。但我特别想要提醒大家的是：不管我们为自己的人生确定了怎样的价值取向，我们都应当无一例外地向高尚、向伟大，表示我们由衷的敬畏、由衷的崇拜。因为尽管他们人数不多，但却是人类的良知和脊梁。正是他们的伟大追求和不懈实践指引着文明发展的方向，推动着人类进步的车轮。你有权利说"我不想做这样的人"，但你没有权利轻视他们、嘲讽他们，因为你也是这些伟人开创的丰功伟业的受益者。如果你不想成为他们中的一员，那只不过说明你自甘平凡，也无可非议；但如果你轻视他们、嘲讽他们，那你就不只是平凡而且是平庸，是卑鄙，甚至是罪过了！

我们都知道，在我们民族发展的历史中，涌现过许多超越这种"黄金屋、颜如玉"人生观的志士仁人：屈原、杜甫、辛弃疾、陆游是这样，范仲淹、文天祥、岳飞是这样，孙中山、谭嗣同、林觉民是这样，毛泽东、周恩来、邓小平是这样……如今奋战在振兴中华伟业中的许许多多"东方之子"都是这样！他们有气节：富贵不能淫，贫贱不能移，威武不能屈。他们有理想：为了民族和人民的利益而奋斗献身。

今天，我们再把眼光投向全世界，投向全人类，看看那些伟人们是怎样生活的，从而拓宽我们的视野，涵养我们的心胸，为我们人生的芳草地洒下更多真善美的阳光！

讲评后，请阅读《青春读书课·人类的声音》中的三篇文章：

《我的世界观·爱因斯坦》

《我的信念·玛丽·居里》

《我的呼吁·史怀哲》

社会反响

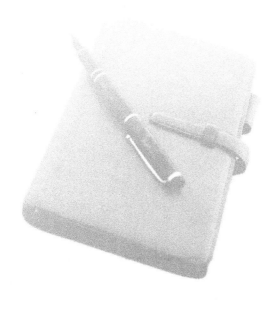

一、语文教学的灵魂是创造

——"语文教育与人的发展"课题试评

吉林省教育学院副院长、全国
中语会副理事长　张翼健

语文教学的灵魂是什么？是创造。当前中学语文教学最致命的欠缺是什么？也是创造。

"人之所以崇高，就在于人是以主体性的方式存在的，他能够超出他所属的那个物种所给予他的限制，而表现出与动物根本不同的创造性特征；人之所以伟大，就在于他不仅能够通过创造性的实践活动超越一定的有限的存在而获得短暂的满足，而且能够在获得短暂的满足之后，仍然继续其超越有限的壮举，为自己的生存与发展寻找终极的理由，为自己的生活设计更完美的理想。"（庞学光《论教育之超越》，《教育研究》1998年第11期）教育本身就是人的创造物，但它与人的其他创造物的本质不同，在于更集中地表现了人作为世间万物最高、最伟大的存在者所独具的创造性，更直接地反映了人对超越自我的渴望与追求，也为实现这种超越做了更充分有力的准备。因而，教育承担着创造的使命，而且，只有创造，教育才能不断得以发展。

"语文教育与人的发展"的课题最精彩之处，就在于抓住了创造这一语文教学的灵魂。它从"语文教育是人的教育"这一命题出发，立足于发掘学生创造力这一人的潜能中最精髓部分，实在是把握住了根本。

奇妙多姿的世界，因为有了人类而更加丰富绚丽，其中最神奇的莫过于人的精神世界。精神世界的神奇又是由于每个人不同的个性而形成的。正是由于这种个性，创造力才有了源头。如果所有的人都是一个模子里倒出来的，如果所有人的思想感情都毫无二致，还谈什么发展与创造？因此，本课题把目前语文教学忽视学生个性发展作为第一个批判与改革的靶子，就有着深远而现实的意义。

教育与其他劳动最根本的不同点，就在于教育要充分"生产"出每一个劳动对象区别于其他"产品"的特点。应该说，几千年来的中外教育发展，都在致力于向孔夫子"因材施教"的境界努力，而又还相距甚远。

语文教学尤其如此。课本所选课文无一不表现出作者鲜明的个性，老师的讲授有各不相同的理解，学生的感悟也有各不相同的角度。因此可以说，语文课中，正是师生个性自由驰骋的领域，这是与其他许多学科根本不同之所在。"有一千个读者，就有一千个哈姆雷特"，这是生活的真谛，又何尝不是语文教学追求的境界？不只如此，尤其应该在作文教学中指导每一个学生写出自己的东西来，即努力做到：有一千个作者，也要有一千个哈姆雷特。

语文教学培养学生个性关键在于引导学生去"悟"，赵谦翔老师在实验中给学生解"悟"字，是"思"与"吾"的结合，亦即思考与创造的统一。这里不仅是探到了"悟"的本源，更是由此而探到了语文教学的症结。实验班学生王乐给自己定的座右铭"没有创新，不如死去"，给课题实验的成功做了最好的诠释。

"在语文教学中实现人的发展"这一命题揭示了语文教学的本质。"语文的工具性"的明确，是对"左"的思潮的拨乱反正，对语文教学的正确发展起了积极的作用。但20年来我们的缺点是没有对此做进一步的探讨。我们没有认真思考，"语言文字是工具"与"语文课是工具课"这两个命题是否是合理的推理。后一个命题穷尽了语文课的性质吗？我们更没有深入地研究，作为工具的语言文字，在其本质属性上，在其与人类及个人的密切关系上，在其被人们掌握的过程中，在其对人类发展与个体素质提高的特殊的反作用中，都与人类发展史上使用与创造的所有工具（不管它们还会有多么先进，有多么广泛的用途，有多么巨大的作用）有着本质区别，都是其他任何一种工具所不可替代的。

最重要的是，由于语言这种工具与思维的特殊关系，就使人从生下来到死去为止都须臾离不开它。因此，掌握语文与掌握其他工具，学会听说读写与学会其他技能都绝不能简单地等同。在学习语文的过程中，修养的积淀、审美的熏陶、灵性的启迪、感情的升华等，都是不可或缺的，而这些又都是人的发展的重要内核。

可见语文教学的宗旨在于培养人的创造性。但语文教学的现状，却远未做到这一点，甚至可以说有意无意地扼杀了学生的创造性。

当语文教学课复一课、年复一年地单调重复着"作者与时代背景——生字、生词、分析课文——文章中心与写作特点"这样一种枯燥僵化的模式时，学生还有兴趣可言吗？可悲的是，我们相当多的老师正是在终年从事着这种吃力不讨好的工作却不自觉。实验班学生王麒说得多好："千篇一律的课文分析把鲜活的文字变成了僵死的教条。我们能分辨出上百个比喻句，可自己不会造，这有什么用？"本应是一千个各具灵性的哈姆雷特，在我们的语文课堂上，却变成了一个概念化、标签化、毫无灵性的哈姆雷特，我们的课还应该讲下去吗？

　　不知从什么时候开始，"字字落实""对号入座"成了教文言文的一个原则，于是文言文教学就出现了"翻译＋古汉语语法讲座"的模式。有的老师不引领学生认真诵读文质兼美、音韵铿锵的原文，却要求学生去死记那些常常极其蹩脚的译文；有的老师大讲古汉语语法，甚至连大学课堂里的知识也塞给学生，甚至在学生刚刚接触文言文时就急着归纳文言虚字的规律，作者深邃的思想与饱满的感情没有了，文章蕴涵的民族文化积淀没有了，章法美与语言韵律美没有了。学生得不到美的熏陶、灵性的启迪与修养的积累，只是记住了字句翻译与语法等死知识，这样的文言文教学失去了其最重要的意义，即母语教育的人文精神与民族个性。实验班学生张程程说："文学本身就有无穷的魅力，自然会吸引读者，无须老师填塞乏味的诠释。文学修养来自积累，兴趣起重要作用。"这好像是学生在告诉老师，究竟应该怎样讲语文课。

　　我们的作文教学常常既远离生活，又远离学生。从命题开始，就经常是一些老掉牙的八股式题目，学生既无话可说，更无话要说，于是瞎编乱造、抄袭佳作的现象就出现了。即使是自己憋出来的文章也很难有饱满的情感与鲜明的个性。为了应试，我们一般都是对所有学生出同一个题目的，但是绝不是每一个学生都对这个题目有话可说。结果是，有的学生实际上有话却没机会说，有的对着无话可说的题目又不能不去完成任务。说真话、说自己的心里话、说不同于别人的话，这一最起码的要求，却成了当前作文中一个无法逾越的难关。为什么不可以让学生选自己最愿意写又最有东西可写的题目来作文呢？为什么不更好地研究解决学生作文的"源"的问题呢？为什么不认真努力做到在作文教学中让学生敞开他们的心扉呢？为什么不努力发现每一个学生不同的个性并让他们在作文中表现得淋漓尽致呢？这里的关键即在于作文教学只是训练学生写文章呢？还是着眼于人的发展。

　　当前有些老师特别愿意讲写作知识，乐此不疲，越讲越细。什么"记叙文六要

专家导航，云帆破浪

素""议论文三要素"啦，什么开头结尾的多少种方法啦，等等。与此同时，各类《作文大全》《写作技巧》之类的书也花样翻新，层出不穷。一代文豪鲁迅曾说："文章应该怎样写，我说不出来，那些素有定评的作品，就说明着应该怎样写。"连鲁迅都承认自己说不明白的事，我们却在年年讲、月月讲、天天讲，岂非咄咄怪事！更有甚者，《景物描写辞典》《人物肖像描写辞典》这样的书也搬入课堂，让学生写文章时照搬引用，这种做法尤为不妥。我们应该让学生从对作品整体的感觉中去把握作品的思想、人物的性格与写法特点，而不是让学生去死记那些孤立于整部作品之外的片段枝节。更何况，任何一部作品都应该写出"这一个"，即"典型环境中的典型性格"来，而我们这样做，却正是反其道而行之，硬让学生用"那一个"来套"这一个"，这结果，岂不正是磨灭了学生的灵性与个性？实验班学生张大淼的发言真是一针见血："小学时候我很有灵性……随着年级增高，字也认得越来越多，可奇怪的是，作文却写得越来越晦涩，很难写出小时候那种充满纯真的文字了。原因是作文用死框子来套。"

"语文教育与人的发展"这一课题让我们认识到，只有充分发挥学生的创造力，语文教学才有生机；它也让我们认识到，只有教师发挥出创造性来，语文教学才能更快、更好的发展，才能取得令人满意的成果。

从课题设计模型可以看出，实验者充分发挥了创造性，大胆打破了当前普遍存在的语文教学模式，不管是教学目标、教学内容，还是教学过程、教学方法都有着许多新颖的地方。这个模型把生活体悟和文学熏陶作为高中语文教学内容的两翼，把情感培养与灵性启迪作为语文教育目标的两条主线，很好地体现了"语文教学为人的发展服务"这一终极目的。

再看摆在我们面前的一堂验收课，也是拿现存的哪一种语文课型都套不进去的。说它是作文讲评课么，却是在课前两周阅读了十几篇诗文之后进行的，课上教师讲得很少，并且基本没讲什么写作知识。学生发言也不是在说文章写法，而是交流读诗文与听同学文章后得到的感悟，交流读"有字书"与"无字书"得到的启迪。说它是讲读课么，它却既不是内容组元，又不是文体组元，更没有教师喋喋不休的烦琐分析，而只是学生自己去阅读、去感悟。正是这样一种"四不像"的课，却让教者、学生与听课者都得到了一种美的享受，都感受到了灵性的启迪，不能不说，这是教师发挥创造性所获得的成功。

摆在我们面前亟待解决的现实问题，是如何更快、更有效地调动、发挥语文教师创造的积极性，因为只有教师具有创造意识，才能培养出具有创造才能的学生。而现在的教学，束缚教师手脚的东西太多了。教师一旦被束缚住后，也便甘于因循守旧，不再努力用自己的脑子去想问题，去提高语文教学效率。

比如说，相当多的教师尤其是青年教师养成了依赖教学参考书与教案上课的习惯，自己不去认真钻研教材，自己不先在对教材的感悟上下一番工夫，只是照本宣科地背教参上的话，再让学生抄在笔记本上背下来。这样的教学，不用说课堂效果不会好，学生毫无兴趣，而且既销蚀了学生的灵性，也销蚀了教师的灵性。其实，教师大可不必去管教参写什么，只要把自己阅读教材的感悟与学生一起交流，完全可以达到事半功倍的效用。离开教参、教案就上不了课的教师，绝不可能成为一个好教师。

比如说，有的教师不管教什么课都是一个模式，这种观念上的陈旧、思想上的懒惰使得生动的语文课却成了不受学生欢迎的学科。其实，同一个教师教不同的课文、同一篇课文教给不同的学生、不同的老师教同一篇课文，都应该有不同的特点与方法，这才能真正实现语文教学的目的。而这当然要以每个教师不断地勤于思考、勤于学习、勤于探索为前提。

　　比如说，有的教师上课总是必须按事前设计好的模式办事，一个步骤错不得，一句话落不得，讲完教案上最后一句话就算圆满完成了任务。现在风行的各种教学竞赛课尤其把这种形式主义推到了极致。其实，真正好的课，常常是针对课堂上随时出现的各种问题，灵活地因势利导，在改变事前的教学设计的情况下出现的。这是一个好教师必不可少的教学机智，也是一个教师创造力的充分表现。

　　我们实在是有必要尽快地解放教师被束缚的观念，尽快地使他们的创造性充分发挥出来。

　　总之，这个课题很有意义，对我们有多方面的启发。

二、跳动的生命火焰

——读《赵谦翔与绿色语文》有感

教育部副部长、原北京市教委主任　刘利民

　　在审读教育部师范司组编的"教育家成长丛书"时，我常常被这些不断学习反思，不断实践超越的求索者的事迹感染着。尤其是《赵谦翔与绿色语文》，深深打动了我。

　　我的一个直觉是，眼前跳动着一束生命的火焰。

　　他使我联想起我国古代神话中的凤凰涅槃，在火中舞蹈，重塑自己的生命；联想起俄罗斯传说中的英雄丹柯，掏出自己的心，点燃成火把，引领蒙昧者走向光明。

　　赵谦翔 1968 年在"文革"中下乡。在那个"知识越多越反动"的年代，他以读俄文版《毛主席语录》作为自我保护的方式，借机学习俄语；1970 年因擅长俄语而被破例录用为农村中学的民办教师；1980 年到县城重点中学任教，边教书边进修，苦读 5 年函授课程，获得本科毕业文凭和学士学位；1988 年调入吉林毓文中学任教，其间用 6 年时间进行教学改革实验；2000 年，已过天命之年，调入清华大学附中任教，"绿色语文"始有集成。

　　赵谦翔的成长足迹折射出一代中小学教师的奋斗历程。从这个意义上说，"教育家成长丛书"不仅集中反映了当代中国"成长中的教育家"的精神面貌和不懈追求，也真实地反映出当代中国教育历经的坎坷之路和面临的挑战。

不仅如此，赵谦翔教学改革的成就也是当今基础教育课程改革的一面镜子。

赵谦翔是从应试教育的旧营垒里冲出来的"叛逆者"，自称为语文素质教育的"过河卒"。

赵谦翔的"绿色语文"是以一项教改实验为起点的。1996～1999 年，赵谦翔在吉林毓文中学成功进行了题为"语文教育与人的发展"的教改实验，其教改理念是"引导学生关注社会，体悟人生"。在赵谦翔看来，"一个合格的语文教师，必须目中有'人'，既要教会学生读有字之书（书本）又要教学生读无字之书（社会与人生）；既要教学生写作文，又要教学生做人。"赵谦翔的这一教改实验有两点值得关注。

一是，在压缩课本内容的前提下，和学生一起自选教材，开设了"古典诗文课""当代文学精品课"。学生推荐的教材篇目有许多出现在今天高中新课程的语文教科书中。

二是，为了引导学生关注社会，每天早晨在课上观看中央电视台"东方时空"节目。这在高考的压力下需要怎样的勇气！

教改实验验收时的汇报课便是一个典型案例。教科书上只有苏轼一首豪放词《念奴娇·赤壁怀古》，而师生共同推荐篇目，组成了一个教学单元，题目是"感悟苏东坡"——读其文，识其人。其中包括：苏轼的 5 首词、1 首诗、1 篇赋，以及 2 篇评述苏轼其人的当代散文。课前学生用 14 个课时自学，写出评论文章，然后在课上讨论交流。

不难看出，今天的基础教育新课程倡导的教育教学理念以及教学方式，比如，"以人的发展为本""自主学习""研究性学习"等。早在多年前，作为教学改革先行者的赵谦翔已经早有觉悟，并付诸教学实践。赵谦翔进行的"语文教育与人的发展"的教改实验，在今天新课程改革的时代背景下，越发显示出鲜活的生命力，对于目前正在进行中的基础教育课程改革不乏借鉴意义。

赵谦翔的"绿色语文"针对的是，漠视人的心灵、阉割了阅读与写作生命的应试训练，即他所称的"灰色语文"。他所谓的"绿色语文"理念，是在 13 年的语文教学改革实践与思考中逐渐明晰起来的，即：亲近中华民族母语的语文教育、关爱人生的语文教育、培养学习习惯的语文教育。这是与以狭隘的、急功近利的应试教育水火不容的。他早年提出的"让语文贴近生活、让语文回归审美、让语文汲取国粹、让语文走进心灵"教改实验目标，在教学实践中取得了显著成果。在清华大学附中任教的 6 年间，他对诗歌教学、散文教学、文言文教学、作文教学等语文教学的各个领域进行了专题研究，开设"青春读书课"，总结出针对时弊的、行之有效的教学经验。"绿色语文"的教学理念和实践经验对于匡正语文教育弊端是弥足珍贵的

纵观赵谦翔老师的"绿色语文"，是对"人"自身的关注，这正是教育的本意所在。

赵谦翔的教改实验也启发我们思考这样一个问题：学术界历来注重教育理论，尤其是西方教育理论的研究与借鉴，前些年也有《中国近代教育实验史》（熊明安、周洪宇主编，山东教育出版社，2001 年出版）问世，是否可以把当代教育实验纳入学术研究的视野呢？今天的教育改革探索者已经为未来的"教育实验史"提供了很好的素材。

三、我眼中的赵谦翔

——《赵谦翔语文素质教育探索》序

吉林省教育学院教授　王鹏伟

谦翔是教育界的名人。给名人的文集作序并不是一件轻松的事，但谦翔坚持要我来作，并说："你要吹捧我，就是吹捧你自己；你要贬斥我，就是贬斥你自己。"正是这种"强硬"态度反使我无法拒绝他的苛刻要求——从 1988 年秋他到吉林毓文中学任教至今，我俩共事 12 年了。尽管我已离开吉林毓文中学多年，但在他眼里，我仍是最了解他的人。

谦翔是头上笼罩着光环的名教师，还是还他个本来面目为好，这对读到这本文集的同仁，尤其是青年教师是有益的。

谦翔不是天资格外聪颖的人。孔子曰："生而知之者，上也；学而知之者，次也；困而学之，又其次也；困而不学，民斯为下矣！"（《论语·季氏》）就天资来说，

君唱我和，珠联璧合

他是学而知之者；可就成长经历来说，他实在是困而学之者。1966 年"文革"浩劫来临时，他高中二年级，身份是"黑五类"子弟。1971 年他在农村有幸当上了民办教师，专业学习就是从这时开始的。直到 1988 年，已是"不惑"之年的赵谦翔才读完了 6 年的大学函授课程（专科 3 年，本科 3 年）。

谦翔的成名是偶然中的必然。

他有出人头地的想法，而且很执着，这与家庭环境有一定的关系。60 年代的一天，谦翔旁听了二姐和二哥的一次谈话。二姐对二哥说："二弟好好干，5 年之后，咱俩天安门上见。"后来，姐弟二人果然都成了全国劳动模范。这番振聋发聩的谈话和后来的应验，一直萦绕在他的心头，激励着他。

他有头脑，目标单一，用心专一，绝不旁顾。他不为闲杂琐事分神。有几年，为图清静，在学生上自习课时，他常躲到教室去看书、备课。这使他显得有些离群索居。但他想做的事，他非做成不可。

他勤奋、钻研、有毅力。妻子做饭时，他摇着风轮背《古文观止》；妻小回城过年，他独守寒舍写《滴水集》。永吉县口前镇东山，曾是他晨读的地方，就是在这天造地设的大书房里，他读完了 6 年的大学函授课程。他没有一个晚上不读、不写，直至成名的今天仍是这样。我曾由此联想到青灯黄卷相伴的苦行僧。记得1989年秋季开学的第一天，是毓文中学教师的论文交流大会，谦翔宣讲的论文就是那篇"一炮打响"的《倾注深沉的爱，感化学生的心》，大会总结时我说："如果能像赵谦翔老师那样下工夫，我们有些人的成绩也不会比他差，或许还能比他好。"10年后的今天，谦翔还提起这件事，引为"知己"。除了谦翔本人，这话恐怕没有谁记得了。今天老调重弹，也未必有谁当真。

他治学严谨。在学识上，他认真到谨小慎微的程度。一部《辞海》（语词分册）被他翻得破烂不堪，哪怕是一个字在音调上的细微差异，他都不轻易放过。当年他也是迷信教学参考书的人，对我的无稽之谈，他常睁大近乎"天真"的眼睛问："教学参考书是这么说的吗？"于是赶紧去翻书。当然，这是很久以前的事了。后来，他终于摆脱了应试教育的束缚，不仅抛开了教学参考书，甚至抛开了统编教材。扎实的功底使他的教学厚积薄发，游刃有余。这是大家都知道的。谦翔的演讲是出了名的，口若悬河，洋洋洒洒。这常给人一种错觉："口才极好！"其实，演讲稿都是经过字斟句酌的，自然烂熟于心。即使到班级对学生讲话，他也是头天晚上打好腹稿，班会讲话更是落实在纸面上。

他有激情，有一颗年轻的心。激情提起他的精气神，使他时常心血来潮，灵感突发，不能自已。常常夜半时分披衣而起，凌晨时分振笔疾书。他的许多教案和文章就是在这种状态下写出来的。当然，仰面朝天，才思枯竭，搜肠刮肚，灵感不至的情形也时常发生，可他从不气馁。他的激情使他保持了年轻的心态，年轻的心态使他能够理解他的学生，洞悉学生的内心世界，倾听学生的内心独白，能和学生进行心灵的对话。他和学生讨论"青苹果"，讨论社会和人生。他接受学生的建议，和学生一起研读周国平的《性爱五题》、余秋雨的《苏东坡突围》、王小波的《一只特立独行的猪》。

他喜欢自我陶醉，有孩子似的"虚荣"。他常常让别人分享他成功的快乐，也常常从别人那里分享他人成功的快乐。我常常是他的文章的第一个读者，我的由衷赞叹常使他兴奋不已。记得谦翔来毓文中学两年后的暑假，他写了一篇关于班主任工作的论文，就是上面提到的那篇《倾注深沉的爱，感化学生的心》，我拜读之后赞叹道："北京有个任小艾，吉林要出'赵大爱'了！"这句好评竟成了他多年奋斗的一个目标。当时我凭直觉相信他会成就一番事业，却未能料到他能如此看重一个小兄弟的话。

我想，也许没有激情、没有陶醉，赵谦翔似乎更像一个可供他人学习的标准典型，但赵谦翔就不是赵谦翔了。赵谦翔是典型环境中的典型人物——这话由恩格斯对巴尔扎克的评论套用而来。

他爱学生，愿意和学生在一起。只要条件允许他就不离开班级。谦翔对学生的爱不止于一般的"母爱"，而是理智的爱，这使他的爱显得深沉。他常引用高尔基的名言："爱孩子，这是连母鸡都能做到的，而教育孩子却是一门艺术。"他能走进学生的内心世界，排解学生的苦恼和困惑。他的班会演讲别出心裁，慷慨激昂，鞭辟入里；他与学生谈话，察言观色，娓娓道来，触动心灵。他不倦地向学生宣讲做人的道理，引导学生的人生道路，那热忱，简直是一个牧师在布道。我因此戏称他为"红色牧师"，他引为自豪。

引导学生关注社会，体悟人生——正是这一理念使他最终挣脱了应试教育的羁绊，投身语文教改实验。从1993年秋季起，历时6年，他先后完成了"扩展式语文教学""语文教育与人的发展"两轮教改实验。对赵谦翔来说，班主任工作与语文教学是一而二、二而一的关系；对赵谦翔的教改实验来说，语文教育与人的发展是一而二、二而一的关系；其核心是一个大写的"人"字。谦翔从1971年当民办教师，至今，从教恰好29年；从1980年到永吉五中任教，至今，在重点高中任教恰好20年。他是从应试教育的旧营垒中冲出来的"叛逆者"，自称为语文素质教育的"过河卒"。"叛逆"者，无所适从，被逼反抗之谓也；"过河卒"者，只进不退，直逼对方本营之谓也。这表明了他教改的决心和气魄。

我想，如果不当班主任，谦翔就失去了一半人生价值；如果不教语文课，谦翔就失去了另一半人生价值：因为他已经把学生"对象化"了。在他的学生身上，我们能清晰地看出谦翔的影子。这是教育成功的标志。作为教师，这是他事业成功的标志。当然事物的发展和价值判断的标准不应该是绝对的，我曾提醒他："不要把他的学生'克隆'成小赵谦翔。"对我的担心，谦翔表示理解，但我疑心他做不到。对谦翔来说，"好为人师"是一大乐趣。除了当教师，谦翔几乎没有其他的爱好。他爱好单一，这爱好成了他的职业；他乐此不疲，乐趣成就了他的事业。

谦翔事业上的成功和他的处世原则有很大的关系。他信奉的处世原则有两条：一条是"诸葛一生唯谨慎"（《三国演义》语）；一条是"世事洞明皆学问，人情练达即文章。"（《红楼梦》语）在我印象中，除了教改实验，谦翔似乎没做过什么不"安分"的或"冒风险"的事，即使是教改实验这件事，他也是审时度势，经过深思熟虑的。至于"世事""人情"他不仅身体力行，而且在一定程度上把它融进了他的教育、教学工作中。近年来，他又宣称自己是"一只特立独行的猪"（他欣赏王小波的小说《一只特立独行的猪》）并在学生中大力倡导，开始张扬个性。这与上面两条似乎矛盾，其实是统一的。他本是个有棱角的人，多年来因环境缘故他敛起了锋芒。直到近年来他才显露个性，这是"世易时移"的缘故。这也正可看出他的"洞明"和"练达"。处世原则因个性而异、因环境而异，是不能整齐划一的。谦翔的处世原则未必适用于别人，却适用于他自己，成就了他的人格。

以上就是我眼中的赵谦翔，也只能是我眼中的赵谦翔。

作为一本论文集的序言，应该是谈论文章的，至多是论文而及人。可我却谈人而未及论文。这有几个原因：其一，我以为作序者如果对作者确有了解，那么还是介绍一下作者为好，文章应留给读者去读——除非担心读者不懂。其二，"文如其人"，解读作者有利于解读文章。就其人和其文二者而言，读其文者易，识其人者难，这大概就是谦翔让我——而不是让别人——作序的原因吧。其三，对有意学习谦翔教改经验的读者来说，或许能从我的介绍中获得一点解读的要领，能抓住谦翔教改经验的精髓。能做到这一点，也就足够了。

话说回来，谦翔毕竟是运交华盖，头顶光环的人，如果有谁因读了我的这篇文章而惊讶道："赵谦翔原来是这样啊！"那么，我的目的就达到了。

聊以为序。

（1999年6月13日于长春）

四、中国语文教坛上的绿色诗人
——评赵谦翔先生的"诗教"思想和经验

首都师范大学文学院　刘占泉

关于"诗教"，谦翔先生说过这样的话："诗教何以有魅力？给思想以形象，寓说理于深情。诗教的魅力何在？可以励志，可以修德，可以陶情，可以劝学。""学写旧体诗，有利于养成炼字、炼句，合辙押韵，借景抒情，托物言志，起承转合，布局谋篇的功夫。当然，也是修养身心的好途径。优雅的笑之花，是降低高血压的特效药；清澈的泪之泉，是清除心灵污染的洗涤剂；真诚的思之果，是疏通脑血栓的万灵丹。让诗歌为我们的生活充实一点人情味儿、艺术味儿，冲淡一点功利味儿、金钱味儿吧！"

这些话发人深思。中国古代崇尚"诗教"，最早的教材至少要追溯到"诗三百"。孔子乃是倡导"诗教"的代表人物，有过一些重要论述，比如：

"不学诗，无以言；不学礼，无以立。"（《论语·季氏》）

"诗可以兴，可以观，可以群，可以怨。迩之事父，远之事君，多识鸟兽草木之名。"（《论语·阳货》）

"兴于诗，立于礼，成于乐。"（《论语·泰伯》）

何以学诗？学习典范精致的语言，增长学识，借以提高交际的层次和水平；激发自身意志、考察政务得失、增进个人品德修养，调整好与社会的关系；最终，使学习者能够符合"礼"的要求，做"温文敦厚"的仁者。由"诗"开端，经过"礼"的洗礼而有了道德学问的根基，并最后借助"乐"来内化成崇高的思想境界。由远古传下来的教育风气和做法，经过孔子发扬光大，变为古代综合文化教育的重要基础。从周代到20世纪之前，"诗教"的传统几乎没有中断过，诗歌与音乐水乳交融的教育方式传承了两千多年。这是中国古代汉语教育最重要的成功经验之一。这种文学教育，融入综合文化教育的整体框架。从不同的角度来看，这个框架显现出文言、文学、经学（儒学）三种色调。它以人的内在修养为起点（修身事父），以服务于社会为终点（安邦事君），带有政治与人文的双重色彩，乃是支撑古代社会精神文明的基石。其中，"诗教"一直占据重要的地位。乃至到叶圣陶先生那一辈读书人，能够吟咏古典华章和作作对子写写诗词不算一件稀奇的事情。

"诗教"何时走向衰亡的？20世纪前期已显颓势，后期大部分时间里基本上销声匿迹了。其原因比较复杂，除了政治因素的影响之外，还有两条这里不能不提出来：一是用实用文体的学习和实践排挤文学教育，使语文教育的目标、内容偏于狭隘苍白；二是歧视诗歌，以为学诗与学"文"水火不相容，至少是得不偿失的。这两种糊涂认识根子颇深，到今天也没有彻底澄清。所以，在评说谦翔先生"诗教"

思想和诗作之前，先概述有关情况，指出这个问题的严肃与严重程度。

我想，与其评述谦翔先生的"诗教"思想，不如探讨他对于诗歌的基本态度。我和他以诗歌而相识相知，在这个方面体会尤其深。他之于诗歌，犹如人之于食粮，"言志"是他的主旋律，"歌咏"是他对自己作品功用的要求。"言志"者，倾吐个人之情怀、群体之忧喜也。且读他早年的两篇。《自勉》云："华发已生少年头，幸逢而立得自由。晴空高远凭举翼，沧海辽阔任争流。昔日无由逞力气，今朝有地复何求？此生尚余三十载，不教寸阴付东流！"《春节乐》云："饮食唯求果腹，一饭一菜满行。莫谓清冷寂寞，岂无热闹欢腾？案头炕上书满，读读写写不停。古今中外读罢，除夕夜已三更。爆竹声声惊起，习作一篇又成。滴水文集数册，练笔十万有零。胸中蓄水万斛，会当高屋建瓴。"何等的抱负，何等的辛勤！诗歌道出心志，叫我们追溯到成功者历练时期照耀着理想光芒的磊落心路。"歌咏"者，说的是他追求诗要飞翔在生活和工作的舞台上，不只是叫作品蛰伏于书斋里墨卷中。写出诗要"用"，这是他给我的强烈感受。再读他在吉林毓文中学教改成功后的一篇《江城子》："老夫偏发少年狂，携纸笔，弃药囊，革履西装，抖擞上课堂。率我九十过河卒，斗应试，逞豪强。千目炯炯尽开张，睹风采，聆华章，万紫千红，溢彩更流光。喜待无字书海阔，涛头立，愧周郎。"夜晚成篇，翌日走进课堂，书之于黑板，展示为师者胸中豪气，笔底风华，这是要激励学生进一步从有字书走向无字书的高天大海，走进学识与精神的新境界。而学生当即有三十余人和诗明志，有一篇豪迈气不亚于其师："成竹在胸气自狂，才饱腹，智满囊，白雪阳春，熠熠耀华堂。看我九十过河卒，报师恩，显高强。琼苞玉蕊始开张，无字书，待新章。咫尺明朝，桃李惊四方。不负艰塞八百里，创伟业，看孙郎！"正是言志与歌咏这两张翅膀，托举着谦翔先生的诗歌创作活动不断上升到新鲜境地，融入他的"语文教育与人的发展"的改革实验主流，使得古老的"诗教"传统焕发出新的青春，呈现出一种明媚鲜妍的教学风景，走向令人欣喜的教育境界。"诗教"的高地正在接受实质性的冲击与征服。当然，"用"分大小。用之于天下则秋肃春温泽被大江南北，用之于教学则一泓绿水滋润半亩方田，用之于同道则高山流水叩响知音心扉。

从语文教学的角度做具体分析，我感到最值得推崇的思想和做法大致有三个方面。第一，着眼于人文精神种子的传播栽种。这一点服从于他的语文教育理念的整体框架，多位专家已经有所阐述，本文不拟多言。只提示一点心得：当灰色语文猖獗于世，他和广大教师及其他语文教育研究者、实践者奋然指斥，挥动实验与理论的利剑来斩断不良，成为先行人中的一个，而且是成绩特别突出的一个。"诗教"是个点，它连接着广阔的背景——那称得上是辽远而悲壮的民族文化教育的时代画卷。第二，着眼于汉语文性质的特殊要求。用读写诗歌来充实语文能力培养的薄弱环节，这是他奉行"诗教"的最有价值的部分之一，应该仔细分辨。第三，着眼于对当代中学生特殊心态的关注。借助诗歌来沟通彼此，吞吐天际风云和交流心灵感悟，这也是他奉行"诗教"的最有价值的部分之一，值得悉心体会。

关于"诗教"在语文能力养成方面的教学价值，我想列出以下三点来分辨。

1. 旧体诗歌写作的教学价值总论：写旧体诗歌的作用大于写旧体诗歌本身。

谦翔先生说："学写旧体诗，有利于养成炼字、炼句，合辙押韵，借景抒情，托物言志，起承转合，布局谋篇的功夫。"他还说："激起青年学子敢于尝试创作诗歌的勇气，养成他们乐于咬文嚼字的习惯，启迪他们深藏内心的灵性，提高他们鉴赏诗歌的能力。美食家的职能固然在于对美味的品尝，然而，倘若他能亲手烹调出几样色香味俱佳的菜肴，那么他对美食的品味，势必能够更上档次。"

我惊异于他与我在这个方面认识的高度契合。从思维方向说，这样想问题，比较符合东方哲人的智慧特色，即全面地、整体地、综合地看待局部层面上的问题，所谓头疼未必医头、脚疼未必医脚是也。教学生学写旧体诗歌，间接的功效是培养鉴赏古典文学的能力以及文言阅读能力，直接的功效是培养现代汉语文的阅读和写作能力。——这话乍听起来好像不大合乎语文教学常识，但就是那一大堆百年来层层淤积起来的所谓"科学常识"把我们的眼睛蒙蔽住了，手脚捆绑住了，误入歧途而不自觉。我可以将上述意思讲得更明白些，即在语文教学过程中，学生学习旧体诗歌写作的教学活动之价值，远远大于旧体诗歌写作本身；除了会有益于古代语言和作品的学习外，更直接的意义在于能够帮助提高白话文读写能力。这个道理，仔细想想是不难领会的。其一，写的基础无疑是读，且需要大量读，反复涵泳，自觉汲取和借鉴，或者用个新词叫"整合"。这就等于提升了相关的阅读要求，引导学生通过从读到写的内在转化，切实让阅读的质量有所提高。这叫作用"手高"促进"眼高"。其二，写的是旧体诗歌，可收获绝不只限于这一个方面。我以为"诗"是具体而微的"文"，其精粹和精微程度较之文章要更高级更复杂。所以在文法上警喻和迁移的可能性为大，在文字的切磋琢磨上收益尤其为大。这叫作借助熟悉更高级

以诗结缘，流水高山

别的文学（章）样式来带动一般的文字敷衍及锤炼活动。其三，写旧体诗歌乃是学生以前几乎不敢做也不会做的一件事，他们有新鲜感，有征服未知领域的激情，对此给予适当的引导，就能够增强语文读写活动的魅力，使精神创造的热情保持在一种类似"沸点"的良好状态。这三个方面，从谦翔先生的教学实践中都能够找到成功的范例。

2. 旧体诗歌写作的教学价值分论之一：写旧体诗与读旧体诗的心理交互活动，对提升学生古典文学鉴赏的整体水平具有独特的教学意义。

文学鉴赏是当今语文教学的一个难点。就诗歌而言，更难处是在古典部分。教学中往往从大的背景、境界、写法方面着力为多，可效果并不见佳。原因在于文字上的咀嚼玩味，功夫不到，总有深入不下去、精细不起来的感觉。可叫学生写一写，情况就大不一样了。请看谦翔先生的教学事例。学生张婉奇作《风烛吟》："嗖嗖西风陋室穿，幽幽烛火映窗寒。轻烟袅袅光欲灭，中心摇摇人不眠。纵有烛台固身紧，怎奈旁鹜凝神难。萤火微小尚持久，风烛虽大不保全。人生在世亦如此，心猿意马事成难。学子观此当有悟，功在宁静方寸间。"他这样记录了自己的创作心得：

首先，对比这首诗的初稿和定稿，最大的变化是标题由初稿中的"烛光吟"改成了"风烛吟"。虽只一字之差，造境却截然不同。相比之下，"风烛"较之"烛光"更为形象而深刻。"风烛"二字，自然让人联想到风吹之下摇摆不定的烛光，而风烛的晃动，则又象征着人心的恍惚难安，透出了烛光与人心的那份神似。而"烛光"二字则并无此意。其次，初稿中第四句"中心摇摇影颤颤"原是清一色的描写烛光，但将"影颤颤"三字改为"人不眠"之后，则既描写烛光，更象征人心，将烛光之动与人心之乱融为一体，造境更胜一筹。再者，初稿原是"虽有烛台紧相连，心驰旁骛神难还。"改为"纵有烛台固身紧，怎奈旁骛凝神难"之后，虽然意思相差无几，但"固身紧"与"凝神难"形成了鲜明的对比，更突出了"紧"和"难"，更突出了风烛之摇动、人心之不定。表情达意甚妙！这几处文字的改动，既有利于形象地写景，又有利于生动地传情。情景并茂，为原作增添了不少诗意。

如此精细地咀嚼文字，就一步步向诗歌语言的微妙处掘进了。带着这样的心得再去学习和鉴赏古代诗歌杰作，自然会处处体悟诗人的良苦用心，看出炼字炼句、结构立意的奇妙与谨严。再如，陈旭同学写了《情人节有感》，诗云："年年此日花价长，岁岁今朝燕飞双。适逢青春正年少，何人不思凤求凰。莫叹歪瓜无人赏，不羡青果恋爱忙。呼来白云做情侣，伴我闯荡竞技场。"又作《推敲诗句心得》，文中写道：

通过这次对旧体诗习作的修改，我又一次体会到朱光潜先生所说的"更动了文字，实际上就是更动了思想感情。"此诗第三联更动最大。原诗意为"可爱又可怜的我没有人欣赏，但没有人欣赏又能怎样呢？""又何妨"本是从苏轼的"何妨吟啸且徐行"化用而来。初读苏轼这首词，对"何妨"一句喜欢得不得了，时时低吟玩味东坡晚年看破世事的洒脱和"不以物喜，不以己悲"的胸怀。"何妨"二字是何等的气度！于是我便就此二字编出一句"无人采撷又何妨"，以模仿苏轼的胸怀和气度。仅有此句还不顺畅，于是我又编了上句"可怜歪瓜无人赏"，便使诗上下连贯起来。然而，尽管语言顺畅多了，但通读之后总感觉像是一个脆弱的男孩被无数女孩拒绝无数次后的无奈慨叹。在此走投无路、别无选择之际，突然冒出一句"又何妨"，就更像是苍白的自我安慰。其实这实在不是我的本意啊！"莫叹歪瓜无人赏，不羡青果恋爱忙"才是我的初衷。由此可见，不能单纯地模仿文字，更不能机械地模仿感情，现成的词句、别人的情感移到自己的诗中不一定好。不以词害义，用自己的笔抒自己的情，这才是作诗的真谛。"莫叹""不羡"之后，推出"呼来白云做情侣，伴我闯荡竞技场"两句，也自有一番属于自己的胸怀和气度。——这便是我的作诗心得。

小作者写这一篇旧体习作，从模仿古人成句，发展到用自己的话写自己的心，向着文学的深处迈进了。这是一个从推敲文字，进而深究文字所负载的思想感情的例子。语言是自己的，故而活泼；诗意是自己的，故而真诚；语言和诗意融洽地结合，故而文学境界有了新的开拓。带着这样的感悟和眼光，再去挖掘中国古典诗歌的宝藏，收获肯定是实在而丰硕的。

这样立论，并不是想贬低阅读的地位。我已经讲过，读是写的基础，不大量读就不会写。谦翔先生曾经在高中要求学生熟读成诵 100 首到 300 首古代诗歌。试想，若是采用原来那种效率极低的"分析"法来教学的话，这个量是绝对达不到的。学生用比较快的速度粗读，自读，尔后呢？除选择一部分作品精读外，他开创出旧体诗歌写作这个教学平台，为深化教学内容找到了新的思路，新的办法，其意义与价值之大，令我非常兴奋！在这个教学平台上，他做了许多细致入微的指导和激励工作。我阅读过他最近积攒的一部分教学笔记，有 20 多页，记载着给数百篇旧体诗习作所做的点评。因为不熟悉他们学习的具体篇目和写作的个体情况，我未必能够全部理解教师的评改意图。即便是这样，他的许多处文字痕迹，仍然叫我觉出了其中的妙义。于是我更加清晰地认识到，"学生写诗——教师点评——学生修改"的习作思路，等于在原有的阅读教学平台上，又链接了一个具有三大教学功能的新平台：一是反刍的功能，借助创作的反推动力，对已经学习过的古典诗歌进行新的信息加工重组，提取出更为精到的新认识，新感受，新评价；二是借鉴的功能；三是为再实践提供动力和更高级别之条件的功能。这三个功能，总起来说，可以概括成"整合"的功能，即在阅读与写作的综合教学活动中，全面提高学生的古典诗歌鉴赏水平，从而从整体上优化学生的文学素养和语文能力。

3. 旧体诗歌写作的教学价值分论之二：写旧体诗与读旧体诗对提升白话文写作水平具有重要的支持作用。

我读谦翔先生指导过的学生作文，每每见出其同龄人中少有的文字风韵。无论是他当年教的吉林的学生，还是现在教的北京的学生，他们经过几年苦练，养成了"腹有诗书气自雄"的独特气势，文字也摇曳多姿，开合变化得比较自如。什么原因？总的说来是"绿色语文"的功效，而从文字方面具体分析，这不能不追究到读旧体诗与写旧体诗的教学活动。总结其教学经验，有这么几条需要格外关注。

其一，重视对诗歌的整体感悟和潜心涵泳。他有诗句云："熟读成诵入诗门，因人因世索诗魂。察物辨景识意象，含英咀华品味新。悟情悟理得意趣，沉入意境喜会心。跳出庐山解文趣，审美尤重弦外音。"可以看出，他的教学立意起点高，借鉴中国古代读书经验中富有教益部分的自觉性强，占据了很高的审美层次。熟读成诵是起点，因人因世、因象因境是途径，与作者"会心"而悟出诗魂是目标。在"意象"与"意境"方面，他的思路很有个人特点。与"象"相并列的，他提出"物"与"景"、"英"与"华"两组概念，其后者，我领会是语言层面上的，即经由对精美言语的品味进入物象之省察。与"意"相并列的，他提出"情趣"、"理趣"两种概念，最后还要求学生"跳出庐山解文趣"，这个"文趣"，我体会是指艺术手法。前述三"趣"（情趣、理趣、文趣）的汇合，也就是所谓"诗眼"里能够望出去、想出去的那些光彩处——诱人玩味，发人穷究又非常有意思的所在。或者用今天习惯说的话来表述：读者在阅读活动达到高潮以后，能够产生新的联想、想象与创造的"生长点"。而"弦外音"，除了欣赏方面的内容之外，有可能就是写作（包括旧体诗歌写作）的序曲了。从"入门"到"出门"，乃至"倚门回首，却把青梅嗅"，再度从高处鉴赏作品，生发于"弦外"。这个学习过程，也就是比较地道的整体感悟和潜心涵泳的过程。不断经由这样的过程将美与审美的元素充实到学生心田里，种子就栽下了，萌发了，生长了。

其二，重视对诗歌思路的梳理、语言表达的锤炼。先看他给学生提出的写诗要求（摘录）："捕捉动心的瞬间，放大动情的细节，锤炼贴切的词语，运用学过的手法，创作真情的诗篇。"体裁：五言或七言古风。学写旧体诗，有利于养成炼字、炼句，合辙押韵，借景抒情，托物言志，起承转合，布局谋篇的功夫……题材：自选。有强烈进军"清华"之志的，不妨借"清华"风物抒怀；此外也不妨写亲子情、朋友情、师生情……提高遣词造句、布局谋篇能力的根本之道，是在思想情怀的陶冶中，不是在范文章法的模仿中；是在精雕细刻的锤炼中，不是在天马行空的涂鸦中；是在学生自得其乐的感悟中，不是在老师天花乱坠的灌输中。除去"绿色作文"的一般要求，他在诗歌思路梳理、语言锤炼方面特别提出具体的规范，计有六七处之多，可见重视的程度。教师教什么，往往学生就会有什么，不教就没有。在思路与章法方面，要求十分明确，当获益匪浅，此不多说。这里引一则弟子炼字炼句的实例。张旭有《冬梅（修改稿）》："彭泽黄花随秋逝，弥天飞絮压寒城。千番肆虐摧百草，一枝挺立秀群松。龙骨虬枝托冰雪，梨蕊香魂傲严冬。最是一年冬好处，朔风狂里赏玉容。"并作短文《谈炼字》（有删节）：

　　写诗贵在深意趣，意趣贵在富情理，情理贵在善言辞，需要更多的"绝妙好词"。最近我写了几首小诗，都是托物言志类的……以写作《冬梅》为例，谈谈自己对炼字的体会。在改稿中，"摧百草""秀群松""龙骨""傲"替换了原有的"风卷雪""逞豪雄""柳骨""散"。这些词语的变化，实际上是诗的主题的变化。"风卷雪"强调的是风雪，而非冬梅；"摧百草"强调的是环境的恶劣，更加突出冬梅的高贵。"逞豪雄"固然有气概，但流于平白；"秀群松"既有气势，又不失实在、文雅。"龙骨"是对冬梅在寒风里"曲而不屈"的赞美；为"柳骨"则其气节尽灭矣！由此观之，写诗不能不注重遣词造句。在我们学过的课文中，春秋笔法的"一字见褒贬"最为了得，算是炼字的高峰了。杜甫有言："寻章摘句老雕虫""语不惊人死不休"。这些事例都告诉我们要注重炼字。诗化的感情要靠诗化的语言表达，有诗意的诗未必是好诗的原因就在于此。因此，写诗的时候，一定不能忘记炼字，一定要精益求精。

　　有了这种"精益求精"的写作态度，炼出这种字斟句酌的好本领，自然就会让文字更上一层楼，反之则捉襟见肘，有"漏船载酒泛中流"的忧虑了。难能可贵的是，谦翔先生投入非常多的时间精力帮助学生修改习作，凭借他数十年砥砺文字的深厚功力给学生以点拨教导，其功大矣！（建议他整理出这方面的材料，附录于书尾，以供语文教坛上的晚来者观摩借鉴。）不过，从学生的修改心得中可以发现，教师动口动笔更正"涂鸦"，毕竟是引路之举，关键还是因为这个路引得对，引得好，叫弟子领悟了个中味，最终变成他们自己的锤炼语言的行动和意识。这远比教师字字句句一管到底要明智，也有效。我还注意到，学生的作品，有些并没有修改到家，而教师有意未予深究，适可而止了。这样做颇有道理。文字方面的事情，永无止境，与其越俎代庖，不如因势利导，为学生奠定长远的可持续发展的根基，善莫大焉。揠苗助长，累人又无效。这个火候的掌握也是挺难的。

其三，重视对诗歌旨趣的提炼。可以说，谦翔先生将他自己对待诗歌的态度"移植"到他的教学工作中了。这位以"尚志"为学诗圭臬、以"歌咏"为作诗功用的激情诗人，用绿色诗歌的薪火，点燃了弟子们"尚志"与"歌咏"的一腔豪情。通观这一片诗歌教学的沃野，扑面而来的是松风梅意、虎跃龙腾的勃勃生机，可谓"万类霜天竞自由"。金橙橙同学的《16岁自勉》有句云："惊涛骇浪乘鲲跃，风起云涌驾鹏行。扶摇九万上青云，击水三千撼龙宫。"多么豪迈的志向，又发于多么年轻的妙龄。古人云，十五而尚志。这个说法是有道理的，有其教育心理学方面的依据可寻。学生们在诗的年龄，爆发出真诚的诗情，这不是和瀑水泻于高崖一样自然合理吗？但谦翔先生希望奔涌而出的是清溪绿水，迎着朝阳欢腾澎湃，昂扬向前！在今天这个比较特殊的社会环境中，这么做需要勇气，更需要动力。他已经告诉我们了：为了民族未来的一抹绿色。

以上三条，合在一起，可以大致显示出为什么"写旧体诗与读旧体诗对提升白话文写作水平具有重要的支持作用"。形象地讲，文章写作的车子，要由三匹骏马来拉，它们是：意趣、学识、辞章。现在作文总是显得沉重，水平上不去，原因是我们的三匹马太羸弱了。怎么办呢？谦翔先生想出一个好办法，将写作练习划分为三条道：第一是一般意义上的文章写作，写白话文，他高举"绿色作文"的旗帜一路杀将开去；第二是旧体诗歌写作；第三是文言文写作。概言之，这后两条道路起辅助作用，直接为白话文写作，苦练那三匹骏马的脚力。文言文写作问题将另文评说，这里只综合阐述旧体诗方面的支持作用。从章法规矩上着眼，旧体诗歌是具体而微的文章，起承转合的架构形式比较明显。这无疑给作文框架提供了优秀的基本范式，展开且丰富之，求得不变中的变化，文章的思路就比较容易完整清晰了。更要紧的是，诗歌章法与句法联结得异常紧密，比如律诗，四联之间体现章法，而出句与对句之间也包含部分章法的含义，可以为学习作文提供章法方面的借鉴。从遣词造句上着眼，旧体诗歌最讲究文字的音韵美和表现力，强调个性的程度最高，这无疑给语言锤炼提供了优秀的范例和经验。仅此一条，"辞章"之马当有千里之风了，兼以对古典杰作的深入鉴赏，对作品意趣的提炼净化，这样用心而有效地训练那三匹骏马，当然会出现白话文写作的车子行之有道，疾驰向前的喜人局面了。请读一篇在这样一条为文之路上涌现出来的佳作，小作者名字叫秦一，文章题目是《我读苏轼的执着与超脱》。开篇简练平实：

"整整十几天，诵苏轼的诗，读苏轼的文，我试图从字里行间勾勒出一个从前不为我所了解的、全新的苏轼。"

接下去从苏轼说到今人，对比了两种"天真"：

他如孩子一般天真单纯的性格让他显得热情而豪放。他"为报倾城随太守，亲射虎，看孙郎"，他充满自信地喊出："谁道人生无再少？门前流水尚能西，休将白发唱黄鸡"。但是，这种天真单纯是有沧桑和深沉垫底的，而不是轻浮的狂躁。这种天真，淳朴而不雕琢，新鲜而不因袭。我们曾无数次地慨叹现代世界的喧嚣烦躁，于是"返璞归真"成了当今的流行词汇之一。可是，许多人在"归真"的道路上走向了两个极端。一是沧桑过了头，冷眼旁观一切身外事物，显得麻木；一是天真过了头，把自己置身于一个纯童话的世界里面，根本不清楚外界的喜怒哀乐、悲欢离合，显得无知。

若借用七律的格式来"透视"其文的思路和章法，上面的内容可以合并为七律的前两联：东坡旧作吟而悟，笑对凡尘作解人。石入沧桑方蕴玉，目随云狗总分心。（注：古有"白云苍狗"之说，喻一时多变幻。）下面的文字可以合并成七律的后两联：襞披风雨失归路，酒载扁舟不系魂。百代江湖歌袅袅，临风少女也知音。且续读之——

这两种"归真"都是做作而浅薄的，真正的"归真"应如苏轼那样，时刻保持着对世界独特的新鲜感受，这份感受经过其厚重的生命底蕴的升华而形成对人生的领悟，从而让自己在喧嚣的尘世中真正做到心如止水，从容自若。这种生活，快乐而充实；这种人生，充满美感。苏轼一生便执着于这种美感。但是，在成年人统治的世界里，要执着于这种美感，必须学会超脱。苏轼能够超脱，在于他胸襟旷达。他曾经辉煌过，光彩照人；他曾经失意过，无人问津。巨大的反差很容易让人绝望，但苏轼没有。他以极其旷达的胸襟接纳了所有的大喜大悲，虽然也曾痛苦、彷徨，但是那份豁达让他最终学会因缘自适，识度明达，走入了"也无风雨也无晴"的境界。正如周国平所说："在人生中还有比成功和幸福更重要的东西，那就是凌驾于一切成败福祸之上的豁达胸怀。"正是这份豁达，让苏轼在最应该悲观时仍然能笑得出来。这份豁达让苏轼与自己身外的遭遇保持了一个距离，他开始自省；这份自省又使他和真实的人生贴得更近，这样，他生命的底蕴越积越厚，他也真正走向了成熟。于是便有了今天我们读到的一篇篇流传千古的绝唱。

苏轼成熟在一个男人最重要的年月，与那些成熟在过了季节年岁的人相比，他真是好命。我们呢？如果能在18岁读懂苏轼，岂不更是幸运？

对照小作者的原文和我的诗语，不难看出旧体诗歌与白话文章在章法方面的内在渊源。我十分喜欢这篇中学生的读后感，真是好文字呢！究其好的缘由，恐怕还得回到方才说的三驾马车的比喻上。宝剑锋从磨砺出，梅花香自苦寒来。没有在古典诗歌教学平台上的一番磨炼，要写出这样的文章，恐怕比较难了。

中国古有听琴结成知音的佳话，而以诗会友，唱和知音的记载更是多见。李白和杜甫的诗歌往来之谊，已经成为文学史上的经典美谈。今人这方面的事迹也是不少的。中学生学习语文，缺少人文精神层面上的兴趣与乐趣，这是人所共知的情况。谦翔先生的"诗教"实绩，有一个重要侧面就是和学生用诗来交流勉励。先看他运用新诗形式激励学子的一个事例。他用平白如话的语言写道：

我可爱的弟子们啊/请你扪心自问/你是否吃得好却不觉甜/穿得暖却不觉温/得到爱却不领情/享着福却忘了恩/我可爱的弟子们啊/请别再呼唤"妈妈，再爱我一次"/请真诚地对父母说一句/让我也来爱一爱你们……

然后，说了一番别样的话，叫我诧异。他说：

下课铃响就放下笔吧/到室外吸一腔新鲜空气/课间操一到就合上书吧/让运动换来头脑的灵活/吃完午饭就放放风吧/去享受冲出"文明监狱"的快乐……

　　这样的教师，这样给弟子们激励与宽慰的诗行，久违了。诗，就是一座心灵的彩虹，虽然短暂，但清新灿烂，召唤着教师与学生间的理解体谅。于是学生也写诗了：

　　假如你不够欢乐/却不必把眉头紧锁/高中的生活举足轻重/又何必为些许小事把自己折磨/是学习上的一次失利/还是工作上的一点挫折/是一时解不开的思想疙瘩/还是欲罢不能的感情枷锁/统统把它们抛开吧/你应该微笑着面对生活/打开尘封的门窗/让风儿抚平前额/敞开沉重的心扉/让生命充满欢乐/博大总能稀释忧愁/深色总能覆盖浅色/追求总比叹息可靠/潇洒地拼搏才是你最好的性格/该放松就玩个痛快/该紧张就投入地一搏/张弛有度才是中学生的风采/以苦为乐才见苦行生的执着……

　　谦翔先生感叹道："教育者与被教育者，就这样，在诗教中达到了和谐的统一。诗教，也许不如严厉的批评那样立竿见影，也许不如严格的管理那样明效大验；但它的魅力却如适时宜人的春雨，'随风潜入夜，润物细无声'，寓无穷于无形。还是诗人兼哲人泰戈尔说得好：'不是锤的打击，而是水的载歌载舞，使鹅卵石臻于完美。'诗教的魅力，其如水乎？"说得好啊！他组织和"诗教"有关的教学活动，教师先抛出自己的旧体诗作品，最多时有 84 人和诗，这也应该是语文教坛上的一个记录了。仔细阅读这部书稿，其中与此有关的记载很多，他把阅读学生的作品当作乐事，喜事，每当看到有佳作出现，比他自己写出了好作品还要兴奋。他是语文教师，又是一位语文教坛上的绿色诗人。他以诗人的真诚和睿智与中学生交流，说的话有诗意，做的事有诗情，交换的一首首新体旧体诗篇，负载着两代人心路沟通的真实情景。这是令人羡慕的，也是他走向语文教学之"诗教"高地的最为辉煌的工作成绩。

　　在即将结束本文的时候，我想引用谦翔先生的三则文字。头一则是说他施行"诗教"的初衷："面向未来的语文教育，绝不能割断历史；面向现代化的语文教育，绝不能拒绝继承；面向世界的语文教育，绝不能抛弃民族化。总之，语文要转入素质教育的正轨，就必须汲取祖先留给我们的文学国粹。"第二则是他怒斥不良风气的激奋之作：

"自古大师皆务本，从来腐儒事急功。养根俟实铸大器，投机取巧雕小虫。"

第三则是颇能显示他才情的一段文言随笔《"乐水亲山"解》，其全文如下：

余家有条幅，题曰"乐水亲山"，其言化自孔子"仁者乐山，智者乐水。"然余亦颇有独得之悟。故自解之曰：

山，德也，厚重而稳健，故君子仰之；水，才也，轻灵而深沉，故贤者慕之。山，理也，明晰而不苟，故烈士求之；水，情也，蕴藉而随顺，故达者亲之。山，刚也，刚强而豪迈，故勇士怀之；水，柔也，柔韧而权变，故智者效之。

天人之际，形二理一：山水相利，德才并举；山水相得，理情俱活；山水相成，刚柔共荣。故曰：学者敬山爱水，教者乐水亲山。

如果要研究他的"诗教"思想乃至整个语文教育思想和教学改革经验，即便不是全部，也是相当一部分的谜底就隐含在上面引用的这三则文字里边。这不是拙文所能够尽言的，匆匆写上而已。谨以几行韵语结篇：

亲山爱水意，学者教师心。融作诗家语，蒸腾化绿云。
前瞻踏雪路，回首寻春人。河清应有日，飞花共缤纷。

五、学生眼中的赵谦翔

（一）为先生塑像
——献给病中的先生

董微微

我热爱泥塑，也热爱先生。

　　先生是我的语文老师兼班主任，他喜欢称我们为"弟子"，我便乐于叫他"先生"。"先生"！无尽的热爱都蕴涵在这个古色古香的称呼中了。近来，先生突然病了，我蓦地有了一种冲动，要用我最爱的泥巴来塑我的先生。

　　我和着泥，脑中跳跃着先生的形象。先生的名声在教育界如雷贯耳。未见到他之前，我便在想象中描绘了一个形象，他一定是个满头白发、满脸"阶级斗争"的老学究吧？可第一次见面就将这种想象全盘推翻。先生穿着一件白色 T 恤，一条深蓝色的牛仔裤，再加上双目有神，声音洪亮，全不像个年近半百的人。先生最鲜明的特点是"快"：走路快，总是匆匆忙忙像赶火车；说话快，汩汩滔滔像急流飞瀑；写字快，口出笔落挥洒如飞。那种做事的高效率，那种思维的快节奏，让先生不老于他年轻的弟子，不老于这年轻的时代。那么，就应该塑一座如青松般生机勃勃、永不凋枯的像，起名字就叫"不老的先生"。

　　我将精心和好的泥巴安放在架子上，塑好大致的造型，思维便不由自主地延伸开去。记得有一天，先生将他为我批改的作文稿还给我。只说了一句："你能读懂。"我翻开它，上面密密麻麻挤满先生鲜红的字迹。小至一字、一词，大至章法构思都做了详细批注，字数竟超过了我的原稿！刹那间，我懂了：这是先生的心血呀！而这并非先生对我一个人的偏爱，在这短短的一年半里，实验班已有 38 人的 61 篇作文在先生如此精心的修改下，变成《作文报》上飘着墨香的铅字。一个声音在我胸中震荡：记住！你的每一点自暴自弃都是对先生心血的玷污和背叛，要努力，要争一流！

　　先生尤善于寓情于教，他的《"课堂发言敢死队"宣言》，他的劝学篇《万岁，挤桥！》，劝爱篇《学会自立吧，我可爱的弟子们》，将一团团觉醒的火焰送入我们已被应试教育摧残得近乎麻木的心灵。我实在应该为先生塑一座如盗天火给人间的普罗米修斯的像，起名字就叫"不凡的先生"。

　　我飞快运作着的手臂忽然迟缓下来，一股沉重的忧虑涌上心头。先生病了，病得不轻。他时常剧烈地咳嗽，但他讲课的声音依然洪亮；他时常停下来喝水，但他讲课的思路依然流畅；他上楼已变成三步一歇，但每日依然能准时看见他挺立讲台的身影。从先生的每一个动作、每一种神情中弟子们都可以看出，先生在努力支撑着自己，继续为我们"卖命"。于是，在这些日子的课堂上，弟子们的精神格外集中，发言格外热烈。先生曾在《人民教育》上发表文章说："一个合格的班主任必须

卧病寂寞，贺卡暖心

心中有爱。这种爱，包容并超越了母爱与友爱，是情爱的极致；这种爱，以民主为前提，科学为基础，是理智的极致。只有这种最深沉的爱，才可称为人类灵魂工程师的爱。"我想，支撑先生抱病为我们工作的，该就是这种深沉的挚爱吧?！我要为先生塑一座巍峨如山的像，起名字就叫"不倒的先生"。

一番精雕细刻，我终于完成塑像的最后一处。我退后两步，仔细端详着这个"不老、不凡、不倒"的先生，虽然心里溢满了成功的喜悦，但却总是抹不去几分遗憾。其实，我塑得出先生的头颅，却塑不出先生的思想；塑得出先生的眼睛，却塑不出先生的神采；塑得出先生的嘴唇，却塑不出先生的口才；塑得出先生的胸膛，却塑不出先生的爱心。

但是，我也只能将这座无法完美的塑像，献给病中的您了——我的先生。

（吉林毓文中学 1999 年毕业生）

（二）敬畏先生

武　珩

同窗们对先生都是亲而近之，从送给先生的贺卡、书信中即可窥见一斑，而我却极不合群地对先生敬而畏之。

对先生的"敬"由来已久，足可追溯到初二。那时，上届实验班的师兄师姐们的文章像道道绿色的闪电撕裂了我灰色的思想天空。从此，我便对想象中的赵老师产生了崇敬，向往绿色的心蠢蠢欲动。初三时，我又亲聆了赵老师的"绿色作文"讲座，睹形闻声，我更加向往实验班了。那堂课后，连初中的语文老师都对我说："你应该成为赵老师的弟子。"

气定神闲，乐天知命

然而，造化弄人，我竟阴差阳错未能参加实验班招生考试！但是我痴心不改，誓要亡羊补牢。我想：赵老师头上有那么多光环，该不会对我这无钱无势无后门却又痴心向往实验班的孩子置之不理吧？于是，我抖擞精神，鼓起毛遂自荐的勇气，从学校到家中三番五次地"围追堵截"，向先生讲我的"光荣履历"，夸我的"学习成绩"，表我的"赤胆忠心"。

先生起初不动声色，继而双眉微蹙，终于，他开颜解颐，欣然收下了我！一下子，先生成了世界上最可爱的人，我对先生的敬意也登峰造极。

先生的赏识，确使我有些飘飘然了。南戴河夏令营时，既得名师，又逢伯乐，我兴奋得合不拢眼，整夜与同组同学又唱又跳又吃夜宵。可是，此等美食，岂敢忘了先生！于是，身为组长的我率领十多名组员浩浩荡荡、吵吵嚷嚷地"夜半送瓜"，敲错门惊醒校长大人后，又毫不畏惧地敲醒了先生。先生收下了瓜，却既没夸奖，也无笑容，只说我们太"浪漫"。回到寝室，我们回味着这句不酸不甜的话：是啊，离家千里，纪律第一啊。这不软不硬的当头一棒，叫我怎能不生畏？

没想到，祸不单行。开学初的一次口才课上，要求谈赏诗体会。我在台前口若悬河，兴起时，竟妄自将千古流传的"不破楼兰终不还"中的"终"改成了"誓"。还强词夺理地和同学一通神辩，迟迟不肯下台，直至被先生又好气又好笑地推下台时，还念叨着自个儿的"创见"呢。

"'誓'者，言也，言而未必有行；'终'者，末也，行而有果也。自然更胜一筹"。年少轻狂的我听了先生言简意赅的点评，哑口无言。从此，对先生的畏惧更添三分了。

一次，先生照例让我们写《东方时空》感悟，我却手懒未写。哪知是中央电视台来采访实验班要用的发言稿！机不可失，我赶紧趁课间操将"大作"一挥而就。结果，又遭先生的"暴风骤雨"："全是假大空废'四话'，'嘴尖皮厚腹中空'，这样的'山间竹笋'怎能登大雅之堂？"先生又逼我写了三遍，方才过关。这下，从前的"飘飘然"全变成"凛凛然"了。

一次次的打击，确使我怕了，怕先生的深刻反衬出我的浅薄，怕先生心目中的玉璞变成顽石而后悔当初收下我。不过，平心而论，每次受"打击"我都心悦诚服。先生教我"守纪律""重汲取""练内功"，我又怎能不愈加敬先生？敬为畏之源，畏乃敬之极呀！故而我对先生敬而畏之，又绝非远而避之。

我暗下决心：自磨去瑕，精雕成器，以慰先生。

（吉林毓文中学 1999 年新生）

（三）清华大学附中学子临别赠言
（2008 年 7 月）

王亚琛

感谢赵老师的两年教诲，劣徒作七律与恩师作别。

> 适逢早春露锋芒，恰遇晚秋怀痴狂。
> 两年细雨润锈铁，数载清风净心房。
> 今朝林间射猛虎，明日风里斩豺狼。
> 只待十年再相聚，定是华夏绿苍茫。

肖昀祎

敬爱的赵老师：学生肖昀祎谨以这首《浪淘沙·致赵子》作为"再见礼"，感谢两年来您对我的鼓励和批评，并祝您在今后的日子里，延续辉煌！

秋霜染鬓边，激情犹燃，诗意栖居在人间，
绿色语文君独到，何必让谦。
试较众比肩，才疏学偏，只赖灵光偶翩翩。
吾若坚持如赵子，会当翔天。

刘捷思《致赵老师》

丙戌之年遇老叟，鹤发童颜鬓斑白。台上授课涵绿意，课下蹬车伴去来。
回想师君头一载，干劲十足学不怠。名篇佳句口头诵，七绝五律心中怀。
冥思苦想整一日，终成四句笑颜开。作罢再与名诗比，差之千里又生哀。
纵使名诗千般好，我诗词拙表意白。慨叹一声重立志，定要诗成传四海。
昔日作文很无奈，一头雾水两眼白。文题如锁实难解，才思若栓终不开。
暮去朝来至岁末，渐有所得喜增才。行文表意颇有成，吟诗作赋也不赖。
方欲随君入高三，另辟蹊径闯题海。岂料师生缘已尽，无奈只好说拜拜。
种种往事留身后，谆谆教诲记心怀。考试分数虽为重，人生大道不可乖。

张　淼《临别赠诗》

花甲金猪，解甲归田。绿色语文，吾得真传。
真情作文，推波助澜。人生境界，明其正涵。
育人无数，桃李满园。恩师大德，铭记心田。

这是我头一次写诗，也许写得不好，但也可以算是绿色的吧！从高一开始，您就让我们明白了这绿色的含义——真。以真情作文，以真心做事。您还让我们理解了人生的四大境界，我们的知识被充实了，同时被充实的是我们的文化素质。马上高三了，您虽已解甲，离开了我们，但您的绿色精神永远都离不开我们。在这里很郑重地对您道一声"谢谢"。不说太多的，诗以言志。您给我们带来希望，我们会给您带来辉煌。

林　天

新高三伊始，某老师慷慨激昂地让我们明确"我是谁？我是高考的考生。"听到这句话时，我的第一反应就是：我不是高考的"考生"，绝不是，我是高三的"学生"。即使在高三，我依然会牢记您的教导，做一个真真正正的"学生"。尽管跟您接触只有短短一年，我仍被您对语文深深的爱所打动。今后不论身处何方，我都会铭记您的教导，并努力去体验中文的博大精深。遗憾您不再教我们的同时，也遗憾下届学子无缘再享受您激情的"绿色语文"。赋诗一首：

> 一载辛苦一载忙，聚时欢喜别时伤。
>
> 天下盛宴终有散，勃勃绿意驻心房。

刘　鑫

致最最敬爱、敬佩的赵子：

> 脑门涔涔流汗，声音微微发颤；
>
> 面对众学子，誓做教书模范！
>
> 快看，快看，好个矍铄老汉。

不论好坏，这是学生在您的指导下第一次写的《如梦令》，至今仍铭记于心。而这词的内容，正是描写您在一次公开课上卖力讲授的情景。您的教学水平、特色以及取得的成就，不必我来称赞，早已得到了无数的肯定。您不仅仅是在教语文，更是在教我们如何做人。学生不才，未能学到您更多才华，但"真诚"二字，早已牢牢铭记在心！对于您的离开，学生虽然十分不舍，但学生理解您——摆脱束缚后，您必将过得更加潇洒。最后，由衷地祝愿您：身体健康，事事如意，自由自在，生活美满！学生他日必将出人头地，不辱师名！

张　茜

我衷心地感谢您这两年来对我的教导与关注！其实，初中时的我并不喜欢语文，要不是因为做语文科代表，得到老师的"特别关注"，恐怕成绩会更差。本来对语文不抱任何希望的我，上了高中竟幸运地碰到了您。您激情的授课方式和渊博的文学功底深深吸引了我，不知不觉，我对语文产生了浓厚的兴趣。跟着您，平淡的生命被开垦成丰美的诗意田园。我不仅学到了许多语文知识，还学会了写诗，对对子，更学会了如何拒绝蜕化为"考生"，而要做一名真正的"学生"。是您教会我怀着"东篱采菊，南山饮酒"的心境，"坐看云起时，行至水穷处"，高瞻远瞩，豁达人生。我知道，在这个班里，我的语言不是最华丽的，我的学识也不是最渊博的，但我会努力让自己更完善，拓展出属于我的"别样洞天"！下面这首长短句，是我斟酌了好久才完成的。以此来表述我的心情：

> 云低垂，杨柳岸，雨丝牵绪乱。
>
> 回首往昔逝云烟，离情凝泪眼。
>
> 携手高三却无缘，再见又何年？
>
> 一曲短歌胜千言，征帆举，别云天！

贾　儒

赵老师：您教我的两年里，我感悟着语文的魅力，提高着自己的修养。我在您行云流水、天马行空的字里行间，学习着语文；在你激情的课堂、绿色的语文里，热爱着语文。如今，我们将与您告别，踏上残酷的高三。两年的师恩，我们不会忘记。您在教我们语文的同时，也感动着我们的心灵，启迪着我们的人生，指引着我们不断前进。您的绿色语文，让我明白了语文果真很可爱。

师恩两载，蓦然回首，已是尽头。
昨日相逢，唯见满城杨柳；
今日离别，无缘再上层楼。
叹光阴如水匆匆流，只是"猪颜"瘦。
潇潇洒洒"猪军"首，激昂斗志何时休？
数得清冬夏春秋，赢不尽生前身后。
纵然是秋霜落满头，您绿色不改常依旧。
您是个普天下教师领袖，盖世界绿色班头。
有的是一颗将绿化进行到底特立独行的"猪脑猪头"；
有的是一身蒸不烂、煮不熟、吓不倒、刺不破、挑不透、绿油油的"猪胆猪肉"；
有的是一腔"老夫聊发少年狂"、鞠躬尽"翠"、博古通今的"猪血猪油"。
伴的是碧水边碧丝绦拂碧水笑看碧柳；
伴的是绿军帐绿将军率绿卒鏖战绿畴。
漫天绿阵透清华，满园尽带碧玉甲。
愿您的激情永远燃烧，
愿您的绿色语文发扬光大！

于子奇

亲爱的赵老师，当您第一次走进教室的时候，您的激情万丈、您的渊博学识，还有您独特的授课方法就深深吸引了我。"三精"牌一言心得、"绿色作文"等绿色的种子就在我心中发芽。但由于我的学习态度不端正，险些将这些绿色的诗意之芽

社会反响 249

扼杀。正是您在这千钧一发的时刻拯救了我，让我踏上了绿色语文的道路。是您把我引上了正确的写作之路，是您让我第一次感受到原来写文章是一种快乐的享受，让我意识到只要有真心实感，我也可以妙笔生花。我至今还记得写完第一首藏头诗后的成就感、自豪感，我第一次发现了深埋在我心中的诗意。您不仅教会了我"绿色作文"的写法，还教会了我"绿色诗歌"的做法，更教会了我"绿色人生"的活法。这些都将成为我未来人生的向导，并成为永远值得回味的珍贵而美好的记忆。虽然我们无缘高三，但您的思想将永远激励我，影响我，指引我。再写一首藏头诗，与您道别：

> 谦谦君子从师路，翔云凌空爱诗书。
> 语坛教学辟新径，文苑读写创异途。
> 万事标新最辛苦，古来立异皆孤独。
> 长江后浪推前浪，青胜于蓝硕果出。

（四）学子评课

2015年1月9日在吉林大学附属中学讲《庖丁解牛》后，学生评课选录：

● 嘻！善哉！第一次知道语文还可以这么学，有一种呼之欲出的感觉。这次课就像火把一般，重新点燃了我心中藏匿已久的学习语文的火种。

● 听了这堂课，感觉语言不是语言，而是艺术了。这种学习不仅有"术"，有方法，更有"艺"，有美感。我也想说"嘻，善哉！"啊！

● 美哉！老师所讲，均为我从前读《庄子》时难以领悟之处，讲解独到、深刻，且富于激情活力，语气语调甚为振奋，令人耳目一新，有余音绕梁三日不绝之感。

● 感谢赵老师用他博学的思想和精湛的讲评使我们享受了一节"学生与老师"的课堂。不需要死记硬背，就在您的领导下大致背下了全篇。我们应该认同，继续坚守"绿色语文"的思想。这一课很宝贵，很难忘。谢谢您的赠言——我的青春，我做主!

● 今天这节课完全打破了我往常对文言文的看法。今天的讲课并不是为了"应试教育",而是为了"素质教育"。是"使其言皆若出于吾之口,使其意皆若出于吾之心"的课。年老的老师知识渊博,幽默诙谐,丝毫没有因为我们的稍稍出言不逊而生气,所以课十分出色。

● 敬爱的老师:您的课堂设计得十分精妙。教给我们的方法,我想能使我们终身受益。佩服您弟子的真才实学。望有一日我也能修成正果。言归正传,这真是一堂令我受益匪浅的课,审美无处不在,理性思考贯穿课堂。多谢您!

● 不仅幽默风趣,课堂每一处也都拿捏得极为精准,有大家之风范。声音如洪钟,全无六十多岁之态,十分佩服。语言条理透彻清晰。结束之时,真正体会到了您课前所讲您是"最爱语文的老师"!

● 感谢老师在这一个半小时之内的倾囊相授。慷慨激昂,幽默自如,指点江山,激扬文字。带我们领略了古文之美,古文之精妙。整个课堂融会贯通,一气呵成,实为师表。

● 今生有幸听赵老师的课。言辞激越,授课豪放,讲练结合,勤读亦思,更有昔日学长之言以鼓舞,有师之精神焕发,方有学子之金榜题名。"高山仰止,景行行止"。

● 先生所教之课令我受用终身。您为我们展现了中华文化之精粹之魅力。您虽已年迈却仍为斗士——拥有语文魂的斗士。学生有幸闻先生一言,必以铭记。

● 师之所授,吾捧腹而得之;师之方法,吾欣赏而传之;久仰大名,今日一见,不虚此行。

● 从前学习文言莫不浅尝辄止，今日听君一席话，犹觉余音绕梁，回味无穷。谢一日之师，诲吾箴言。

● 语言皆出自汝口，道义皆出自汝心。老骥伏枥，志在千里。虽已暮年，壮心不已。汝之精髓，不可不修，不可不悟，不可不感，不可不叹！

● 银丝掩盖不住你年轻的心，朴素抵挡不住你绚烂的内涵。真好！

● 有幸听得名师课，博取吾心青睐之。

● 此前不知文言意，此后方知文言智。

● 新意代昔愁，惊喜不胜收。轻云剪过幕，未老道风流。箫增青梅去，笛来上月楼。何言以怀感，夫唯记千秋。

● 您讲课具有独到见解，中心明确清晰，并有学富五车的博学渊识。教学经验丰富，知识点串联紧密。实在是百闻不如一见的好课！

● 老师讲课太有激情了！完全被文言文的乐趣所吸引，被快乐的课堂气氛所感染。今日能领略老师的风采，实属弟子今生之幸，不胜感激！

● 你我虽相识半日，但我信受益终身。你的课令我激情四射，充满了活力，我相信自己会拔毛断喙，如鹰一样蜕变重生。

● 很好，很好，非常好！讲学幽默，哲理深悟，文本透析清楚，让人有再去探寻深层含义的欲望！人很精神，让人听着也激情澎湃。

● 文言之路今启航，得名师之指点，方知文言之乐趣。此课毕，吾深知吾之不足，愿此刻努力，踏上新的语文之路。课十分精炼，文学底蕴十足，令人受益匪浅。

● 教学有方，引经据典，半百老人的授课令我们为之精神一振，思想升华，灵魂净化，颠覆了我们对语文课堂的认知。模式新颖，主题明确，思路清晰。

● 老师您好！在我九年学习语文的生涯中，您给予我的虽不及九年烦琐，但却是撷取中华文化之精髓，我在此定要向您致谢。一日为师，终身为父。今日您的一言一行足以证明您是一位"最爱教语文的老师"，您所传授的将使我终身受益！

● 有知识，有思想，有语言，有能力，有经验，有课堂教学之美，有理性思维之道。将孩儿们带进书本的海洋，悟出人生本质之辉煌！满心浓浓谢意，不知何所言，今生难忘这一堂课，一定铭记心间！

● 君之所教，吾有得于耳，有念于心，大气磅礴，恢宏振奋，余音绕梁，忠言回荡。悟老庄之性道，感语文之殊途。善哉！善哉！可谓至圣矣！

● 老师，您激昂的语言唤醒了我对文学的热情，您浑厚的声音，感动了我的心灵，您坚定的双手指明了我的未来，您苍白的发鬓唤起我对您的感激。您对文学的热情更值得我效法。谢谢您！

● 如王国维老先生一般，学富五车，却屈尊前来为我们指点江山，点亮语文世界。让我意识到"语文有激情，够活性"！让我之后更加爱语文，爱中华文化！！！

● 文学素养极深，望尘莫及。学问无边无涯，望洋兴叹。我相信老师的学问不止在于此，而您在我心目中，也树立了"文学老顽童"的形象。教学之风，为学生一生之榜样！

● 老师开始上课时告诉我们的"熟读精思"的学习方法，在讲课中贯彻得十分恰当。也在结尾展示了如何从一个"考生"成为"学生"的方法。

● 赵老师：您的课使我感受颇深。文学的造诣不是在诗词表面体现出来的，而是在像您这样一批批有学问的学者灵魂所绽放出来的。"路漫漫其修远兮，吾将上下而求索"！

● 气迈豪壮讲庄子，风姿矍铄震吾心。翩若惊鸿，宛若游龙。高山流水，且歌且行。文言如醍醐灌顶。方法铭记在心。望有缘再会。

● 听师一课，受益颇深。领略语文之美，体会文言之精。熟读精思令吾受益匪浅。一节课却令吾深有所思。真是回味无穷，愿有一日再听老师讲课。

六、教师眼中的赵谦翔

（一）高境界与真魅力
——从师学艺心得

北京十一学校　耿　畅

感谢李希贵校长让我们结识了赵谦翔老师，更荣幸有机会拜赵老师为师，让我亲身体验到了什么是教师的高境界和真魅力，并积极行动起来向着这个目标努力。

一个多学期过去了，我们这些徒弟经过师傅的听课、评课都获益良多，但我们总希望师傅给我们现身说法地上一课，那样会更解渴。于是，我斗胆请师傅在自己教的两个班内作了《咏鸟诗三首》鉴赏课，我明知师傅闪亮登场，一定会使我的教学形象相形见绌，但为了求得真经，也顾不了许多了。上课那天恰巧是5月12日汶川地震周年纪念，我和我的学生们在课堂上受到了一次心灵的震撼。

课后，我向学生们倾吐了我从师学艺的真实心得。

　　赵老师的高境界，在于他对语文教学的真挚而深沉的爱。这种爱不仅表现在他60 岁的年龄 30 岁的激情上，而且表现在日常生活中他对母语的热爱。在转发现成贺年短信泛滥的时下，今年元旦他发给我一则《牛年新作致诸贵人》：

> 多元时代多种人，物以类聚人群分。
> 有人创业结同志，有人淘金聚谋频。
> 有人结社求玩友，有人宠物寻开心。
> 有人四海逞漫游，有人网络迷沉沦。
> 我独埋头育桃李，但凭机缘遇知音。
> 读书岂为颜如玉，屈陶李杜总相亲。
> 授课更无黄金厦，运斤成风多郢人。
> 高足之谊晴空月，贵人之情春草新。
> 胸无城府不设防，清欢有味无机心。
> 争名夺利弃身外，斗角钩心扫出门。
> 心耕自享桃源乐，任他闹市乱纷纷。

　　在师傅短信的激励下，我也绞尽脑汁和了一首，师傅鼓励之余又做了精心修改：

> 读罢师言感慨深，忒佩吾师信笃真。
> 高足实为勉励语，最惜此生缘分珍。
> 师虽花甲精思勤，徒赏新作激惰身。
> 师素蔼然对诸徒，吾谢师恩弃怯心。
> 和诗精诚敢斗胆，不信笑我弄班门。

　　师傅同时回复道：

> 我诗非大雅，贵在精诚心。
> 虽无鲁班艺，最喜切磋人。

　　希贵校长常说要用我们自己对祖国语言文学的爱，点燃学生对语文的爱。赵老师身体力行，为我们做出了最好的榜样。

　　赵老师的真魅力，在于他知识的渊博和钻研的深透。

　　给我印象最深刻的是，无论是启发引导还是即兴回答学生的发言，古今中外哲言睿语信手拈来，如出其心。例如讲到《池鹤》时，他说"鹤喻君子"时，引用《诗·小雅》："鹤鸣于九皋，声闻于野。"解说"怅望青田云水遥"时，他说道"海为龙世界，云是鹤家乡。"等等。

赵老师说《兰亭集序》他已经讲过三遍了，可最近在十一学校作课时仍然要从头备起。他说："参考资料必须要看，但不能照抄照搬，贵在要备出自我，备出创见。"课堂上，凡是他详讲的地方都是教学的难点，而在学生各抒己见后，他都给以精彩的小结。在讲《兰亭集序》时，为了让学生认识"悲死"必然"乐生"之理，他用了两个材料：一个是"小沈阳"的"眼一闭，一睁，一天过去了；一闭，不睁，一辈子过去了。"（以俗语明哲理）另一个是庄子的"人生天地之间，若白驹之过隙，忽然而已"（以雅言明哲理），既使学生透彻理解了热爱生命的主题，又使抽象的哲理贴近了现实生活。

在讲《闻雁》时，赵老师这样小结诗人"闻雁"的心情：归雁欢欢，我心惨惨；雁鸣连连，思乡绵绵。在讲《池鹤》时，他这样小结"池鹤"象征的诗人品格：不屑与安于束缚的庸人为伍，鄙视小人的奴颜婢膝、阿谀谄媚；坚守人格尊严与高洁情操，虽有身陷困境的无奈，仍然满怀生活自由与政治解放的憧憬。

而最难能可贵的是，这些结论都不是从教学参考书或网上抄来的，而是他自己精思苦索的独到之悟。这种独立思考的精神，是最值得我学习的。我诚恳地对我的学生们说："我只有努力向我的师傅看齐，才配做你们的老师。"学生们则报我以真诚热烈的掌声。事实证明，赵老师讲课后，我在学生心目中的威信不但没有降低，反而有所提高。

在师傅的感染下，我开始读些提高素养的书，如《庄子100句》、《孟子100句》等；在师傅的影响下，我开始写教学随笔，积累自己教学中的点滴心得，力图集腋成裘，聚沙成塔；在师傅的带动下，我在课堂教学中，开始培养学生的独立思考能力，让学生不借助任何参考资料，从自定的角度写下自己的感悟。

在感悟《窗》的时候，有的学生写道："他们都死了，但他们的目的地不同，一个升入了天堂，一个沉入了地狱。"

在感悟《变色龙》时，有的学生写道："一年后，医院旁边建起了一座美丽的花园，里面有五彩斑斓的花朵，还有一泓蓝水晶般的湖泊，医院里都感激那位不愿透露姓名的投资人，但谁会想到，在这片如此平静的土地下竟会埋葬着并不平静的记忆。"

在感悟《范进中举》时，有的学生写道："出仕与隐居，只是两种不同的生活方式。范进的悲哀不完全在于沦为腐朽的科举制度的牺牲品，也在于他忙碌一生，却没有悟出自己的'道'，没有找到自己的人生信念，因此他无论'出仕'或'隐居'，都是失败的。假如他出仕只为了功名利禄，隐居只为了显示清高，那么他的人生就是没有意义的。有意义的人生，应该像孔子说的那样：'朝闻道，夕死可矣。'"

读到学生们这些有见地的思考，真令我欣慰无比！我告诫自己：继续努力做一个有思想的教育者，永远追求师傅那样的高境界与真魅力。

（二）真是活得像个腕儿

——写在听赵谦翔老师《兰亭集序》课后

内蒙古鄂尔多斯准格尔旗世纪中学教师　许　敏

"两节课加上课间，90分钟，没有倦怠，如坐春风，如沐甘霖"，听完老头子的讲课，瞬间我写下了这些简短的文字。

"朴实至诚，平和近人，精神矍铄"，这是老头子未开课期间留给我的印象。我知道，真的名师不用开讲，只要往那儿一站，就有一种"气场"。

开讲了："记会·寓雅；写景·抒乐；乐生·悲死；今昔·同悲；点序·明旨"。原来文章中的四个段落，被老头子简洁明了地勾画成了五个层次，何等的"文章不厌百回读，熟读精思'他'自知"！这其中绝对浸透着老头子一直以来不懈的思考。

"仰观宇宙之大，俯察品类之盛"，书下注解有问题，这本是个定语后置句。"死生亦大矣"有问题，不能表述成"死和生"是大事情，"死生"是偏义复词，这个段落重在死，因此，应说"死"是一件大事情呀！老头子不断地挑战着课本，甚至教学参考书，这不是义胆、勇气之词的判定，而更多的是"他思故他在"，人用"心"了，才能明察。

"人生天地之间，若白驹之过隙，忽然而已。"（《庄子》）

"人这一生可短暂了，有时候跟睡觉是一样一样的，眼睛一闭一睁，一天就过去了；眼睛一闭不睁，这辈子就过去了。"（小沈阳）

周国平说："思考死，有意义的徒劳。"人终有一死，这就是"徒劳"。但思考死可以生爱，可以生勇，可以生智，从而生得充实，死得其所，这就是"有意义"。

老头子课的结尾总结，没有久经考验的高考题练，而是给出了上述不同之人对死亡的观点，并意味深长地告诉学生，告诉我们在座的每一个老师要"感悟生命·善待人生"。这样的结尾不仅关注的是学生的今天，更时时考虑的是学生的将来，是要学生追求绿色的人生，诗意的人生，是灵魂的教育。这才是对学生的真正的爱。

这不由得让我想到了和这个老头子同样怀有对教育事业的赤子之心的吴非，在文章《像太阳一样升起的白旗》中所写过的一段话："在病中我想起一个又一个学生的面容，感叹生命的短暂，同时也赞叹生命的美丽。感谢上天让我有机会认识这些美丽的生命，让我感受他们的仁爱和美德，让我懂得了什么是真正的教育，让我知道职业的使命与荣耀，让我在敬重生命中得以永恒。"

根深才能叶茂。90分钟，够了，隐藏在老头子课堂教学背后的，是不媚俗、不从众、坐得住、静得来、喜读书、爱教育。这样的老头子，我十二分的敬重；这样的老头子，活得才像个腕儿。

（三）手机短信评课《绝句·杜甫》

1. 赵老心中有绿，钱塘教坛寄情。今天听了赵老师的课，就如杭州西湖的春天：绿色而又诗意！

2. 听赵老师的课：感受浓浓的京味儿，特亲切；暖暖的春味儿，特惬意。

3. 赵老师：衷心谢谢您！让我见识了一堂真正的语文课。生本纯真，教学循真，在真性情中品味诗趣。

4. 赵老师真实幽默地诠释了绿色课堂，受益匪浅！

5. 听了赵老师的课，才真正体会到中国语言的魅力，不喜欢中国语言都难！

6. 赵老师的点评好幽默，人也挺像葛优，学生不是在上课，而是在享受。

7. 赵老师幽默风趣，激情飞扬，让我眼前一亮，太可爱了。加油！

8. 赵老师的课激情四射，展示出古典文学的魅力，值得细品！

9. 赵老师精神矍铄，涵养深厚，带着一群可爱的孩子含英咀华，不亦乐乎！

10. 听赵老师的课，既学到了知识，更收获了开心，都忘记自己是老师了。

11. 赵老先生的课有生活，有古韵，有情趣，有欢乐，有驾驭力，有灵动性。

听他的课，是一种享受！

12. 赵老师说温故而知新，这堂课让学生们在原来浅浅的认识上有更深的新知，并且激发了他们爱母语的热情。

13. 很久很久没感受到这种京腔京味儿和北方课堂的大开大合，大智慧，大幽默。赵老师让我心生温暖和崇敬！能听到你的课真好！

14. 赵老师上课，轻重拿捏有度，谈吐风趣诙谐，春风化雨，寓教于乐，让人感觉不到是在上课，而是在听北派相声。实在是受教了！期待能聆听到你的"绿色语文"讲座，也能让我们这些后学"心中有绿，足下生花"。

15. 在幽默机智而富有情趣的愉快轻松的赵老的课堂上，不仅让孩子们，更让我深深陶醉在诗歌文字的魅力之中。谢谢！希望能像赵老师那样用眼睛去发现身边语言文字的魅力，用心去做一名教师，把语言的精髓根植到孩子的心灵深处。

附　录

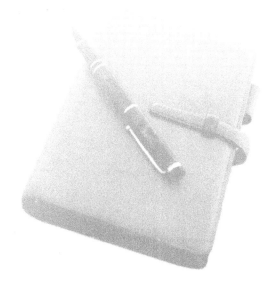

一、教育论文

1.《单元教学初探》，《教育科研动态》（吉林市），1983。

2.《做教育情报工作的有心人》，《教育科研动态》（吉林市），1989（6）。

3.《献给我可敬的苦行生们（诗）》，《吉林教育》（长春），1991（5）。

4.《愿你们接过焦裕禄的班（朗诵诗）》，《吉林教育》，1991（6）。

5.《倾注深沉的爱，感化学生的心》，《中学教师培训》（长春），1991（6）。

6.《倾注深沉的爱，感化学生的心（续）》，《中学教师培训》，1991（7～8）。

7.《班级集体教育的魅力》，《教育科研动态》（吉林市），1992（2）。

8.《诗教的魅力》，《吉林教育》，1992（12）。

9.《教育学生首先要尊重学生》，《吉林教育》，1993（1）。

10.《读学生来信（诗）》，《吉林教育》，1993（7）。

11.《纠正语文应试教学的偏向》，《吉林教育》，1993（8）。

12.《逆向讲读法举隅》，《吉林教育》，1994（1）。

13.《挡不住的诱惑——班主任与诗化育人》，《青年教育导报》（吉林市），1994（1）。

14.《诗教的魅力》，《青年教师导报》，1995（3）。

15.《吉林市毓文中学竞芳诗社专辑》，《吉林教育》，1996（1～2）。

16.《高中生课堂发言懒惰症的救治》，《吉林教育》，1997（1～2）。

17.《我用演讲鼓动学生发言》，《演讲与口才》（吉林市），1997（3）。

18.《高中语文素质教育初探》，《新语文》（沈阳），1997（11）。

19.《读你千遍也不厌倦》，《人民教育》（北京），1998（1）。

20.《为师"人·爱·口"三章》，《青年教师导报》，1998（3）。

21.《再也不能那样活》，《青年教师导报》，1998（4）。

22.《咏虎皮班纹贝》（诗），《吉林教育》，1998（4）。

23.《东方夜放花千树》，《人民教育》，1998（4）。

24.《人格之师的魅力》，《教育科研动态》（吉林市），1998（5）。

25.《婆婆嘴与打火机——班主任的言教艺术》,《人民教育》,1998（6）。

26.《以"导"代"灌"判若天渊》,《教育科研动态》,1998（6）。

27.《把语文从应试教育的桎梏中解放出来》,《中学语文教学》（北京）,1998（10）。

28.《学会自立吧,我可爱的弟子们》（诗）,《青年教师导报》,1999（2）。

29.《没有你哪有我》,《教育科研动态》,1999（3）。

30.《用五四式的激情点燃自己》,《人民教育》,1999（5）。

31.《"语文教育与人的发展"课题汇报课实录》,《中学语文教学》,1999（6）。

32.《教活书·活教书·教书活》,《人民教育》,1999（7）。

33.《红烛不熄——悼念亡妻》,《教师博览》（江西）,1999（10）。

34.《重"养"轻"练",标本兼修》,《现代语文》（山东）,2000（4）。

35.《文言文点拨教学法刍议》,《天津师范大学学报·基础教育版》,2001（2）。

36.《文言文点拨教学法刍议》,《现代海淀教育》（北京）,2001（3）。

37.《〈游沙湖〉诵读指导设计》,《语文教学与研究》（武汉）,2001上半年。

38.《别出心裁的验收》,《中学语文教学参考》（西安）,2002（1～2）。

39.《让绿色充盈心灵——学习语文课程标准的体会》,《人民教育》,2002（3）。

40.《高中语文研究性学习》,《中学语文教学》,2002（3）。

41.《是"灌输"还是"开发"——研究性鉴赏课教后记》,《语文建设》（北京）,2002（8）。

42.《融会贯通·学以致用》,《中华活页文选》（高中版）（北京）,2002（19）。

43.《赵谦翔老师复信》,《中学语文教学》,2003（1）。

44.《立意不可随心所欲》,《中华活页文选》（高中版）,2003（1）。

45.《题海热的冷处理》,《新教育》（长春）,2003（3）。

46.《凭一个乐字当家——记"非典高三"复课》,《中国教师报》（北京）,2003（5）。

47.《在绿色的文章里诗意地栖居》,《少年写作·中华文学选刊》（北京）,2003（6）。

48.《面对新课标的自我反省》,《中学语文教学》,2003（8）。

49.《中国语文教育史研究拾零·序言》,首都师范大学文学院,2003（7）。

50.《自画像》,《美文》（西安）,2003（9）。

51.《诗意地生活在教书育人中》,《人民教育》,2003（10）。

52.《"情景交融"的多角度测试》,《中华活页文选》（高中版）,2003（23）。

53.《掌握完善人生的健身器》，《语文教学通讯》（高中刊）（山西），2004（1）。

54.《掌握完善人生的健身器——"绿色作文"概说》，《河南教育》（郑州），2004（1）。

55.《"绿色作文讲座"24讲》，《作文导报》，2001～2002。

56.《"为升学"还是"为人生"——与花季学子谈作文》，《作文报》（威海），2002.2.28。

57.《掌握完善人生的健身器》，《作文指导报》（郑州），2002.5.1和2002.5.16连载。

58.《呼唤绿色作文》，《写作导报》（西安），2002.9.25。

59.《关于教育情怀的描述和追问——名师的自省》，《教师博览》（江西南昌），2004（10）。

60.《成语巧练，一虾多吃》，《中华活页文选》（高中版），2003（20）。

61.《"绿色作文"例话》，《作文报》（威海），2004.7.10。

62.《自强不息的人是我》，《中国教师报》，2004.9。

63.《研究性教学从"我"做起》，《海淀课改》，2004（10）。

64.《绿色阅读："双赢"的支点》，《中国教育报·读书周刊》，2004.11。

65.《绿色语文教学概说》，《人民教育》，2004（11）。

66.《"绿色作文"例话》，《作文报》（威海），2004.11.13。

67.《是白璧无瑕，还是瑕瑜互现?》，《作文报》，2004.12.11。

68.《读好书·好读书·读书好》，《读写月报》（江西南昌），2005（1～2）。

69.《2004年"十大读书人物"获奖感言》，《中国教育报》，2005.1。

70.《用绿色语文救治"文字恐惧症"》，《中国教育报》，2004.4。

71.《在春雨春风春晖中成长》，《人民教育》，2005（5）。

72.《坦言我的语文教学改革》，《现代教育导报》（山东），2005.4。

二、教育论著

1. 《都市中的芳草——赵谦翔学生作文选》，吉林省教委基教处教研室编，吉林人民出版社，1998。

2. 《赵谦翔语文素质教育探索》，赵谦翔著，内蒙古科学技术出版社，1999。

3. 《唐诗宋词鉴赏读本实验教材》，赵谦翔主编，吉林教育出版社，2001。

4. 《绿色作文》，赵谦翔主编，长春出版社，2003。

5. 《绿色作文实例实说》，赵谦翔编著，中国对外翻译出版公司，2005。

6. 《绿色语文案例集锦》，赵谦翔编著，中国对外翻译出版公司，2005。

7. 《赵谦翔讲语文》，赵谦翔著，语文出版社，2007。

8. 《赵谦翔：绿色语文》，首都师范大学出版社，2011。

9. 《绿色语文　诗意课堂：赵谦翔绿色语文 12 例》，开明出版社，2021。

三、媒体报道

1. 《从"竞方诗社"看大语文教学》，王鹏伟，《吉林教育》，1995（4）。

2. 《妙龄灵动花季诗心》，奚少庚，《吉林教育》，1997（10）。

3. 《继往开来任重道远》，刘华，《吉林教育》，1997（10）。

4. 《走近赵谦翔》，《吉林教育》，1998（6）。

5. 《为了大写的"人"——记吉林省吉林毓文中学特级教师赵谦翔》，《中国教育报》，1998-8-5。

6. 《语文教育要关注人的发展——关于赵谦翔语文教改经验的思考》，《中学语文教学》，1998（12）。

7. "封二人物"，《教师博览》，1999（2）。

8.《在语文教育中实现人的发展——"语文教育与人的发展"课题实验综述》，《中学语文教学》，1999（6）。

9."封面人物"，《中学语文教学参考》，（西安）2000（3）。

10."封二人物"，《语文教学通讯》，（山西）2001。

11.《赵谦翔：语文要关注人的发展》，《宝安教育》（深圳），2001-4-29。

12.《呼唤心灵的绿色——记"绿色作文"倡导者、清华附中特级教师赵谦翔》，《科技日报》（北京），2002.1.17。

13.《用作文影响做人》，蓝燕，《中国青年报》，2002-6-6。

14.《感悟名师西部义务讲学》，张新洲，《人民教育》，2002（10）。

15."封二人物"，《中学语文教学》，2003（9）。

16.《考分以外是什么》，马朝宏，《中国教师报》，2003.6。

17.《赵谦翔用"绿色语文"引领诗意人生》，《北京青年报》，2004-5-24。

18.《赵谦翔和他的语文绿地》，刘德福，《师道》（广州），2004（8）。

19.《阅读——一个需要澄清的概念》，《中国教育报》，2004-12-9。

20.《十大读书人物》，《中国教育报》，2005.1。

21.《学生的创作欲是怎样被激活的?》，《中学语文教学参考》（西安），2005（5）。

四、著作介绍

1.《教坛先锋》，宋昱主编，吉林教育出版社，1991。

2.《函授夜大人才的业绩》，东北师范大学出版社，1992。

3.《闪亮的红烛》，吉林省特级教师专辑，吉林人民出版社，1994。

4.《希望之路》，孙骥主编，吉林教育出版社，1994。

5.《江城英才》，运兆有主编，吉林人民出版社，1995。

6.《教坛孺子牛》，香港柏宁顿（中国）教育基金首届孺子牛金球奖获奖教师事迹汇编，步峰主编，南京师范大学出版社，1996。

7.《教育科研论文选·在扩展式语文教学中由应试教育向素质教育转轨》，全国知名中学科研联合体秘书处编，广东人民出版社，1998。

8.《素质教育绽新花——吉林省语文教改成果汇编》，吉林省教育委员会基教处、教育研究室编，吉林人民出版社，1998。

9.《函授教育简史》，东北师范大学函授教育简史编委会，东北师范大学出版社，1998。

10.《荆棘编织的桂冠——第三届全国十杰中小学中青年教师事迹专辑》，《中国教育报》编辑部编，人民教育出版社，1998。

11.《精品·赏析·创作谈》，荆玉玲主编，吉林人民出版社，1998。

12.《吉林省基础教育教学成果汇编》，张茵主编，吉林人民出版社，1999。

13.《教育思想精粹——中学著名语文特级教师》，张定远主编，高等教育出版社，1999。

14.《中学语文教育学与语文教学改革》，王鹏伟主编，东北师范大学出版社，1999。

15.《全国模范班主任教育思想和管理艺术》，教育部师范教育司编写，东北师范大学出版社，2000。

16.《中国优秀语文教师教学评价》，阎苹主编，北京师范大学出版社，2001。

17.《我这样学习写作·高中卷下》，赵明主编，开明出版社，2004。